화폐혁명

# 화폐혁명

초판 1쇄 2018년 6월 1일 발행
초판 6쇄 2024년 5월 24일 발행

**지은이** 홍익희·홍기대
**펴낸이** 김현종
**출판본부장** 배소라 **디자인** mmato
**마케팅** 최재희 안형태 신재철 김예리 **경영지원** 박정아

**펴낸곳** (주)메디치미디어
**출판등록** 2008년 8월 20일 제300-2008-76호
**주소** 서울특별시 중구 중림로7길 4, 3층
**전화** 02-735-3308 **팩스** 02-735-3309
**이메일** medici@medicimedia.co.kr **홈페이지** medicimedia.co.kr
**페이스북** medicimedia **인스타그램** medicimedia

ISBN 979-11-5706-123-5 (03320)

# 화폐혁명

## CURRENCY REVOLUTION

 암호화폐가 불러올 금융빅뱅

홍익희·홍기대 지음

앳워크

## 들어가며

암호화폐는 그 자체만으로는 진정한 의미를 이해하기 힘들다. 명색이 화폐임에도 화폐의 본원적 기능을 제대로 못하고 있기 때문이다. 우선 변동성이 심하다. 그렇다보니 교환매체로서의 안정성이 턱없이 부족하다. 그뿐 아니다. 변동성이 크다는 것은 가치척도와 가치저장 수단으로서도 적당하지 못하다는 것을 의미한다. 그래서 어떤 사람들은 "암호화폐는 사기다"라고 단정하기도 한다. 또 비트코인 같은 경우 아직까지는 전혀 실용성이 없다. 결제 때 10분 이상을 기다려야 하고, 처리용량이 형편없이 작고, 소액지불에도 많은 수수료가 드는 점 등은 굉장히 불편하고 비효율적이며 심지어 부당하기까지 하다.

그럼에도 왜 많은 사람들은 암호화폐에 대한 기대를 버리지 않는 것일까?

암호화폐는 어느 날 불쑥 튀어나온 게 아니다. 눈앞 열매의 진가를 알아보기 위해서는 그 뿌리와 줄기를 더듬어볼 필요가 있다. 이 책은 암호화폐에 대한 시계열적 해석이자 역사의 눈으로 본 화폐의 미래에 대한 탐구다.

화폐는 세 번에 걸쳐 전환기적 변화를 맞았다. 첫 번째는 '실물'화폐commodity currency의 등장이고, 두 번째는 '신용'화폐fiat currency(명목화폐)의 탄생, 특히 그 가운데 달러는 사상 초유의 글로벌 신용화폐에 해당한다. '신뢰trust'를 기반으로 하는 암호화폐crypto currency는 세 번째 화폐혁명에 해당한다는 게 나의 생각이다. 그만큼 의미 있는 변화다.

앞에 두 번의 변화는 가히 혁명적이었다. 화폐의 발명은 무에서 유를 창조한 것과 같았다. 인류는 물건과 물건을 바꾸다가 화폐라는 매개물을 통해 물건과 가치를 교환하고 더 나아가 재화를 쌓게 되었다. 인간의 경제활동이 먹고사는 2차원의 문제에서 재화를 쌓아놓는 3차원으로 진화해 잉여의 축적이 시작된 것이다. 이로써 잉여시간을 활용해 문화가 발전할 수 있었다.

첫 번째 혁명에서 인상적인 것은 그리스, 로마, 스페인의 공간적 확장이다. 그리스의 드라크마 은화, 로마의 데나리우스 은화, 스페인 오초레알 은화는 제국의 확장과 함께 해당 정치·경제 권역의 기축통화로 자리 잡았다. 국가제도와 결합된 화폐는 해당 국가 세력권에서 패권적 경제행위와 정치행위를 할 수 있었다.

이후 등장한 미국의 달러는 금본위제라는 실물 가치와의 고리를 끊어버린 신용화폐(명목화폐)임에도 거의 전 세계 모든 나라를 경제적으로 지배하거나 조종해왔다. 달러는 전 지구적 화폐라는 점에서 그전까지의 지역패권 화폐와 다르다. 폐쇄적 북한정권에 대한 미국의 경제제재가 유효한 이유, 그리스 지방 한 은행의 부도가 내 보유주식의 주가에 영향을 미치는 이유가 여기에 있다. 그 배경에 신자유주의라고 불리고 금융자본주의라고도 불리는, 초유의 패권적 시장근본주의 경제통치 체계가 자리 잡고 있음은 잘 알려진 일이다.

요약하면 화폐 진화의 역사에서 가장 큰 사건은 화폐라는 불세출한 개념의 탄생, 1차 화폐혁명이라 할 수 있다. 2차 화폐혁명은 강대국이 공여하는 신용을 토대로 한 패권적 화폐권의 발생이다. 공간적 영향력의 확대가 2차 혁명의 요체다.

하나의 현상, 하나의 힘이 가장 강성할 때 다음을 예비하는 또 다른 힘이 잉태된다. 달러의 그늘 밑에서 암호화폐가 태동했다. 새로 태어나는 화폐는 그간의 강력한 화폐들과 달리 공간적 확장성, 물리적 패권을 추구하는 데 목적이 있지 않다. 3차 화폐혁명의 주역, 암호화폐는 공간 지향적이지 않고 가치 지향적이다. 패권을 추구하지 않고 분권을 지향한다. 자유와 창의가 암호화폐의 가치다.


## 정보 탈중앙화의 중요성

인류의 오랜 꿈 중의 하나가 자유의 쟁취다. 절대군주와 독재자들의 전횡과 중앙집권 세력으로부터의 해방이었다. 독재자들이 백성을 속

프랑스 화가 외젠 들라크루아의 '민중을 이끄는 자유의 여신'

박하는 기술 중의 하나가 정보의 독점이었다. 그들은 미개한 민중이 알아서 좋을 게 없다고 생각되는 정보는 아예 원천봉쇄해버렸다.

자유의 쟁취와 확대를 위한 인류의 혁명사를 보면 이는 더욱 확실해진다. 근대 민주주의 3대 혁명인 프랑스혁명과 청교도혁명, 미국 독립혁명 모두 인간의 자유를 제1의 가치로 내걸고 싸웠다. 한마디로 인류의 역사는 자유 쟁취의 역사였다. 지금도 이 흐름에는 변함이 없다. 개인의 자유를 최상의 정치 · 사회적 가치로 삼는 자유주의의 도도한 물길은 '통제에서 자유로', '국가에서 개인으로', '억압에서 인권으로', '독재에서 민주로' 흐르고 있다.

독재를 막고 인간의 자유를 확대하는 데 가장 중요한 요소의 하나가 '정보의 공개와 공유'다. 모든 정보가 공개되고 공유되면 독재자가 함부로 할 수 없기 때문이다. 이렇듯 독재자나 중앙집권 세력들에게 정보를 독점당하지 않고, 정보가 자유롭게 공개되고 공유되면 그만큼 개인의 자유는 커졌다.

하지만 지구상에서 인터넷에 자유롭게 접속할 수 있는 사람들은 세계 전체 인구 76억 명의 절반에도 못 미친다. 인터넷 불통지역과 사각지대가 더 많기 때문이다. 게다가 인터넷 개통지역인 중국과 아랍국가 등은 정보자유화에 제동을 걸고 있다. 인터넷으로 정보교류가 활발한 나라에서조차도 중앙권력이나 단체의 정보독점 현상은 생각보다 심각하다. 정보의 탈중앙화로 중앙권력의 정보독점을 막는 블록체인 기술이 중요한 이유다. 이것이 암호화폐의 의미기도 하다.

현대인들도 정보의 공개와 공유의 가치에 대한 믿음에는 변함이 없다. 정보의 공개와 공유를 위해 모든 사람이 인터넷으로 구글에 접속해 정보를 실시간 검색할 수 있게 만들겠다는 게 구글의 창업이념이다. 또한 정보의 공개와 공유가 인류의 자유화를 도울 수 있다고 믿고 페이스북을 통해 인류 모두를 하나의 정보공동체로 만들겠다는 게 저커버그의 생각이다.

구글과 페이스북은 그들의 비전 달성을 위해 인터넷망 확충에 힘을 쏟고 있다. 구글은 180개 소형 인공위성을, 페이스북은 대형 태양광 드론을 활용해 인터넷 불모지대에 인터넷망을 개통시키기 위해 많은 노력을 기울이고 있다.

인류를 하나의 정보공동체로 만들겠다는 페이스북의 CEO 마크 저커버그

이러한 노력은 정보공유를 통한 자유의 획득 이외에 경제적 진흥 효과도 크다. 이 분야 연구를 진행해온 컨설팅회사 부즈앨런해밀턴은 개발도상국의 디지털화가 39억 명에 이르는 취약계층에게 4.1조 달러에 이르는 GDP 상승효과를 가져올 것으로 예측했다. 1인당 연간 1050달러 꼴이다. 개도국에는 큰돈이다. 가장 큰 가시적 효과를 낼 수 있는 곳은 아프리카다. 기본적인 공공서비스가 제대로 제공되지 않았던 이들 국가에서 인터넷 접근을 통한 디지털 경제는 국가의 판을 새로 짤 수 있을 정도로 강력한 사회적, 정치적, 경제적 혁신을 가져올 수 있다.

──────────── **화폐의 과거, 현재, 미래가 담긴 암호화폐**

정리하면 인류의 역사는 화폐의 발명 이후 크게 두 방향으로 진행돼 왔다. 하나는 화폐 사용의 생활화에 따른 사용 영역의 확장이다. 화폐의 세계화와 금융의 동조화 같은 개념이 이에 해당한다. 두 번째 흐름은 인간에게 자유를 부여하는 역할이다. 화폐의 발명으로 사람들은 원시경제에서 벗어나 협업과 분업으로 축적을 시작했고, 모든 것을 자기 손으로 해결해야 하는 수렵채취의 자급생산 경제에서 벗어났다.

이후 수천 년간 화폐는 인간을 자유롭게 하는 도구로서의 기능 못지않게 오히려 힘과 정보를 가진 자에게 봉사하는 기능에 충실해왔다. 여기에 반발해 탄생한 게 암호화폐다. 동시에 정보와 지식의 공유를 통한 자유의 증진, 권리의 확대가 암호화폐와 함께 다시 태동하고 있다. 비트코인 창시자 사토시 나카모토가 '당사자 간 일대일로 운영되는 새로운 전자통화 시스템'을 생각하게 된 것은 화폐 중개인이 경제권력이 되고, 그 경제권력이 정치·사회 권력과 또 다른 힘의 관계를 맺는 수직적 화폐구조에 강한 반감을 가졌기 때문이다. 워싱턴 정치와 연방준비은행 체제가 결합된 미국 달러가 대표적인 예다. 암호화폐는 그런 점에서 기성 화폐의 존재 이유, 지금껏의 수직적·갑을적 경제체제에 돌직구를 던지고 있다.

'암호화폐는 무엇인가, 어디까지 갈 것인가, 어떻게 될 것인가.' 이미 많은 이야기들이 나오고 있다. 이 책은 화폐경제와 금융, 화폐의 미래를 향한 여행 안내서에 해당한다. 암호화폐 자체에서는 암호화폐의 의미를 찾기가 쉽지 않다. 암호화폐는 화폐의 역사와 금융자본주의의 문제에 비추어 바라보았을 때 비로소 그 의미를 파악할 수 있다. 또 미시경제학적 접근이 아닌 큰 흐름의 거시경제학적 관점에서 바라봐야 암호화폐가 갖는 뜻을 이해할 수 있다. 또한 암호화폐의 맥락은 오늘이 아니라 시간적 이동선移動線, 추세선의 변화를 탐구하는 과정에서 보다 명료하게 잡을 수 있다. 모두 'Bon Voyage(즐거운 여행)'하시길!

# PART1

새로운 화폐혁명의 전조

# 달러와 세계화폐의 대결

## 01

**금융위기 속에서 탄생한 비트코인**

2008년 9월 15일, 자본의 탐욕이 만들어낸 투기 버블이 터지던 날, 세계 4대 투자은행 가운데 두 개가 침몰해 전 세계를 경악과 공포 속으로 몰아넣었다. 그날 리먼브라더스가 파산신청을 냈으며 메릴린치가 뱅크오브아메리카에 팔렸다. 이를 기점으로 예금주들이 은행을 못 믿고 은행이 은행을 못 믿는 신용위기의 공포가 세상을 덮치며 전 세계가 글로벌 금융위기 속으로 빠져들었다.

그로부터 3개월 여 뒤인 2009년 1월 3일, 비트코인이 탄생했다.

1990년대 초부터 정부나 중앙기관으로부터 개인의 프라이버시를 지키려는 '사이퍼펑크 운동'에 가담한 암호학자들이 있었다. 그들은 돈 거래에서도 개인의 프라이버시가 존중되어야 한다고 믿었다. 그 일환으로 그들은 익명성이 보장되는 암호화폐를 개발하고 있었다.

서로를 못 믿어 돈이 돌지 않는 신용위기를 맞자 암호학자들은 개발하고 있던 암호화폐 발표 계획을 더 이상 미룰 수 없다고 보았다. 그들은 현대 통화제도의 모순과 금융자본주의의 적폐를 더 이상 방치해서는 안 된다고 생각했다. 한 나라의 화폐인 달러의 신용경색이 전 세계를 얼어붙게 만들고 많은 사람들을 고통의 늪으로 빠뜨리는 이러한 화폐제도는 이제 변해야 된다고 그들은 믿고 있었다.

암호학자 가운데 한 명이었던 사토시 나카모토는 이러한 공포와 혼란 시기가 암호화폐 발표의 적기라 생각했다. 그래서 리먼쇼크 다음 달인 10월 말에 비트코인 백서를 암호화폐 마니아들을 대상으로 공개했다. 여기서 그는 "나는 신뢰할 만한 제3의 중개인이 전혀 필요 없는, 완전히 당사자 간에 일대일로 운영되는 새로운 전자통화 시스템을 연구해오고 있다"라는 문구와 함께 아홉 쪽짜리 백서를 다운받을 수 있는 링크를 보냈다. 그리고 그 통화 시스템을 비트코인이라고 불렀다.

그리고 두 달 후 2009년 1월 3일에 사토시는 비트코인 오픈소스 소프트웨어 프로그램을 무료로 다운받아 누구나 쓸 수 있도록 공개했다. 사토시는 그가 채굴한 첫 번째 비트코인 일부를 할 피니에게 전송했다. 은행을 거치지 않고 P2P peer to peer 방식으로 비트코인을 보낸 것이다. P2P 방식은 개인과 개인을 직접 연결하고, 중간 서버 없이 파일 공유가 가능하며, 비용도 발생하지 않는다. 미국의 냅스터napstar, 토렌트torrent, 한국의 소리바다 등이 대표적이다.

사토시는 첫 비트코인을 채굴해 세상에 내놓으며, '제네시스(창세기) 블록'이라 불리는 첫 블록에 메시지를 담았다. "The Times 3 January 2009 Chancellor on brink of second bailout for banks(《더 타임스》 2009년 1월 3일 재무장관 은행에 두 번째 구제금융 임박)."

이는 그가 비트코인 오픈소스 소프트웨어를 발표한 2009년 1월 3일 영국《더 타임스》에 실린, 영국 재무장관이 은행들을 살리기 위해 수십억 파운드의 긴급구제자금을 추가로 투입할지를 고려중이라는 기사의 제목이었다. 사토시는 기존 화폐의 문제점을 첫 블록 속에 영원히 기록해두었다.

이렇게 해서 은행을 거치지 않고 개인 간에 자유롭게 금융거래를 할 수 있는 화폐, 이른바 중앙집중방식에서 탈피한 '탈중앙화' 화폐가 세상에 모습을 드러냈다. 어느 한 나라, 어느 한 은행에 귀속되지 않은 '세계화폐'가 탄생한 것이다.

그 뒤 사토시가 동료개발자 할 피니와 이메일을 주고받으며 버그를 수정한 후, 할 피니는 1월 9일 제네시스 블록 다음의 1번 블록을 만들어 비트코인을 채굴했다. 그때부터 평균 10분에 하나씩 새로운 블록이 끊임없이 만들어지기 시작했다.

사실 비트코인을 만든 사토시가 세계화폐에 대해 처음 생각한 사람은 아니었다. 20세기 중반에 이미 세계화폐의 개념을 이야기한 사람이 있다. 바로 유명한 경제학자 존 메이너드 케인즈다.

제1차 세계대전 직후인 1918년에 열린 파리강화회의에서 케인즈는
독일에 과도한 배상금을 물려서는 안 된다고 역설했으나 거부되었다.
그는 회의에 참가한 각국 정치인들이 이기적인 자국 정치논리를 앞세
워 경제를 무시하는 무지한 행태에 충격을 받고 분노했다. 그는 독일
에 물린 혹독한 배상금이 전무후무한 인플레이션을 발생시킬 것이며,
이는 독일국민들을 빈곤으로 내몰아 '극단적인 혁명'이 일어날 거라고
생각했다. 히틀러 시대와 새로운 전쟁을 예감한 것이다.

　그는 《평화의 경제적 결과》라는 책에서 연합국 지도자들을 강력하
게 비판하며 "가장 중요한 문제는 정치가 아니라 금융과 경제라는 사
실을 한 사람이라도 제대로 이해했더라면…. 아직 시간이 있을 때 흐

1920년에 출간된 《평화의 경제
적 결과》

름을 이로운 쪽으로 돌려놓아야 한다"고 주
장했다.

　케인즈의 예견은 그대로 현실화되었다. 결
국 독일에 대한 거액의 전쟁배상금은 '화폐
발행량 증가 → 초인플레이션 → 히틀러의
등장'으로 연결되어 제2차 세계대전을 불러
왔다. 이 모든 사건의 원인은 인플레이션이
었다.

　독일의 초인플레이션Hyperinflation은 정부의
화폐 발행량 증가와 은행들의 과도한 신용창

출의 결과물이었다. 독일정부는 과도한 전쟁배상금 지급과 경기진작을 위해 수출을 늘려야 했다. 수출을 늘리기 위해서는 마르크화 평가절하로 수출상품 가격경쟁력을 높이는 게 유리해 결국 화폐 발행량 증가를 선택할 수밖에 없었다. 그러나 독일 초인플레이션의 진정한 막후 조종자는 사실 거대한 신용창출을 일으킨 금융자본 세력들과 그들에 의해 움직여진 민간 중앙은행이었다.

인플레이션이 가속화될 기미를 보이자 여기에 마르크화 투기 금융 세력이 가세했다. 그들은 막대한 대출을 일으켜 부동산과 기업들을 헐값에 사들이고 돈값이 휴지조각이 됐을 때 대출을 갚았다. 1923년에는 이틀에 한 번 꼴로 물가가 2배씩 폭등했다. 이러한 방법을 연속적으로 사용해 독일 최고의 거부가 된 사례가 휴고 스티네스였다. 그는 역사상 인플레이션을 가장 잘 활용한 사람으로, 대출로 1535개의 기업과 그에 딸린 2888개의 공장을 사들였는데 그 가운데 신문사도 60개나 있었다.

스티네스는 언론조차 입맛에 맞추어 조종하며 인플레이션을 부추기기까지 했다. 그는 자신이 소유하고 있던 신문을 통해 인플레이션율이 1만%에 이르던 1922년에도 "유통되는 통화가 부족하다. 산업과 질서를 유지하기 위해서는 통화량이 더 늘어나야 한다"고 주장했고, 이와 같은 주장을 뒷받침하기 위해 경제학자들도 동원했다.

초인플레이션을 이용해 부자가 된
휴고 스티네스

초인플레이션으로 휴지가 된 돈을 가지고 놀거나 연료로 쓰는 독일 시민들

유럽 최고의 전기작가 슈테판 츠바이츠에 의하면 그의 재산은 당시 독일 국부의 4분의 1이었다고 한다. 1923년 《타임》은 스티네스를 '독일의 새로운 황제'라고 칭했다.

파렴치한 투기꾼들과 이를 조장한 유대인 금융가들에 대한 독일 국민들의 적개심과 증오는 상상을 초월했다. 결국 이러한 시중은행들의 과도한 신용창출과 인플레이션 기대심리가 화폐의 유통속도를 가속화시키고 유동성, 곧 시중의 화폐 유통량을 급속도로 늘려 초인플레이션으로 이어졌다.

1921년 1월에 0.3마르크였던 신문 1부 값이 1922년 11월에는 7000만 마르크가 됐으니 2억 배 오른 것이다. 건전한 시민들은 생활비를 아껴 평생 저축한 돈이 휴지조각이 되는 어처구니없는 참담함을 겪었다. 시민들은 항의의 표시로 기존 화폐를 길거리에 버리거나 불쏘시개로 썼다.

시민들은 두 눈 멀쩡히 뜨고 화폐 발행량을 터무니없이 늘린 정부와 금융세력에 의해 무자비하게 수탈당한 것이다. 특히 부동산 없이 현금만 보유했던 빈곤계층 서민들이 발가벗겨졌다. 부자들의 재산은 부동산, 토지, 주식, 귀금속 등이 많아 초인플레이션을 어느 정도 피해갈 수 있었지만 저소득층은 피해가 컸다. 금융투기세력이 화폐 가치 폭락 과정에서 벌어들인 거대한 이익은 바로 국민들이 몇 십 년 동안 힘들게 저축해 얻은 부였다.

케인즈의 예견대로, 이 틈을 파고들어 대중을 선동해 집권한 사람이 히틀러다. 그가 이끄는 나치의 지지율은 1928년 총선에선 2.6%에 불과했으나 2년 후엔 37.4%의 득표율로 원내 1당이 되었고, 히틀러는 총리에 올랐다. 1934년 대통령이 서거하자 히틀러는 본인이 총리와 대통령을 겸하는 '총통'이 되겠다며 국민투표를 실시했다. 그는 무려 88.1%의 압도적 지지를 받고 최고 권력자가 된다. 이어 홀로코스트와 제2차 세계대전이라는 세계 최대의 비극이 일어난다. 정치를 앞세우고 경제와 금융을 무시한 결과였다.

그 뒤 헝가리에서는 1946년 역사상 최대의 초인플레이션이 일어났는데 0이 29개나 있어 읽기조차 어렵다. 초인플레이션은 과거에 국한된 역사적 사건이 아니다. 내가 1990년대 초 브라질 근무할 때도 초인플레이션은 일어났으며, 러시아도 1992년 2600%의 초인플레이션에

제2차 세계대전을 일으킨 히틀러(오른쪽)

시달렸다. 옐친 정부 8년 동안 러시아의 인플레이션은 60만 8000%에
달했다. 2007년 나이지리아의 월 796억% 인플레이션을 비롯해, 2009
년 짐바브웨는 무려 100조 달러짜리 지폐를 발행하기도 했다. 지금도
베네수엘라는 초인플레이션에 시달리고 있다.

　이런 나라의 사람들은 봉급을 받자마자 뛰어나가 카트 가득히 물건
사기에 바쁘다. 나도 그 대열의 한 명이었다. 조금만 늦으면 지폐가
휴지조각이 되기 때문이다. 또 이러한 초인플레이션은 개발도상국에
만 국한된 일이 아니라 선진국에서도 발생할 수 있는 '화폐적 현상'이
다. 제로금리와 양적완화정책으로 인해 화폐 발행량이 최대로 늘어난
요즘의 현실이 위태로운 이유다.

제2차 세계대전이 마무리되던 1944년, 새로운 국제통화 질서를 확립하기 위해 45개국 700여 명의 각국 대표들이 미국 뉴햄프셔주 브레튼우즈에 모였다. 이 회의에서 미국대표 화이트 재무차관과 영국대표 케인즈 간의 치열한 논쟁이 벌어졌다. 달러와 세계화폐 '방코르' 가운데 무엇이 더 기축통화에 적합한지를 놓고 다툰 것이다.

케인즈는 우리에게 《고용, 이자 및 화폐의 일반이론》으로 유명하지만, 그는 그 이전에 《통화개혁론》과 《화폐론》 등 화폐문제를 심도 있게 연구한 화폐경제학자였다. 케인즈가 이런 책을 쓴 이유는 통화교란의 무서움을 경고하기 위해서였다. 그는 인플레이션을 자본주의의 파괴자로 여기고 혐오했다.

케인즈의 화폐관은 명료했다. 특정국가에 의해 임의로 발행량이 증가하거나 축소되는 일이 없는, 곧 인플레이션이나 디플레이션이 없는 세계화폐가 있어야 한다는 신념이었다.

"인플레이션은 부당하고 디플레이션은 비효율적이다. 독일의 경우처럼 극단적인 인플레이션을 제외하면, 인플레이션과 디플레이션 중에 디플레이션이 더 안 좋다. 빈곤한 세계에서 임대인을 실망시키는 것보다 실업을 유발하는 것이 더 안 좋기 때문이다. 그러나 둘 중 하나를 꼭 택해야 하는 것은 아니다. 두 가지 모두 안 좋고, 모두 피해야 한다."

케인즈가 디플레이션이 더 안 좋다고 주장한 데는 이유가 있다. 다음 달에 물가가 더 싸질 것이라 생각되면 사람들이 소비를 미루어 경기침체에 빠지게 된다. 소비가 줄어들면 기업이 생산을 줄이고, 결국 실업이 유발된다는 이야기다.

그럼 초인플레이션은 왜 일어날까? 초인플레이션이란 물가상승이 정부의 통제를 벗어난 상태로, 월 50% 이상의 인플레이션율을 뜻한다. 인플레이션 기대심리가 만연하면 사람들은 돈이 들어오는 즉시 재화로 바꾸려 든다. 이렇게 되면 통화의 유통속도가 갈수록 빨라져 중앙은행의 통화정책으로는 통화팽창을 제어할 수 없게 된다. 결국 시중 유동성은 갈수록 증폭되어 초인플레이션이 발생하는 것이다.

케인즈는 인플레이션이나 디플레이션이 일어나지 않는 세계화폐를 만들어야 한다고 믿고, 스스로 수년 전부터 그런 화폐의 연구에 몰두했다. 그는 패권국가가 극단적인 무역수지 적자를 볼 경우, 무역분쟁은 물론 환율전쟁을 일으킬 우려가 있고 또한 이는 세계 경제를 불경기에 빠트릴 염려가 있어 이를 '예방'하는 데 초점을 맞추었다. 마침내 그는 세계화폐 '방코르Bancor'를 고안해냈다. 방코르는 금을 비롯해 30개 상품가격을 기초로 가치가 산정되며 각국은 자국 화폐를 일정한 고정환율로 방코르와 교환할 수 있게 했다.

브레튼우즈 회의에서 케인즈는 학문적 연구를 토대로 달러 체제에 대항하는 세계화폐 '방코르'와 이를 위한 '국제청산동맹'을 도입해야 한다고 제안했다. 세계 각국이 무역에서 각 나라 통화를 사용하지 말고, 이 세계화폐를 공통으로 사용하자는 주장이었다.

케인즈는 방코르의 발행량은 인플레이션이나 디플레이션이 발생하지 않게 하기 위해서 거래되는 상품과 서비스의 양에 비례해야 된다고 생각했다. 각 나라의 과거 3년간 무역액의 75%를 기준으로 방코르를 미리 각국의 보유자금으로 할당하고, 각 나라는 이 세계화폐를 사용해 수출과 수입의 차액을 조정하자는 것이다. 방코르는 금을 사용하지 않고 무역결제를 할 수 있는 새로운 세계화폐였다.

케인즈가 주장한 세계화폐 방코르

방코르는 실생활에서 사용할 수는 없지만 세계 중앙은행들끼리 결제할 수 있는 화폐로, 각국 화폐의 가치는 방코르와의 상대 환율로 표시된다. 케인즈는 무역전쟁과 환율전쟁 예방에 필요한 세계화폐를 고안한 것이다.

여기에 케인즈의 천재적인 면을 볼 수 있는 환율조정 시스템을 더했다. 케인즈는 무역수지 적자국의 경우 적자액만큼의 방코르 초과인출overdraft을 계상할 수 있게 하되, 각국의 초과인출 상한액은 무역규모에 비례해 설정하도록 고안했다. 각국의 연간 무역수지 적자액이 사전 설정된 방코르 초과인출 상한액의 50%에 달하면, 그 나라 화폐는 평가절하를 실시하는 동시에 적자액의 10%를 벌금으로 내도록 했다. 벌금제도는 무역흑자 국가에도 적용했다. 벌금을 피하려면 각국이 자연스럽게 사전에 환율을 조정해야 하는 시스템을 구축한 것이다.

케인즈가 우려했던 것은 '금과 태환됨으로써 달러의 신용을 유지'하

함께 의견을 나누고 있는 케인즈와 화이트

는 기축통화제도가 미국의 금 보유량이 고갈되면 붕괴될 수밖에 없는 체제라는 점이었다. 만약 이런 사태가 벌어지면 세계 경제 역시 큰 혼란에 빠질 수밖에 없음을 걱정한 것이다.

케인즈가 세계화폐를 주장한 이유는 크게 두 가지였다. 첫째 이유는 통상 분쟁과 환율 문제로 제3차 세계대전이 벌어지지 않게 하기 위해서다. 케인즈의 생각은 세계화폐는 '인플레이션이나 디플레이션이 발생하지 않도록 고안되어야 한다'는 것이었다.

또 다른 이유는 특정국가의 위기가 다른 국가로 전이되는 현상을 방지하기 위해서다. 달러가 기축통화일 경우 미국 내에서 유동성 위기가 일어나면 전 세계적으로 전이되지만, 세계화폐를 활용할 경우 경제 위기의 전이는 제한적인 수준에 그친다는 게 케인즈의 생각이었다.

케인즈는 국제청산동맹의 자본금을 260억 달러로 하자고 제안했다. 미국 1년 GDP보다도 많은 금액이었다. 하지만 케인즈의 주장은 받아들여지지 않고 거부되었다. 달러를 기축통화로 만들어 세계 경제의 패권을 잡으려 했던 미국이 반대했기 때문이다. 결국 방코르와 국제청산동맹의 꿈은 무산되었지만 절충을 통해 85억 달러 규모의 국제통화기금IMF이 설립되었다.

러시아계 유대인 이민자 부부의 막내로 태어난 해리 텍스터 화이트는 집안이 가난해 대학 진학을 포기하고 제1차 세계대전 때 군에 자원입대했다. 전쟁이 끝나자 그는 참전용사 지원프로그램 덕에 컬럼비아 대학에서 공부할 수 있었다. 하버드대학에서 경제학 박사학위를 받은 후엔 잠시의 교수생활 뒤 재무부에 취직했다. 당시 재무부장관이었던 헨리 모겐소가 그의 능력을 알아봤다. 유대인끼리 통하는 면도 많았을 것이다. 화이트는 모겐소 장관의 보좌관을 거쳐 승승장구해 차관보에 오른 뒤 브레튼우즈 회의에 미국 대표로 참석했다. 화이트는 케인즈에게 밀리지 않았다. 화이트의 적극적인 공세는 미국과 유대금융자본의 힘을 배경으로 압도적일 수밖에 없었다. 다른 참가국들도 제2차 세계대전의 후유증으로 미국의 도움이 절실할 때였다. 결국 회의는 여러 나라들의 반대에도 불구하고 미국의 뜻대로 마무리되었다.

미국은 달러를 기축통화로 하는 금환본위제도를 실시키로 했다. 금 1온스를 35달러로 고정시키고, 그 외에 다른 나라 통화는 달러에 고정시키되 1%의 범위 내에서 조정할 수 있는 재량을 부여했다. 참고로 금 거래에 사용하는 온스는 일반적 온스(28.35그램)와는 다른 트로이온스(31.1그램)다.

## 드골 대통령의 제안

제2차 세계대전 이후 세계 외화자산 결제는 주로 달러로 진행되었는

금본위제 복귀를 주장한
샤를 드골 프랑스 대통령

데, 미국은 브레튼우즈 체제의 금환본위제임에
도 암암리에 달러를 남발했다. 당연히 달러의
실질가치가 많이 떨어졌다. 이에 따라 달러에만
모든 결제를 맡기는 것이 옳은가에 대한 의문이
제기되었다.

1964년 IMF 연례총회에서 달러의 독점적 위
상을 반대하던 프랑스는 세계화폐 역할을 할 수
있는 '특별인출권Special Drawing Rights, SDR'을 만들자
고 제안했다. 그러나 미국에 의해 즉각 거부되
었다.

그러자 드골 프랑스 대통령은 세계화폐 개념은 새로운 게 아니라
역사 속에서 통용되던 금이 바로 세계화폐라며, 국제체제의 평등성
회복을 위해 금본위제로 복귀하자고 주장했다. 그러면서 프랑스가 보
유하고 있는 달러를 미국의 금과 바꿀 의향을 밝혔다.

이러한 협박은 미국의 공식입장을 바꾸게 만들었다. 미국은 달러의
위상이 더 이상 난공불락이 아니라는 점을 인식하고 입장을 바꿔 드
골의 특별인출권 창출에 동의했다.

결국 IMF가 케인즈의 세계화폐 아이디어를 차용해 1969년 새로운
국제 준비자산을 만든 것이 특별인출권이다. 특별인출권은 IMF 회원
국의 국제수지가 악화되었을 때, 담보 없이 필요한 만큼의 외화를 인
출할 수 있는 권리다. 쉽게 말해 특별인출권은 IMF에서 사용하는 가
상의 준비통화로 달러를 보완하기 위한 세계화폐다.

인플레이션의 근본원인은 재정적자다. 그런데 미국은 재정적자가 생겨야만 달러를 발행하는 구조를 갖고 있다. 그리고 경상수지 적자가 돼야 달러가 해외로 공급된다.

1950년대 수년간 미국의 경상수지 적자가 이어지자 이러한 상태가 얼마나 지속가능할지, 또 미국이 경상수지 흑자로 돌아서면 누가 국제 유동성을 공급할지에 대한 문제가 대두됐다. 1960년에 이미 방만하게 공급된 달러는 외환시장에서 평가절하 압력에 시달렸다. 미국 경제학자이자 예일대학 교수 로버트 트리핀은 미국의 방만한 재정운용정책이 지속될 경우 금태환이 가능하지 않을 수 있다고 경고했다.

미국의 경상수지 적자가 심각해진 1960년 트리핀은 미 의회에서 기축통화로서 달러의 구조적 모순을 설명했다. "미국이 경상적자를 허용하지 않아 국제 유동성 공급이 중단되면 세계 경제는 크게 위축될 것"이라면서도 "그러나 적자상태가 지속돼 달러화가 과잉 공급되면 달러 가치가 떨어져 준비자산으로서의 신뢰도를 잃고 고정환율제도도 붕괴될 것"이라고 주장했다. 이처럼 달러의 이럴 수도 저럴 수도 없는 태생적 모순을 가리켜 '트리핀 딜레마'라고 부른다.

브레튼우즈 체제 초기인 1947년까지만 해도 미국정부는 전 세계 금의 70% 이상을 갖고 있었다. 그러나 이후 서독과 일본의 눈부신 경제성장과 무역 증대로 세계 무역에서 미국의 위상은 점점 축소되었으며, 베트남 전쟁으로 늘어난 국가채무, 통화팽창 등으로 달러 가치는

달러를 금으로 바꾸는 나라가 늘자 미국은 위기감을 느낀다.

1960년대 들어 심각하게 떨어지기 시작했다.

1966년에 이르러 미국의 금 보유량은 전 세계 금의 절반 이하로 줄어들었다. 미국 이외 나라들의 중앙은행들이 140억 달러 정도의 금을 보유하고 있었으나 미국의 금 보유량은 단지 132억 달러 정도에 불과했다.

그럼에도 1971년 들어 달러 통화량은 10%나 늘어났다. 이에 불안을 느낀 서독이 그해 5월 브레튼우즈 체제를 탈퇴했다. 그러자 달러 가치는 마르크 대비 7.5% 하락했고, 다른 나라들도 동요하기 시작했다. 이제 각국은 달러를 의심하며 보유 달러를 금으로 바꾸길 원했다.

스위스가 가장 먼저 7월에 5000만 달러를 미국의 금으로 태환해갔다. 이어 프랑스도 1억 9100만 달러를 금으로 바꿔가면서 1억 5000만 달러를 더 태환할 계획이라 발표했다. 드골 대통령은 미국에 해군 함대를 보내 프랑스로 금 운반하는 걸 대내외적으로 과시까지 하며 미국을 압박했다. 이어 스페인도 6000만 달러를 금으로 교환해갔다.

이를 지금의 가치로 환산하면 수백억 달러어치의 금을 교환해간 것이다. 이로써 미국의 금 보유고는 엄청나게 줄어들었다. 달러 가치가 유럽의 통화들에 비해 떨어지자 8월에 스위스도 브레튼우즈 체제를 떠났다.

1971년 8월 9일, 영국의 경제대표가 미국 재무부를 직접 방문하여 자그마치 30억 달러를 금으로 바꿔달라고 요구했다. 미국정부는 잘못하면 국가부도 사태를 불러올지도 모르는 비상국면에 직면한 것이다. 그 다음 주 13일 금요일, 닉슨 대통령은 돌연 행정부 주요 경제정책 담당자 16명에게 헬리콥터를 타고 자신과 함께 캠프데이비드 군사기지로 가자고 명령했다. 대통령은 외부와 연락할 수 있는 모든 길을 차단함으로써 이 모임에 대한 정보가 새어나가지 못하도록 했다. 금 고갈에 직면한 미국이 자신만 살길을 찾아 나선 것이다.

# 인플레이션의 유혹

## 02

케인즈가 우려했던 것이 전후 세계 경제 흐름 속에서 차례차례 현실로 나타났다. 1965년 암살당한 케네디 대통령을 승계한 린든 존슨 대통령이 베트남 전쟁에 확대 개입하자 경제는 점점 더 수렁 속으로 빠져들었다.

그는 당시의 금환본위제를 위배하는 비도덕적 행위도 서슴지 않았다. 부족한 재정을 메우기 위해 연방준비은행에 금 보유와 상관없이 달러를 더 발행하도록 압력을 가했다. 이는 브레튼우즈 체제 참가국들을 속이는 행위였다. 연방공개시장위원회 위원들이 대통령의 압력에 굴복해 화폐 발행량을 늘리자 물가상승률은 6%까지 치솟았으며 1970년대 인플레이션은 두 자릿수를 넘나들었다.

베트남 전쟁 등 패권정책으로 미국 경제는 침체로 빠져들었고 보유한 금은 점차 줄었다. 그 와중에 영국마저 금태환 움직임을 보이자, 결국 케인즈의 우려대로 미국은 금 고갈로 인해 1971년 8월 15일 달러와 금의 교환을 일방적으로 중단하는 이른바 '닉슨쇼크'를 단행했다. 브레튼우즈 체제를 스스로 파기하는 비도덕적 배신을 감행한 것이다.

닉슨 대통령은 투기꾼들에 의해 달러가 공격받고 있다고 주장하면서 일시적으로 달러의 금 태환을 중지한다고 발표했다.

세계 경제를 배신한 미국의 닉슨 대통령

발표 내용도 지극히 부정직했다. 이렇게 미국이 하루아침에 금과 달러의 연결고리를 끊어버린 것은 세계 각국이 그간 금 교환권이라고 믿어온 달러 및 그와 연동되어 있던 전 세계 화폐를 모두 종잇조각으로 만든 엄청난 사건이었다.

너무나도 갑작스럽게 일어난 일이라 그 뒤 세계 경제는 극심한 혼란을 겪었다. 브레튼우즈 체제가 붕괴되고 나서도 3~4년 동안 세계는 효과적인 국제통화 제도를 찾지 못했다.

닉슨쇼크와 동시에 미국정부는 모든 수입품의 관세를 10% 올리는 보호무역을 단행한 뒤, 국내적으로는 90일간 물가와 임금을 동결하고 대외적으로는 달러의 평가절하를 실시해 목표 금값을 온스당 35달러에서 38달러로 변경했다. 전형적인 '인근궁핍화전략'으로 다른 나라들이야 어떻게 되든 미국 혼자만 살아남겠다는 것이었다. 1972년에는 달러 가치를 다시 금 1온스당 42.22달러로 절하했다. 금본위제가 공식적으로 폐지된 것은 1974년 포드 대통령 시절이다.

사실 미국의 인근궁핍화전략은 그때가 처음이 아니었다. 1934년 프랭클린 루스벨트는 달러의 가치를 금 1온스당 20.67달러에서 35달러로 하루아침에 자그마치 69%나 일시에 평가절하한 사례가 있었다. 그때도 다른 나라들, 특히 수출 경쟁국들의 고통은 이루 헤아릴 수 없었다.


## 달러, 기사회생의 묘수를 찾아내다

1970년대 달러 가치가 이렇게 떨어지자 이번에는 그 영향을 받은 산유국들이 국제 원유가격을 대폭 끌어올렸다. 그렇지 않아도 1973년 제4차 중동전쟁이 아랍권의 패배로 끝난 이후, OPEC 산유국들은 석유의 무기화를 외치던 참이었다.

산유국들은 석유수출을 줄이는 동시에 원유가격을 인상했다. 1배럴당 2.9달러였던 원유가격은 3개월 만에 11달러로 뛰어올랐다. 이는 현재 달러 가치로 환산하면 14.5달러에서 55달러로 폭등한 것이었다.

헨리 키신저와 사우디아라비아의 파이살 왕

당장 세계 경제는 휘청거릴 수밖에 없었다. 이 파동으로 1974년 주요 선진국들은 두 자릿수 물가상승과 마이너스 성장이 겹치는 전형적인 스태그플레이션을 겪어야 했다.

그러는 와중에 천재 외교관이었던 미국의 키신저 국무장관은 놀라운 외교성과를 연속적으로 이뤄냈다. 그는 소련과의 전략무기제한협정을 체결하고, 죽의 장막 중국의 문을 열고, 베트남 전쟁을 종식시켰다. 그리고 1975년에는 OPEC 종주국인 사우디아라비아의 파이살 왕과 비밀협상에 성공했다. 미국이 사우디 왕권을 보호해주는 대신 세계 최대 유통 상품인 석유의 거래를 달러로만 하도록 하는 묘수를 찾

아낸 것이다. 그 뒤 석유의 달러 거래로 수요가 커진 덕분에 달러는
계속 기축통화 노릇을 할 수 있었다.

## 재정적자와 인플레이션의 유혹

금과의 고리가 끊어진 달러는 이후 근원인플레이션 한도 내에서 무제
한 발행되어 세계 각국으로 퍼져나갔다. 게다가 다른 나라들도 달러
의 평가절하를 견제하기 위해 경쟁적으로 화폐 발행량을 늘렸다. 그
결과 금본위제하에서는 상품과 서비스의 유통에 비해 화폐의 유통량
이 적은 게 문제였는데 이제는 너무 많은 게 문제가 되었다.

달러는 구조상 미국정부의 재정적자와 연계해 발행되도록 되어 있
어 미국은 재정적자, 곧 국가부채가 계속 늘어나고 있다. 재정적자는
미국뿐 아니라 유럽, 일본 등 모든 선진국들의 공통된 문제다. 이로
인해 미래 후손들은 새로운 빚더미에 앉게 될 것이다.

국가부채가 늘면 이자와 원금 감당이 어려워지면서 많은 나라들이
자국화폐의 가치절하를 위해 인플레이션 증대와 인위적인 평가절하
로 짐을 덜려고 한다. 게다가 각국 정부는 경기부양을 위해서는 약간
의 인플레이션이 필요하다고 믿기에 근원인플레이션이 허용하는 한
도 내에서 끊임없이 화폐 발행량을 늘리는 인플레이션의 유혹에 빠지
기 쉽다. 그 결과 시중 유동성이 계속적으로 늘어났다. 세계 총생산액
증가율이 3~4%임에도 금융자산 증가속도는 그 3~5배에 달하는 15%

내외로 늘어났는데 이는 너무 과도한 증가율이다. 1970년에 세계 국내총생산액$_{GDP}$ 대비 세계 금융자산의 비중이 50%에 불과했는데 1980년에 109%, 1990년에 263%, 2000년 310%로 폭발적으로 늘었다.

금융자산이 이렇게 급격하게 늘어난 것은 화폐의 본원적 기능인 거래 동기에 의한 수요보다는 투기적 수요 때문에 많이 증가했다는 뜻이다. 일일 평균 외환거래액이 2004년 3조 달러를 넘어섰다. 이 가운데 상품과 서비스의 무역거래와 장기투자에 필요한 외환은 하루 300억 달러에 불과했다.

그 뒤 글로벌 금융위기를 극복하기 위해 각국 정부는 제로금리와 양적완화정책으로 시중 유동성을 늘렸고, 그 결과 2013년 일일 평균 외환거래액은 5조 3000억 달러를 넘어섰다. 그중 99%가 단기투기에 동원되는 핫머니로 쓰이고 있다. 유동성 살포는 금융위기를 극복하기 위한 방안이었지만, 다음 위기를 예고하는 신호탄이기도 했다.

정부의 선의에 의한 통화정책, 곧 경기를 살리기 위한 통화팽창정책 또는 과열을 식히기 위한 긴축정책들이 때로는 시차를 두고 통화교란으로 작용해 과도한 호황이나 공황을 불러온다. 또 한편으로는 금융세력들이 이를 인위적으로 조장하고 악용해 기업들을 헐값에 인수하고 서민들의 현금자산을 거덜 내기도 한다.

강대국이 망하는 원인은 대부분 재정적자로 인한 과도한 부채증가와 통화팽창으로 인한 인플레이션, 그로 인한 통화붕괴였다. 이는 시장붕괴로 이어져 거대한 제국을 쓰러트렸다. 이런 현상은 강대국이 쇠퇴의 절정으로 치달을 때 공통적으로 나타났다. 그리스가 그랬고

로마제국이 그랬으며 스페인제국 또한 예외가 아니었다.

## 화폐의 탈국가화를 주장한 하이에크

중앙정부가 돈을 발행하는 현재의 화폐제도에 대해 우려하는 오스트
리아 출신 유대인 경제학자가 있었다. 바로 시카고대학 경제학 교수
이자 노벨경제학상 수상자인 프리드리히 하이에크다.

　제1차 세계대전 때 오스트리아군 병사로 이탈리아 전선에서 싸웠
던 하이에크는 빈으로 돌아와 초토화된 현실을 마주해야 했다. 급격
한 물가상승으로 부모의 저축은 휴지조각이 됐다. 이때 경험으로 그
는 망가진 경제상황에서 정부가 화폐공급량을 늘려 인플레이션으로
경기를 진작시키자는 주장에 단호하게 반대하게 됐다.

하이에크는 스탈린이 반대세력 68만 명을
사형시키고 63만 명을 강제수용소로 보내고,
같은 시기 히틀러가 유대인 600만 명을 죽이
는 걸 보면서 정부의 권력 강화가 얼마나 큰
위험을 초래할 수 있는지를 절감하고 자유주
의를 신봉하게 되었다.

　그는 시장의 자유를 철저히 보장하고 정부
는 일절 개입해선 안 된다고 믿었다. 사람들
은 화폐 발행권을 중앙은행이 독점하는 것을

프리드리히 하이에크

당연하다고 여기지만 하이에크는 현재의 화폐제도가 재정팽창을 유발하고 경기변동을 일으킨다고 생각했다.

그는 1976년 쓴 《화폐의 탈국가화》라는 책에서 화폐 발행의 자유화를 주장하며, 중앙은행은 정치적 제약으로 인해 높은 인플레이션 문제를 해결할 수 없으므로 시장에서 경쟁을 통해 민간주체 누구나 화폐를 자유롭게 발행할 수 있어야 한다고 역설했다. 그러면 민간주체들이 자발적으로 발행량을 조정하고, 결국 경쟁에서 우수한 화폐가 살아남는다는 것이다.

국가의 화폐 발행권 독점 때문에 오히려 경제가 불안정해진다는 게 하이에크의 생각이었다. 그래서 화폐의 국가 관리에 반대한 것이다. 사람들은 중앙은행이 통화량을 조정하지 않으면 큰 혼란이 일어날 것이라고 생각하지만 하이에크는 중앙은행이 없는 세상이야말로 바람직한 세계라고 봤다. 이런 하이에크의 생각은 최근 암호화폐를 통해 현실화되고 있다.


## 밀턴 프리드먼의 예견


화폐의 미래에 대해 이야기한 또 한 명의 학자가 있다. 바로 1974년 화폐이론으로 노벨경제학상을 수상한 또 다른 오스트리아계 유대인 경제학자 밀턴 프리드먼이다. 그는 경제학에서 통화를 경제의 가장 중요한 변수로 강조하는 통화주의 창시자이자 시카고학파의 태두다. 프리드먼은 격심한 인플레이션이나 대공황과 같은 심각한 경제교란은 대부분 통화의 급격한 팽창이나 수축 때문에 발생한다고 생각했다.

프리드먼이 주장한 화폐정책의 핵심은 정부가 인위적으로 화폐 발행량을 결정하지 말고 일정한 통화 증가율을 사전에 공시하고 이를 준수하라는 것이다. 그리고 이를 'k% 준칙'이라 불렀다. 화폐는 경제 성장률을 조금 상회하는 수준에서 발행량을 늘려야 한다는 것이다.

정부는 이 준칙만 지키고 나머지를 민간에 맡기면 통화량의 급격한 변동으로 인한 경제 혼란을 예방할 수 있고, 미래의 불확실성을 제거해 경제주체들이 보다 합리적인 경제활동을 할 수 있게 된다는 것이 프리드먼의 생각이다. 그는 "모든 인플레이션은 언제, 어떠한 경우라도 화폐적 현상이다"라고 말하며 'k% 준칙'을 위배하는 통화교란이 경기불안의 원천임을 밝혔다.

독일연방은행은 1974년부터 이 준칙을 지켜왔다.[1] 이것이 독일 경제가 견실하게 성장한 배경이다.

밀턴 프리드먼

프리드먼은 《화폐경제학》 서문에서 과거의 화폐들을 설명하면서 미래 화폐에 대한 물음을 던졌다. "그러면 미래의 화폐는 어떤 형태를 갖게 될 것인가? 과연 컴퓨터의 바이트byte일까?" 그가 암호화폐의 탄생을 지켜볼 수 있었다면 자신이 생각한 미래 화폐의 형태가 맞다고 평가할지 궁금하다.

# 사이퍼펑크 운동과 암호학자들

## 03

### 히피와 사이퍼펑크 운동

1960년대 중반 미국은 베트남 전쟁과 중동전쟁의 수렁에 빠져들었다. 전쟁의 계속된 실패와 강제징집으로 불안한 젊은이들이 희망을 잃고 실의에 빠졌다. 그 뒤 이들은 징집을 거부하며 반전운동을 시작해 징집영장 불태우기와 전쟁규탄 시위까지 벌였고, 미국은 벌집을 쑤신 듯 소란스러워졌다.

반전운동에서 더 나아가 기존 사회질서를 부정하고, 자유와 평화를 사랑하며, 정신적 가치에 무게를 두고, 인간성을 중시하고, 물질문명을 부정하며 즐거움을 추구하는 운동이 전국적으로 퍼지기 시작했다. 이것이 바로 반체제, 반문화 운동인 히피다.

베트남 전쟁 반대 시위

그 뒤 히피 운동은 사실상 와해되었으나 그 혁신적 분파로 볼 수 있는 사이퍼펑크 운동이 일어났다. 이전의 반체제 히피 운동은 사회적 이유에서 비롯되었지만, 사이퍼펑크 운동은 '개인의 자유'에 초점을 맞추고 정부로부터 개인의 사생활, 곧 프라이버시 보호를 매우 중요시했다.

이 운동은 1990년대 전후 인터넷 대중화와 함께 이뤄졌으며, 주 활동지역은 IT 혁명의 근거지인 샌프란시스코 베이 인근이었다. 블록체인의 역사는 이 사이퍼펑크 운동에서 시작된다.

'사이퍼펑크cypherpunk'라는 말은 '암호cipher'에 저항을 상징하는 '펑크punk'를 붙여 만든 합성어다. 위키리크스Wikileaks의 최고책임자이자 대변

인인 줄리언 어산지는 자신의 책《사이퍼펑크》에서 "사이퍼펑크란 대규모 감시와 검열에 맞서 자유를 지키기 위한 방안으로 강력한 암호기술을 활용하는 사람을 말한다"고 정의했다.

사이퍼펑크 운동가들은 주로 '크립토그래피 메일링 리스트'를 통해서로 소통하고 활동한다. 사토시 나카모토가 비트코인 개념을 공개한방식도 이 메일링 리스트를 통해서였다.

사이퍼펑크 운동이 일어난 시대적 상황을 보자. 1980년대 초 레이건 정권은 경제를 시장의 효율에 맡기자는 신자유주의로 세계질서를재편하기 시작했다. 게다가 레이건 정권이 실시한 부자감세정책은 소득불평등을 심화시켜 심각한 부의 편중을 불러왔다. 신자유주의는 정부가 시장에 적극적으로 개입해 완전고용을 이루고 부자증세로 소득불평등을 보완함으로써 복지국가를 지향하는 케인즈 이론을 신랄하게 비판했다. 대신 자유시장과 규제완화, 자유무역, 외환시장 개방을밀어붙였다.

그 결과 많은 개발도상국들이 '워싱턴 컨센서스'라는 미국의 전략아래 강제로 외환시장을 개방당했고, 외환위기의 발생으로 국부를 털렸다. 미국 지식인 사이에서도 신자유주의가 피도 눈물도 없는 무한경쟁을 초래하며 분배의 악화를 가져오고, 선진국의 다국적기업들에게만 혜택을 준다는 인식이 확산되었다. 사이퍼펑크의 활동은 통제와권력의 상징이자 다국적기업과 손잡은 정부의 역할 또는 행위에 대한거부감으로 이어진다.

위키리크스를 만든 줄리언 어산지

1990년대 인터넷 보급은 개인의 의사소통 확장에 많은 기여를 했지만, 국가조직이나 거대기업은 개인정보의 효율적 관리라는 명목으로 서버로 집중되는 정보의 감시와 검열 시스템을 구축했다. 일명 '빅 브라더'의 출현이다.

어산지는 《사이퍼펑크》에서 "해방을 위한 최고의 도구였던 인터넷이 전체주의의 가장 위험한 조력자로 변신했다. 인터넷이 인류 문명을 위협한다"고 경고하면서 정부의 감시활동을 고발했다. 그는 구체적인 증거를 보여주며 우리의 모든 표현과 의사소통, 웹페이지, 메시지, 검색용어들이 수집된다고 말했다. 특히 미국 국가안보국, 영국 정보통신본부 등 전자 감청기관들이 방대한 정보를 수집, 보관한다고 주장했다.

현재 개인이 인터넷을 통해 이용하는 콘텐츠나 서비스는 대부분 민간기업에서 제공한다. 개인이 이들 서비스를 이용하기 위해서는 개인정보 수집에 동의해야 한다. 뿐만 아니라 이용자가 인식하지 못하는 사이에 개인정보가 자동으로 모이기도 한다. 어산지는 민간기업이 개인정보를 가지고 '민영 비밀경찰' 역할을 하고 있으며, 정부와 손잡고 사용자 정보를 팔아넘기고, 사람들의 프라이버시를 침해하는 것을 넘어 통제 시스템의 일부가 되고 있다고 주장한다.

어산지는 인터넷이 전체주의의 위험한 조력자로 변신한 과정을 낱낱이 폭로하며, 우리 모두가 힘을 모아 함께 싸워나갈 것을 촉구한다. 특히 그는 사이퍼펑크의 전통적 모토인 "약자에게 프라이버시를, 강자에게 투명성을" 강조한다.

어산지가 설립한 위키리크스는 '아프가니스탄 전쟁일지, 이라크 전쟁기록, 미국

에드워드 스노든

외교전문' 등 역사상 가장 방대한 규모의 기밀정보를 세 차례나 공개해 2011년 노벨평화상 후보에 오르기도 했다.

또 2013년 6월 10일, 전직 미국 국가안보국 계약요원 에드워드 스노든이 《가디언》과 《워싱턴포스트》를 통해, 미국 국가안보국과 영국 정보기관들이 전 세계 유명인사와 일반인들의 통화기록 및 인터넷 사용정보 등의 개인정보를 프리즘PRISM이란 비밀정보수집 프로그램을 통해 무차별적으로 수집, 사찰해온 사실을 폭로했다. 스노든은 미국 국가안보국이 브뤼셀의 유럽연합본부는 물론 미국주재 38개국의 대사관을 도·감청한 사실도 폭로했다

사이퍼펑크 운동은 개인이 휴대전화나 컴퓨터로 어떤 행위를 하든지 정부나 거대기업은 감시나 간섭을 하지 말아야 한다고 주장한다. 이러한 감시와 간섭은 개인 자유에 대한 심각한 침해라는 인식이다.

실제로 페이스북 같은 소셜네트워크sns 활동을 하다보면 자신의 가치기준과 취향에 맞는 광고를 보게 된다. 우리의 정보가 노출되고 감시된 결과다. 많은 이들이 인터넷에 올린 SNS 글들을 통해 신상이 털리고 불특정 다수로부터 공격을 받기도 한다.

우리나라에서도 몇 년 전 카카오톡을 통해 오간 개인의 대화가 정부 사정·정보기관에 넘겨지고 있다는 소식이 알려지면서 텔레그램의 점유율이 급격히 늘어나기도 했다. 또 페이스북이 가입자 8700만 명의 학력과 전화번호, 종교, 정치 성향 등의 정보를 외부에 넘겼다가 CEO 마크 저커버그가 청문회에 출석하기도 했다.

인터넷상에서 누군가가 나를 지켜보고 있다고 생각하면 행동이나 선택이 자유로울 수 있을까? 60명의 감시자가 당신의 휴대전화와 PC 화면을 매일 지켜보고 있다면 당신은 무엇을 할 수 있는가? 어떤 사이트에 들어가는지, 누구와 친한지, 어떠한 내용의 메시지를 주고받는지, 무엇에 관심이 있는지, 어떤 상품을 구매하는지를 매일 60개 업체가 추적·분석하고 있다는 걸 알게 되면 당신은 온라인에서 행동하는 것을 망설이게 될 것이다. 하지만 불행히도 이것은 이미 현실이다. 2015년 웹프라이버시 센서스에 따르면, 온라인상 이용자의 행태정보를 수집할 수 있는 쿠키가 사이트당 평균 60개씩 설치되어 있다고 한다.[2]

'팬옵티콘Panopticon'이라는 단어는 원래 제러미 벤담이 구상했던 원형감옥을 뜻한다. 감시자가 자신을 드러내지 않으면서 수용자를 감시할 수 있는 감옥이다. 이는 현대사회의 감시체계를 상징한다.

상대가 원하면 일분일초 단위로 감시할 수 있는 그런 사회에 우리가 살고 있다. 이메일, 메신저, 신용카드, CCTV, 위치추적, 계좌추적 등은 감시체계의 유용한 도구가 되었다. 어떤 메일은 메일내용을 자동 파악해서 그에 맞는 광고까지 보여준다. 신용카드의 추적 또한 피하기 어렵다.

1993년 발표된 '사이퍼펑크 선언문'은 이미 이런 우려를 포함하고 있다. 선언문은 "프라이버시는 IT 시대의 열린사회를 위한 필수가치다. 정부나 기업 또는 다른 얼굴 없는 거대조직들이 우리의 프라이버시를 보장해줄 것이라고 기대할 수 없다. 우리의 프라이버시는 우리 스스로 보호해야 한다"고 밝히고 있다. 이들은 프라이버시를 지켜줄 수단을 '암호'에서 찾았다.

## '신뢰 프로토콜'의 탄생

암호의 영어단어 cryptogram의 어원은 그리스어의 '비밀'이란 뜻을 가진 크립토스Kryptos다. 암호는 평문을 해독 불가능한 형태로 바꾸거나 암호화된 통신문을 원래의 해독 가능한 상태로 변환하기 위한 모든 수학적 원리와 수단 등을 다루는 기술이다. 암호란 중요한 정보를 다른 사람들이 보지 못하도록 하는 방법을 의미한다.

1970년대까지 암호는 주로 군대나 국가기관들이 사용하는 기술이었다. 그러다 1970년대 들어 컴퓨터 사용이 활발해지면서 컴퓨터를 이용한 암호기술이 발전했다. 암호학자들이 데이터 암호화 표준과 공

암호기술로 만들어진 최초의 암호화폐 비트코인

개키 암호기술을 개발하면서부터 암호는 전문가의 영역에서 벗어나 일반인들도 널리 사용할 수 있게 되었다.

그러자 개인의 자유를 중시하는 사이퍼펑크 운동가들은 인터넷에서 프라이버시를 지키기 위한 수단으로 암호학을 사용했다. 그들에게 암호화된 정보는 자유를 의미했다. 특히 중앙집권에서 해방된 정보교환이 그들의 꿈이었다.

고대부터 절대권력자는 정보를 독점하고 그들에게 유리한 정보만

흘러 다니게 했다. 지금 중국이 페이스북이나 유튜브 등 서방의 정보를 차단하고 허용된 정보만을 흘러 다니게 하는 것도 마찬가지 일면이다. 만인에 대한 만인의 정보 공개와 공유는 자유의 다른 이름이다.

이는 화폐도 마찬가지다. 오히려 프라이버시 측면에서 가장 취약한 게 바로 화폐다. 현금은 흔적을 남기지 않지만 온라인 송금이나 신용카드는 송금시간, 액수, 거래 상대방 등 모든 기록이 남는다. 노출하지 않아도 누군가 알고자 한다면 추적될 수밖에 없다.

암호학자들은 화폐 거래에도 프라이버시를 지킬 필요가 있다고 생각했다. 그들은 국가나 은행의 관리를 거치지 않고 개인 간 직거래를 가능케 하는 암호화폐 개발에 집중했다. 그 결과가 바로 비트코인이다. 비트코인은 암호기술로 이뤄진 최초의 '신뢰 프로토콜(약속)'이다. 블록체인 기술은 중앙에서 신용을 제공해주는 기관 없이도 스스로 신뢰를 창조했다.

하지만 비트코인이 어느 날 홀로 탄생된 게 아니다. 그 배경에는 사이퍼펑크 운동에 참여한 많은 암호학자들의 끈질긴 노력이 있었다.[3]


## 암호화폐의 선구자 데이비드 차움


암호화폐는 한 유대인 암호학자의 깊은 고뇌로부터 잉태된 산물이다. 암호학자이자 컴퓨터 공학박사이며 경영학 박사인 데이비드 차움David Chaum이 등장하기 전까진 그다지 실용적인 전자화폐들이 개발되지 않

암호학자 데이비드 차움

았다. 1955년생인 차움은 천재였다. 이미 고등학교 졸업 전부터 인근 대학에 가서 강의를 들었다. 그는 24세였던 1979년에 암호학에 있어 중요한 신개념인, 비밀키 공유의 전신인 부분키로 키를 분할하는 메커니즘을 개발했다.

1981년 26세의 그는 UC 버클리에서 컴퓨터공학 박사와 경영학 박사 학위를 취득함과 동시에 '국제암호연구학회'를 조직해 이끌었다. 그는 유대인답게 함께 어울려 연구하고 토론하는 것을 즐겼다.

차움은 그 뒤 뉴욕대학 경영대학원과 UC 산타바바라 교수로 재직하면서 연구에 매진해, 사이퍼펑크 운동이 시작되기 전부터 이미 17건의 특허를 냈다. 개인적인 연구 활동 못지않게 공동연구와 조직 구성에도 정력적이었던 그는 바다 건너 네덜란드 암스테르담 국립수학연구소에도 암호연구그룹을 만들었다. 차움은 암호학을 화폐부터 투표까지 다양한 영역에서 활용한 혁신적 연구논문 저자로 현대 암호학의 대부라 할 수 있다.

차움은 1980년대 초에 이미 20~30년 후 인터넷과 전자상거래 발달로 발생할 사회적 문제에 대해 깊이 고민하고 있었다. 그는 인터넷의 생활화로 정부와 대기업 같은 거대기관들이 개인의 모든 정보를 추적하는 것이 가능해지는 상황에 대해 우려했다. 차움은 이런 기관들이 인터넷 네트워크를 통해 개인과 관련된 데이터를 모으고, 추적이 가능해지면 프라이버시가 심각하게 훼손될 수 있다고 주장했다.

그는 이런 문제들을 해결하기 위해 암호학을 컴퓨터공학에 적용하는 방법을 연구한다. 1981년 〈추적 불가능한 전자메일, 반송주소와 디지털 가명〉이라는 논문으로 프라이버시가 침해되지 않는 '익명통신' 연구의 토대를 마련했다. "추적 불가능한 통신은 탐구의 자유와 표현의 자유가 실현되기 위한 토대"라고 믿은 그는 "이런 요구에 부응하기 위해서는 다양한 종류의 익명 인증 시스템이 마련되어야 한다"고 주장했다.

이듬해 차움은 가상화폐 '디지캐시DigiCash'를 제안하는 백서에서 '은닉서명'이라는 개념을 소개했다. 거래당사자의 신분과 메시지 내용을 노출시키지 않고 결제 사실을 검증하는 은닉서명이라는 방식을 통한 '익명성 전자화폐' 프로그램을 제안한 것이다. 은닉서명은 웹 보안에 쓰이는 RSA 알고리즘을 확장한 것으로, 거래당사자 정보를 암호화해 추적하지 못하게 하면서도 거래의 완결성을 확보한 기술이었다.

차움은 이를 전자화폐뿐 아니라 전자투표 등에도 적용해 사용자의 익명성과 프라이버시를 지킬 수 있게 했다. 특히 그가 제시한 '랜덤 샘플 전자투표'는 향후 직접민주주의 발전에 유용하게 활용될 것으로 평가받고 있다. 이후 그가 개발한 전자서명 기술과 암호학 관련 개념들은 암호화폐의 근간을 이루는 기술로 발전했다.

그는 "프라이버시는 인간성과 직접적으로 연결되어 있다. '프라이버시'라는 단어는 흔히 범죄와 비밀을 떠올리게 하지만, 프라이버시는 현대사회에서 민주주의 사상의 핵심 원리를 지키고 유지하는 데 매우 핵심적 개념이다"라고 강조했다.

차움이 1985년에 발표한 논문 〈신분 없는 보안: 빅브라더를 이기는 방법〉은 사이퍼펑크 운동의 중요한 사상적 배경이 되었다. 이후 그의 사상은 사이퍼펑크 운동의 핵심으로 자리 잡게 된다.[4]

차움은 유대인 암호학자들과의 협업을 즐겼다. 원래 유대인들은 혼자 공부하거나 연구하는 것보다 동료들과 어울려서 질문하고 토론해 가면서 공부하고 연구하는 걸 더 즐긴다. 그는 1988년 알고리즘 게임 이론 권위자인 유대인 컴퓨터 과학자 아모스 피아트, 이스라엘 바이츠만 연구소의 교수 모니 나오르와 공동연구를 진행해 은닉서명을 통한 오프라인 전자현금 시스템을 개발했다.

그 뒤 차움은 세계 최초로 암호학이 적용된 익명성 디지털 화폐를 만드는 프로젝트를 본격적으로 시작했다. 1990년에는 자신이 그동안 개발한 기술을 암호화폐 거래에 적용하기 위해 동료 암호학자들과 네덜란드에 '디지캐시'라는 회사를 창업했다.

디지캐시는 디지털화된 달러에 해시값hash value을 붙여 만든 세계 최초의 암호화폐 이캐시Ecash를 출시했다. 차움은 이캐시에 '은닉서명, 암호화된 계좌, 이중지불방지 시스템'을 적용했다. 그는 보내는 사람과 받는 사람의 신원은 암호화하지만, 누구에게 보내는지는 식별할 수 있는 시스템을 고안했다. 비트코인과 유사한 아이디어다. 이로써 이캐시는 은행이 모든 거래내역을 확인할 수 있는 신용카드와 달리, 거래내역을 제3자가 알 수 없는 익명성을 보장했다. 이것이 차움을 암호화폐의 시조로 부르는 이유다.

관리주체가 거래내역을 볼 수 없다는 면에서 이캐시는 새로운 차원의 암호화폐로 주목을 받았다. 이때 구현된 디지캐시(이캐시)와 2009년에 나온 비트코인의 차이는, 디지캐시가 은행에 디지캐시 라이센스를 판매하려고 은행과의 연계를 위한 중앙집중 시스템을 사용한 반면 비트코인은 블록체인 기술 기반의 탈중앙화 시스템을 사용했다는 점이다.

디지캐시는 디지털 토큰을 기반으로 한 전자결제 시스템으로, 이 시스템을 사용하는 사람들끼리 서로 토큰을 교환할 수 있고 거래소에서 현금으로 교환도 가능했다. 특히 이 토큰은 특수한 경우를 제외하곤 돈이 어디에서 왔는지 알 수 없도록 설계되어 익명성을 보장했다. 하지만 미주리주 지방은행인 마크트웨인은행이 처음으로 이 시스템을 도입했다가 익명성을 못마땅해하는 미국정부의 눈치로 탈퇴하고, 다른 은행들도 거래를 피하자 디지캐시는 결국 버티지 못하고 파산하고 만다.

이로써 이 획기적 기술이 널리 보급되는 것은 실패했다. 그러나 차움이 고안한 암호기술은 중앙기관이 제공하는 신뢰 없이도 합의 알고리즘을 바탕으로 누구나 참여 가능한 '신뢰 프로토콜'의 핵심 원리다. 비트코인의 주요 요소인 '분산공유 원장, 암호화된 계좌, 이중 지불방지 시스템'은 모두 차움이 30여 년 전에 개발한 것들로부터 비롯되었다. 그래서 그는 비트코인을 만든 사토시라는 오해를 받기도 했다.

참고로 차움은 2018년 4월 3일 서울 워커힐 호텔에서 열린 '제1회

분산경제포럼'에서 기조연설을 했는데, 이날 연설에서 암호화폐와 암호화 기술이 가져올 사회변혁 가능성에 대해 강조했다. 그는 "암호화폐에는 사이버혁명을 넘어서는 고귀한 사명이 있다"며 "암호화 기술을 통해 세상을 더 나은 곳으로 만들고 싶다"고 말했다. "기존 거버넌스(지배구조)를 어떻게 분산시키고 공유할 수 있는지에 대한 논의가 암호화폐 연구의 핵심"이라며 "암호화 기술을 통해 직접민주주의가 가능하도록 기여하고 싶다"고도 덧붙였다.

차움은 프라이버시 보호 암호화 기술을 집중적으로 연구했다. "프라이버시는 인간성과 직접 연결"되어 있으며 "프라이버시는 현대사회에서 민주주의 사상의 핵심원리를 지키고 유지하는 데 매우 핵심적인 개념"이라는 게 그의 지론이다. 그래서 그가 사이퍼펑크 운동의 선구자로 불리는 것이다.[5]


## 프라이버시를 지키기 위한 선언

블록체인을 기반으로 하는 비트코인 탄생의 배경은 사이퍼펑크 운동이 본격적으로 벌어진 1992년으로 거슬러 올라간다. 그해에 개인의 자유를 추구하는 '사이퍼펑크' 모임이 시작됐다. 사이퍼펑크 운동가들은 특히 정부로부터의 사생활 보호를 극도로 중요시했다. 금전 거래 내역 역시 보호돼야 할 사생활의 일부로 보았다.

모임의 주요 멤버는 수학자이며 컴퓨터 프로그래머인 에릭 휴즈,

인텔 시절 컴퓨터 칩의 알파입자 문제를 해결한 티머시 메이, 시그너스솔루션의 창립자 존 길모어 등이었다.

에릭 휴즈는 사이퍼펑크 선언문에서 이렇게 말했다. "프라이버시는 전자시대의 열린사회를 위해 필요하다. 프라이버시는 비밀과는 다르다. 프라이버시는 세상이 알기를 원하지 않는 것이고, 비밀은 어떤 누구도 알기를 원하지 않는 것이다. 프라이버시는 세상에 선택적으로 노출하는 것이다." 당시 티머시 메이는 공산당 선언을 흉내 낸 '암호화무정부주의자 선언'을 쓰기도 했다. 다양한 암호화 기술에 심취한 사이퍼펑크 운동가들은 샌프란시스코 인근에서 정기적으로 회합을 갖기도 했다.

이 모임에서 개발된 여러 기술이 훗날 비트코인 탄생의 바탕이 되었다. 대표적으로 하버드대학의 여성 컴퓨터학자 신시아 더크와 분산 컴퓨팅 분야의 권위자인 유대인 대니 돌레브가 공동개발한 가단성 암호화Malleability 기술은 블록체인의 바탕기술로 평가받고 있다.

개인정보를 보호하는 것이 열린사회를 유지하는 매우 중요한 요소라고 생각한 사이퍼펑크 운동가들은 사람들의 익명성을 지켜줄 수 있는 도구를 지속적으로 개발키로 했다. 많은 사람들이 사이퍼펑크 사상에 공감했고, 소속 회원들끼리 뉴스와 관련소식을 이메일을 통해 주고받으며 사이퍼펑크 운동은 폭발적으로 성장했다.

이제 사이퍼펑크는 하나의 사회 운동에서 집단의 모습을 갖춰갔다. 이메일을 통해 정책, 철학, 기술 등 여러 분야에서 다양한 논의가 이뤄졌다. 수많은 논의들은 인터넷과 탈중앙화, 보안에 대한 개념의 정립과 발전에 큰 영향을 미쳤다. '네트워크상의 자유와 프라이버시 보호'라는 가치를 지키기 위해 시작된 사이퍼펑크 운동은 다양한 문화와 기술이 자라나는 사상적 토양이 되었다.

## 페이팔의 탄생

그 무렵 일단의 유대인 청년들이 돈 거래에 있어 개인의 프라이버시를 지켜줄 새로운 지불방법을 고안했다. 맥스 레프친과 피터 틸이 바로 그들로, 1998년 12월 이메일 결제 서비스회사 콘피니티를 설립했다. 이 회사는 이듬해 일론 머스크가 설립한 경쟁사 엑스닷컴X.com과 합병해 페이팔이 되었다. 피터 틸과 일론 머스크가 공동대표를 맡았다.

페이팔을 설립할 당시의 피터 틸과 일론 머스크

페이팔은 쉽게 말해 구매자와 판매자의 중간에서 중개해주는 일종의 에스크로escrow 서비스로, 구매자가 페이팔에 돈을 지불하면 페이팔이 그 돈을 판매자에게 전달하는 형식이다. 페이팔은 상대에게 신용카드번호나 계좌번호를 알리지 않고 이메일로 거래할 수 있어서 보안상 각광받았다. 일단 한 번 페이팔에 내 정보와 주소를 저장해놓으면 클릭 한두 번으로 결제가 가능하기 때문에 매번 카드번호를 입력하고 공인인증서에 보안카드 번호까지 넣어야 하는 번거로움이 없다. 뿐만 아니라 전자상거래에서 구매자가 수수료 없이 무료로 이용할 수 있기에 전 세계적으로 확산되었다. 또 서로 다른 나라의 화폐도 페이팔에서 환전해 거래해주기 때문에 다른 나라 사람들끼리도 자유롭게 결제할 수 있다. 페이팔은 2002년 전자상거래 회사 이베이에 15억 달러에 팔렸다.

페이팔에서 함께 일했던 청년들은 이를 종자돈으로 각 분야에서 엄청난 성공을 거두었다. 일론 머스크의 테슬라와 스페이스X, 피터 틸의 팰런티어 테크놀로지, 채드 헐리와 스티브 첸 등 네 명이 같이 만든 유튜브, 맥스 레브친의 슬라이드와 옐프, 리드 호프먼의 링크드인 등이 그것이다. 서로 돕는 이들의 단결력이 너무 끈끈하고 놀라워 언론은 이들을 '페이팔 마피아'라 부를 정도다.

페이팔은 핀테크FinTech 시대의 막을 열었다. 핀테크는 금융financial과 기술technique의 합성어로 금융과 IT기술을 접목시킨 것을 의미한다. 모바일 결제와 송금, 개인자산관리, 크라우드 펀딩 등 기존 금융과 미래지향적 금융을 IT로 묶은 새로운 패러다임이라 할 수 있다.

그 무렵 이런 핀테크와 달리 개인 프라이버시의 완벽한 보안을 추구하는 일단의 암호학자들이 있었다. 사이퍼펑크 운동가들 가운데서도 소위 '암호무정부주의자cryptoanarchist'라고 불리는 암호학자들은 당시 군과 정보당국의 전유물이었던 암호성 메일을 인류 모두가 평등하게 누려야 할 기술로 보았다. 이들은 인간의 존엄성을 지키기 위해 개인의 프라이버시를 보호하는 시스템을 개발하자는 데 뜻을 같이했다.

그들 중 대표적인 인물이 바로 암호학자이자 사이퍼펑크 운동가인 애덤 백Adam Back이다. 그는 1997년 스팸메일이나 디도스 공격으로부터 메일 시스템을 보호하기 위해 고민하다 '해시캐시'라는 블록체인에서 쓰는 작업증명Proof of Work, POW 알고리즘을 개발했다. 해시캐시는 익명성을 보장하면서도 이중지불을 방지할 수 있는 기술로, 그는 이를 이용해 '해시캐시'라는 암호화폐를 개발했다. 이 기술은 후에 사토시 나카모토가 개발한 비트코인의 채굴 알고리즘이 되었다.

이후 애덤 백은 블록스트림이라는 회사를 공동창업해 비트코인 시스템을 어떻게 향상시킬 수 있는지에 대해 연구하고 있다. 블록스트림은 인터넷이 안 되는 지역에 사는 30억 명의 사람들도

작업증명 알고리즘을 개발한 애덤 백

인공위성을 통해 비트코인 거래가 가능한 사업을 추진 중이다. 블록스트림은 세 개의 인공위성을 가동시켜 이미 지구의 3분의 2 지역에서 서비스가 가능해졌다. 이로써 인터넷을 통하지 않고도 비트코인을 거래할 수 있는 토대가 마련됐다.

비트코인 네트워크는 인터넷 금융 시스템을 이용하지 못했던 오지 사람들에게 거래 시스템을 제공함으로써 삶의 질을 끌어올릴 것으로 기대되고 있다. 또 IP주소가 공개되는 인터넷을 통하지 않고도 거래가 가능해져 개인 프라이버시를 한층 더 보호할 수 있게 되었다.

1990년대 중반 들어 은행을 거치지 않아도 되는 암호화폐 개발 구상이 속속 나왔다. 1998년 '웨이 다이Wei Dai'는 '비머니b-money 백서'에서 익명성과 분산방식발행 기술을 사용해 발행과 거래를 통제함으로써 암호화폐에 대한 개념을 좀 더 구체화시켰다.

이 개념은 각 참여자가 비머니를 얼마나 갖고 있는지에 대한 정보를 모든 참여자의 데이터베이스에 해시함수로 암호화해 서로 연결된 블록으로 저장하게 한다는 점에서 블록체인 개념과 상당히 유사하다. 또 작업증명을 사용한다거나 거래기록을 담은 장부를 공유하고 작업증명을 수행한 이들에게 보상을 주는 등 현재 비트코인이 가진 특성이 상당 부분 포함되어 있다. 훗날 사토시 나카모토는 비트코인에 대해 이야기하면서 비머니의 특성을 참고했음을 밝혔다. 하지만 비머니는 시장에 내놓을 만큼의 호응은 얻지 못해 실제 가동되지는 않았다.

데이비드 차움과 디지캐시에서 같이 일했던 동료 유대인 암호학자 닉 재보Nick Szabo는 소문난 천재로, 그의 관심의 폭과 지식의 넓이와 깊

스마트 계약을 처음 선보인 닉 재보

이는 정평이 나 있다. 그는 암호학자면서 동시에 로스쿨 출신 법학교수이자 컴퓨터공학을 전공한 과학자로 1998년 '비트골드'라 불리는 분산된 디지털 통화 메커니즘을 설계했다. 닉 재보는 이듬해 〈신의 프로토콜〉이라는 짧막한 논문을 발표하고, 최후의 해답이 될 수 있는 신뢰 프로토콜 연구에 천착했다. 그는 사생활과 계약, 정부와 제3의 신뢰기관 등을 주로 연구하면서 '스마트 계약'이라는 개념을 처음 선보였다.

스마트 계약은 프로그래밍된 조건이 충족되면 자동으로 계약을 이행하는 시스템이다. 기존에는 계약이 체결되고 이행되기까지 수많은 문서가 필요했다면 스마트 계약은 계약조건을 컴퓨터 코드로 지정해 두고 조건이 맞으면 계약을 이행하는 방식이다. 스마트 계약을 통해 사람들은 금융거래, 무역, 보험, 부동산, 주식, 각종 증명처리 등 다양한 거래를 제3자의 개입 없이 당사자 간 거래로 종결시킬 수 있다. 이로써 단순한 분산원장의 기록뿐 아니라 스스로 실행이 가능한 지급결제 시스템이 개발되었다. 나중에 이더리움은 이를 주요기능으로 채택했다.

그는 또한 당사자들 간의 거래나 계약이 네트워크에서 중앙 청산기관의 개입 없이 자동적으로 실행되기 위해서는 계약이나 거래가 공증

돼야 한다며 '채굴이라는 방식의 공증' 방안을 제시했다.

닉 재보는 1998년 애덤 백이 제안한 비머니의 암호화 기술을 참고해 같은 해에 '비트골드'를 제안했다. 비트골드의 메커니즘은 금본위제 통화 발행원리를 구현한 것으로 인플레이션을 원천적으로 차단한 암호화폐다. 비트골드가 실제 발행되어 사용된 적이 없음에도 많은 사람들은 이 비트골드가 비트코인의 모태라고 이야기한다. 이유는 둘의 구조가 아주 비슷하기 때문이다. 비트골드는 참가자들이 컴퓨터를 이용해 암호화된 퍼즐을 풀면 얻게 되는 구조인데, 퍼즐은 풀릴 때마다 조금씩 어려워지기 때문에 비트골드를 얻는 것도 어려워진다.

닉 재보 역시 유력한 사토시 후보인데, 그의 글들이 비트코인 백서와 언어학적 유사성이 가장 밀접하다는 게 그 이유다. 거기에 그가 1990년대에 가명을 사용해 활동한 적이 있고, 2008년 공동작업할 사람을 찾고 있었다는 것 역시 그 이유다. 2015년 5월, 《뉴욕타임스》의 너새니얼 포퍼는 닉 재보가 사토시 나카모토라는 증거가 있다고 쓰기도 했다 .

할 피니Hal Finney는 유명한 게임개발자이자 암호학자였다. 그는 2004년 해시캐시를 이용해 '재사용 가능한 작업증명'을 만들었다. 이는 임의의 문자열을 고정된 값이나 키로 변환하는 '해시Hash' 개념을 바탕으로, 정보를 숨기는 암호와 달리 정보의 위변조를 확인하는 인증에 중점을 두었다. 그는 이를 이용해 같은 해 이머니e-money를 개발해 공개했다. 이로써 암호화폐의 근간이 되는 블록체인 기술이 만들어졌다. 참고로 '피니'는 '하느님의 선물'이라는 뜻의 유대인 성姓이다.

## 달러를 지키기 위한 미국의 노력

1998년 버나드 본 놋하우스Bernard von NotHaus는 인플레이션이 존재하지 않는 화폐를 만들어야겠다고 생각했다. 그는 금화와 은화를 주조해 '자유달러'라는 것을 만들었다. 이것이 암호화폐와 다른 점은 온라인상에 존재하는 가상화폐가 아니라 실물로 존재하는 민간화폐라는 것이다. 이후 자유달러는 10년간 민간인과 민간기업들에게서 사용되었다.

사토시는 2005년 네덜란드 암스테르담에서 열린 컨퍼런스에서 놋하우스와 함께 자유달러를 만든 동료에게 온라인으로 접촉해 자유달러가 자신이 만들고 있는 비트코인에 영감을 주었다고 전했다.

그 뒤 2007년 FBI와 첩보부가 자유달러 사무실을 급습해 금, 은, 백금 등 귀금속과 자유달러 2톤어치를 압수했다. 민간인이 화폐를 발행하는 것은 미국 연방법에 위배되며 돈세탁 행위로 간주되기 때문이다. 놋하우스는 2011년에 '국가에 대한 반역죄'로 기소되어 22년형을 선고받았다. 개인이 미국의 공식적인 화폐와 경쟁하기 위해 사적으로 화폐를 만드는 것은 연방법 위반이라는 것이었다. 그는 중간에 3년 보호관찰로 형이 낮추어졌으며, 2015년 12월에는 보호관찰도 조기 종료되었다.

온라인상의 통화라고 해서 여기서 면책되는 것은 아니다. 인터넷을 활용하면서도 주류 경제에 밀착한 가상화폐를 만들려는 또 다른 시도가 먼저 있었다. 1996년 출시된 'e골드'의 발상은 간단했다. 고객이 실물 금이나 은을 운영회사인 골드앤실버리저브Gold & Silver Reserve에 맡기면 이에 상당하는 e골드를 계좌에 넣어준다. 회사에 돈을 부치면 상당액의 실물 금은을 사서 보관하고 e골드를 계좌에 충전해줬다. 금은양본위제의 가상화폐를 발행한 셈이다. e골드는 충전액을 거래하면 실물 금은을 거래하는 것과 같아, 무역을 할 때 환차손으로 어려움을 겪던 고객들에게 큰 호응을 얻었다.

하지만 일반회사가 금은본위 화폐를 만든다는 발상은 화폐 발행권을 독점하고 있는 미국정부가 수용하기 어려웠다. 2001년 9·11테러 이후 미국정부가 만든 애국법은 테러자금 추적을 명분으로 송금업체가 필히 허가를 받도록 못 박았다. 미 재무부는 애국법 제정 5년 전부터 사업을 시작한 골드앤실버리저브 역시 송금업체로 규정하고 법무부와 공조해 e골드를 수사했다. 이즈음 가상화폐를 화폐 정의에 포함하는 광범위한 규제개혁도 잇달았다. e골드가 화폐가 아니라 실물자산을 거래하는 곳이라고 발뺌하지 못하게 만드는 조치였다. 설상가상으로 e골드로 아동음란물을 구매한 사용자의 덜미가 잡혔다.

2007년 연방정부는 골드앤실버리저브를 기소했다. 연방정부는 e골드 사용자가 신상정보를 공개할 필요가 없기 때문에 돈세탁과 아동포르노 등에 사용될 수 있다고 주장했다. 회사 소유주들은 인가 없이 송금업무를 취급한 데 대해 유죄판결을 받았고 CEO는 수개월 가택연금에 처해졌다. 이후 모든 거래내역이 정부로부터 감시를 받자 회사는

비트코인 특집을 실은 《뉴스위크》의 표지

망했다.

　이런 일련의 사건들은 사토시가 익명을 쓰고 세상에 나타나지 않는 이유가 되었다.

사토시 나카모토가 누군지는 베일에 싸여 있다. 한 사람인지 둘 이상의 팀인지도 불분명하다. 이름은 일본식이지만 일본인이 아니라는 주장도 제기됐다. 사토시 나카모토가 익명을 쓸 수밖에 없는 가장 큰 이유는 유대금융자본에 도전한 그가 유대인이기 때문이라고 추정된다. 비트코인은 히브리어 '비타혼Bitachon'과 비슷한데, 이 단어는 신뢰와 보안이라는 뜻을 함께 갖고 있다.

　게다가 암호화폐 탄생에 결정적으로 기여한 암호학자들 중에 유대인 학자들이 많았다. 특히 핵심 3인방인 데이비드 차움, 닉 재보, 할 피니는 모두 유대인이다.

　일부에서는 사토시 나카모토가 한 사람이 아니라 비트코인을 공동개발한 유대인 암호학자들의 비공개 모임일 거라 추정하기도 한다. 물론 핵심 개발자는 존재하겠지만 이런 프로젝트를 혼자서 완성한다는 것은 무리이므로 개발자들의 그룹을 사토시 나가모토라는 익명으로 만든 것 아니냐는 설이다. 곧 뜻있는 유대인들이 기득권 유대금융자본 세력의 횡포에 정면으로 도전한 것이라는 이야기다.

세계 최초로 금융암호화 회의가 열린 앙길라섬

사토시 나카모토中本哲史라는 이름은 '철학과 역사가 있는 오리지널 센터'라는 뜻을 갖고 있다. 그래서 이름 자체가 작위적이라고 평하는 사람들이 많다. 실제로 어느 쪽이 성씨이고 이름인지조차 불분명하다. 사토시는 흔한 이름이나 나카모토라는 성을 들어본 적이 없다는 사람들 또한 많다. 애초에 국적을 파악하기 어렵게 하기 위해 만들어진 가명이기 때문이다.

일각에서는 데이비드 차움, 닉 재보와 더불어 로버트 헤팅아Robert Hettinga를 사토시로 지목하는 사람도 있다. 로버트 헤팅아는 미주리대에서 철학을, 시카고대에서 물리학을 전공한 암호학자이자 작가이며 창업가다. 그는 오랫동안 닉 재보와 알고 지내면서 익명 디지털 통화와 디지캐시에 깊은 관심을 갖고 연구했다.

그 뒤 헤팅아는 직접 인터넷으로 익명의 가치 이전을 추구하는 벤처기업 인터넷 베어러 언더라이팅Internet Bearer Underwriting을 설립하고, 보스톤 디지털 상거래협회를 만들어 주도했다. 이 협회에서 그는 현재 비트코인 프로그램 관리책임을 맡고 있는 개빈 앤드리슨과 함께 일하기도 했다.

1997년에 그는 세계 최초로 '금융암호화 회의FC97'를 언론의 눈을 피해 동료 암호학자가 사는 카리브해 서인도제도의 영국령 앙길라섬에서 개최해 금융암호화 연구를 주도했다. 그래서 사토시 나카모토를 '데이비드 차움, 닉 재보, 로버트 헤팅아'가 뒤에서 조정하는 아바타로 보는 사람도 있다.

# 비트코인의 메시지

## 04

비트코인의 탄생

암호학자들의 끈질긴 도전이 결실을 맺게 된 계기는 2008년 글로벌 금융위기였다. 이 시기에 출현한 비트코인은 정부 통제를 피하려는 반항아들이 30여년에 걸쳐 연구한 결과물이다.

비트코인의 존재가 세상에 처음 알려진 것은 은행 간 대출이 마비되며 흉흉한 소문이 확산되던 2008년 8월 18일로 'bitcoin.org'라는 도메인이 일본 어나니머스스피치www.anonymousspeech.com를 통해 등록되면서부터다. 어나니머스스피치는 익명이메일, 익명도메인 등록서비스를 제공하는 곳이다. 지금도 쓰이는 이 도메인은 등록자와 관리자의 소재지가 파나마라는 사실만 공개되었다. 8월 18일은 글로벌 금융위기를 부른 미국의 투자은행 리먼브러더스가 도산하기 불과 한 달 전이었다.

그리고 두 달 반 뒤인 10월 마지막 밤에 사토시 나카모토는 〈비트코인: 일대일 전자화폐 시스템Bitcoin: Peer-to-Peer Electronic Cash System〉 백서를 한 크립토그래피 메일링 리스트에 등록했다.

사토시가 백서에서 제시한 비트코인의 주요 특징은 다음과 같다.

- P2P 네트워크를 통한 이중 지불 방지
- 조폐제도 또는 여타의 중앙기관 배제
- 참여자 익명성
- 해시캐시 기반의 작업증명을 통한 화폐 발행

비트코인은 제3의 신뢰에 의지하지 않고 스스로 신뢰를 창조했다. 사토시는 해시캐시와 비트골드를 발전시켜 비트코인을 개발한 것으로 보인다. 획기적인 기술이었다. 이제껏 인터넷은 정보 교환의 통로였지 부의 교환 통로는 아니었다. 비트코인의 개발로 비로소 암호화폐가 은행을 거치지 않고 인터넷을 통해 개인 간에 직거래될 수 있었다.

이는 현재 은행을 이용하지 못하는 20억 인구에게 새로운 희망이 될 수 있다. 은행을 이용하지 못하는 사람은 아프리카 오지에만 있는 게 아니다. 성인 기준으로 미국 10%, 중국 33%, 파키스탄 91% 등 생각보다 많은 사람들이 여러 가지 이유로 은행을 사용하지 못하고 있다. 게다가 송금시간과 송금수수료도 대폭 줄어들 전망이다.

비트코인은 혁신적인 결제 네트워크이자 신종 화폐입니다.

비트코인 홈페이지

비트코인은 '블록체인 기술'과 '채굴보상 알고리즘'이 처음으로 실용
화된 사례다. 사토시 나카모토는 2009년 1월 3일 소프트웨어 개발자
들에게 제공되는 자료저장 사이트 소스포지SourceForge.net에 3만 1000항
으로 이루어진 비트코인 오픈소스 소프트웨어 프로그램을 공개했다.
이 오픈소스는 이후 수많은 암호화폐들의 원천기술이 되었다. 이와
동시에 비트코인 개발 커뮤니티 사이의 합의에 의한 프로그램 개선이
가능해 진화의 여지를 두었다.

사토시는 이를 기반으로 그 스스로 최초의 블록을 만들었다. 그가
첫 블록을 채굴해 발행된 암호화폐는 50비트코인이었다. 이 가운데
10비트코인을 개발 동료인 할 피니에게 보냈다. 암호화폐 거래의 시
작이었다. 그 뒤 둘은 며칠간 이메일을 주고받았는데 내용의 대부분

은 할 피니가 발견한 버그를 사토시가 수정한 것이었다. 며칠 뒤 비트코인은 꽤 안정적으로 다시 작동하기 시작했다.

그래서 제네시스 블록을 만든 6일 뒤에 사토시는 또다시 암호화 전문가 메일링 리스트로 프로그램이 이미 만들어졌다는 소식을 전했다. "첫 번째 비트코인이 만들어졌음을 발표합니다. 비트코인은 새로운 전자화폐 시스템이며 P2P 네트워크를 사용함으로써 이중 비용 지불 문제를 해결했습니다. 중앙서버도, 중앙집권화된 권력도 없는 완벽히 탈중앙집권화된 시스템입니다." 그때 비트코인을 가장 먼저 채굴한 사람이 할 피니였다.

상업용 웹브라우저와 넷스케이프의 창안자 마크 안드레센은 비트코인을 처음 보고 "오, 신이여. 이것이 우리가 기다려온 바로 그것이군요"라고 말했다. 서버의 도움 없이 컴퓨터에서 컴퓨터로 이동하는 전자화폐가 이론적으로 가능하다는 증명 이후 오랜 기간을 기다려 얻은 결실이기 때문이다. 특히 그가 주목한 것은 안전성과 저렴한 송금 비용이었다. 이것이 지금까지 불가능했던 일들을 가능케 한다. 그중 하나가 초소액 결제기능으로, 이를 활용하면 콘텐츠 직거래 유료화 등 많은 사업들의 활성화가 가능해진다.

**비트코인의 메시지**

비트코인은 국가의 통제에서 벗어나려는 암호학자들이 수십 년에 걸

처 연구한 결과물로서 탄생했다. 비트코인 프로그램 배포 다음 달인 2009년 2월에 사토시 나카모토가 '비트코인 P2P 재단' 포럼에 500여 단어로 이뤄진 글을 올렸는데, 여기에 그의 생각이 잘 묻어나 있다.

"기존 화폐의 근본적 문제는 그 화폐 시스템이 돌아가는 데 필요한 신뢰의 부족입니다. 중앙은행이 화폐 가치를 떨어뜨리지 않을 것을 신뢰해야 합니다만 화폐의 역사는 신뢰의 위반으로 가득합니다. 은행들이 우리의 돈을 엄격하게 관리하고 전자방식으로 이체할 수 있다는 것을 신뢰해야 합니다. 우리는 은행이 우리들의 돈을 잘 보관해줄 것이라고 믿지만 은행은 지극히 낮은 준비금만 남기고 신용버블을 일으킬 정도로 대출을 많이 해주었습니다. 우리는 우리의 개인정보를 그들에게 맡기고, 해커들이 우리의 자산과 개인정보를 유출하지 못할 것을 신뢰해야 합니다. 은행들은 엄청난 간접비로 인해 소액결제가 불가능합니다. (…) 비트코인은 신뢰가 아닌 암호화된 증거에만 기초를 둡니다."

이 글에서 금융거래의 제3자인 신용기관과 은행에 대한 사토시의 불신을 엿볼 수 있다. 그는 특히 은행이 대출을 통한 신용창출로 통화팽창 버블을 일으키는 것에 대한 불신이 깊었다. 사실 화폐의 본원적 기능 '교환매개의 수단, 가치척도의 수단, 가치저장의 수단'은 신용창출을 통한 통화팽창과 대출회수를 통한 통화수축이라는 통화교란의 문제를 일으키지는 않는다. 오히려 화폐의 부가적 기능인 가치이전 수단, 곧 대출이나 투자 등이 통화교란의 주범이다.

사토시는 현행 금융통화제도 전반에 대해 '신뢰' 부족이라는 근본적인 의문을 던지고 있는 것이다. 그는 금융자본 세력의 탐욕에 의해 휘둘리지 않는 화폐, 곧 탈중앙화되어 근본적으로 신용창출로 인한 버블이 일어날 수 없는 화폐를 원했던 것 같다. 이렇듯 비트코인 탄생 배경에는 달러가 지배하는 세계 경제의 통화와 금융 시스템에 대한 반감이 자리 잡고 있다. 그것은 금융자본 세력에 휘둘리지 않을 수 있는 자유에 대한 갈망이기도 하다. 이 갈망이 암호화폐를 낳았다. 사토시 나카모토는 이 문제를 혁신적 암호체계와 네트워크 기술을 결합해 개인 간 직거래 내역을 P2P 분산 네트워크상에서 다수의 컴퓨터가 동시에 기록하고 검증하는 방법을 이용해 해결했다.

비트코인의 탁월성은 낯선 이들끼리 거래하면서도 중개인이 필요 없다는 점이다. 모든 걸 익명의 컴퓨터 네트워크가 대신한다. 곧 어떤 기관의 통제에도 놓여 있지 않은 분권화된 신용 시스템을 창출한다. 비트코인의 핵심은 바로 개인과 개인의 초연결성과 더불어 해킹으로부터 안전한 장부를 기반으로 만들어진다는 점이다.

비트코인의 또 다른 특징은 설계 당시부터 발행총량이 2100만 개로 한정되어 있다는 것이다. 비트코인은 21만 개의 블록이 생성될 때마다 발행되는 비트코인 수를 절반으로 줄여 결국 0으로 수렴되도록 설계되어 있다. 비트코인에는 발행량이 늘어나서 화폐 가치가 하락하는 인플레이션을 방지하려는 목적이 내재돼 있다.

이렇듯 암호화폐의 철학적 이면에는 기존 통화와 금융에 대한 해묵은 반감이 있다. 주기적으로 발생하는 크고 작은 금융위기와 양적완화, 그로 인한 인플레이션은 통화교란의 주범이며, 이 모든 흐름은 세계의 부를 독점하고 있는 소수집단과 그들을 비호하는 정치집단의 지배 메커니즘이라는 것이 금융 자유주의자들의 시각이다.

그들은 신뢰 프로토콜로 만들어진 비트코인의 저장가치에 주목하며, 비트코인을 통화교란과 인플레이션을 잠재울 수 있는 대안으로 본다. 자유주의자들에게 비트코인의 등장은 그야말로 진정한 금융 자유주의로의 진화를 의미한다.

마르티 말미Martti Malmi는 비트코인 백서가 공개된 지 2개월이 안 되어 비트코인 0.2 버전 개발에 참여하게 되었으며, 사토시가 최초로 직접 이름을 언급하고 감사를 표한 동료개발자다. 마르티 말미 역시 현행 화폐와 통화제도에 대한 불신을 여러 사이트에서 표현하고는 했다. 그는 근본적으로 자유주의적 무정부주의 사상을 갖고 있었다.

그는 비트코인에 대해 처음 알게 된 뒤 무정부주의 사이트에 이렇게 글을 써 인플레이션에 대해 근본적인 불신을 나타냈다. "비트코인은 독점적인 중앙은행의 불공정한 통화정책과 중앙집권의 통화공급으로 인한 위험으로부터 안전합니다. 비트코인 통화공급의 제한된 인플레이션은 은행 엘리트로부터 독점되지 않고 네트워크 전체에 균등하게 배분됩니다."

마르티 말미

그리고 사토시가 도메인 명의를 그에게 양도한 'Bitcoin.org' 사이트에 올린 글 〈왜 나는 비트코인을 사용해야 하는가〉Why should I use Bitcoin〉에서 그는 현행 금융 시스템의 통화정책과 신용창출에 대해 비판했다. "비트코인은 부분지급준비제도와 중앙은행의 나쁜 정책으로 인한 불안정으로부터 안전한 화폐입니다."

말미는 비트코인 공식홈페이지와 비트코인 포럼의 디자인을 전면 수정하고 개발한 사람이다. 사토시는 까다롭고 복잡한 코드들로 사이트 설명을 구성한 반면, 말미는 이를 전부 지운 뒤 깔끔하고 누구든지 알아보기 쉬운 방식으로 전면 수정했다. 비트코인에 대한 그의 생각은 개발팀들이 중앙은행의 통화정책과 시중은행의 신용창출 기능에 대해 어떤 생각을 갖고 개발에 임했는지를 짐작할 수 있게 한다.

## 갈 길 먼 암호화폐

비트코인이 안정적으로만 운영돼왔던 것은 아니었다. 2010년 7월 7일, 비트코인 버전 0.3이 출시되었다. 그 뒤 2010년 8월 15일 비트코인 시스템의 불안정성을 이용해 생성된 1840억 비트코인이 두 개의 계좌에 나뉘어 전송됐다. 한 시간이 채 되지 않아 거래기록에서 이 거래들이 지워졌고 버그가 수정된 비트코인 프로토콜이 업데이트됐다. 이것이 비트코인 시스템에서 알려진 유일한 오류다.

사토시 나카모토는 이때까지만 해도 다른 프로그래머나 암호학자들과 질문을 주고받으며 비트코인의 문제점을 보완하기도 했다. 이 사건 이후 활동이 뜸해지기 시작하더니 그의 개발동료 개빈 앤드리슨

비트코인 프로그램 관리자인 개빈 앤드리슨

Gavin Andresen을 비트코인 프로그램 관리자로 지정하고 2선으로 물러났다. 앤드리슨은 동료개발자 네 명에게 코드 접근 권한을 나눠줬다. 그 뒤 FBI가 앤드리슨을 보자고 하자 사토시는 모습을 감췄다.

비트코인은 사실 많은 문제를 안고 있다. 상황 예측에 실패한 설계상의 결함으로 기록용량, 처리속도, 불합리한 수수료 등 많은 면에서 화폐의 본원적 기능을 제대로 못하고 있다. 사토시는 이런 문제를 해결하라고 소프트웨어 프로그램을 오픈소스로 공개한 것이다. 이렇게 개선이 시급함에도 커뮤니티 집단 내의 이해관계가 상충되어 제대로 대응하지 못하고 있다. 그래서 이러한 문제점을 개선한 알트코인들이 쏟아져 나오는 것이다. 비트코인은 아직 갈 길이 먼 암호화폐다.

---

## 확산되는 비트코인 결제 시스템

시간이 지나 비트코인이 세상에 알려지자 비트코인을 결제수단으로 받는 곳들이 늘어나기 시작했다. 2011년 비트코인 결제 서비스업체인

'비트페이BitPay'가 설립되었다.

같은 해 미국정부에 의해 자금줄이 막힌 줄리언 어산지의 위키리크스를 포함한 몇몇 재단들이 비트코인을 기부금으로 받기 시작했다. 어산지가 처음 비트코인을 기부금으로 받겠다고 밝혔을 때 사토시 나카모토는 이에 반대했다. 이제 막 성장하기 시작하는 비트코인이 위키리크스로 인해 불이익을 당하지 않을까 우려했기 때문이다. 하지만 어산지는 훗날 SNS를 통해 미국정부 덕분에 비트코인으로 5만%의 수익을 올렸다고 알렸다.

2012년 9월에는 비트코인 재단이 발족했고, 다음 달 10월에 비트페이는 1000개가 넘는 가게에서 비트코인을 결제수단으로 받아들인다고 밝혔다. 11월에는 개인출판 플랫폼 워드프레스WordPress에서 비트코인으로 결제가 가능해졌다.

2013년 '실크로드'라는 인터넷 불법 마약거래소가 비트코인을 결제수단으로 삼았다. 같은 해 10월에 FBI가 실크로드 소유자를 검거하면서 웹사이트에서 2만 6000개의 비트코인을 압수했다. 이를 계기로 뉴욕시는 이듬해 비트코인에 대한 첫 규제를 만들었다. 하지만 규제는 오히려 공론화를 이끌어 투자자와 개발자들의 관심을 불러왔다. 이후 실리콘밸리 개발자들의 힘이 보태지며 이더리움, 리플 등 새로운 암호화폐가 우후죽순 생겨나기 시작했다.

2013년에 비트페이는 1만 개 회사에 비트코인 결제 서비스를 제공했는데 이듬해에는 200개 나라의 1만 5000개 업체로 늘어났다. 1년 뒤인 2015년에는 그 숫자가 6만 여 개로 폭증했다.

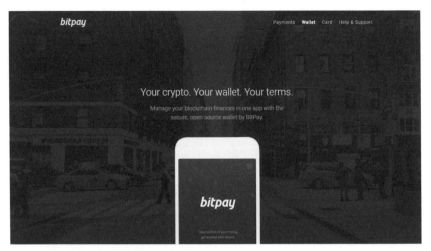

비트코인 결제 서비스업체인 비트페이의 홈페이지

비트페이는 고객이 비트코인으로 결제할 때 순식간에 달러나 유로나 엔화 등으로 환전해서 사업자에게 건네는 플랫폼을 제공함으로써 사업자가 비트코인의 가격변동에 구애되지 않게 해준다. 비트페이가 이렇게 비약적으로 성장하게 된 가장 큰 계기는 홍콩 최고 갑부인 리카싱이 2013년 말 약 1억 홍콩달러(약 136억 원)를 투자했기 때문이다. 비트페이는 이를 발판으로 이듬해 3000만 달러의 자금조달에 성공했다.

2018년 들어 비트페이는 비트코인뿐 아니라 비트코인 캐시도 함께 취급하면서 송금속도와 송금수수료를 대폭 낮추고 비트코인 캐시 직불카드도 선보였다. 비트페이는 2018년 내로 약 30개의 암호화폐를 추가해서 이들을 결제수단으로 활용할 계획이다. 최근에는 비트페이와 유사한 서비스를 제공하는 회사들이 많이 늘어나는 추세다.

2018년 3월에는 기존 화폐와 암호화폐들을 서로 교환하고 거래할 수 있는 플랫폼 아브라ABRA가 탄생했다. 세계적 암호화폐 지갑 아브라의 탄생으로 비트코인, 이더, 라이트코인, 리플, 이더리움 등 암호화폐 20개와 법정화폐 50개를 모바일로 손쉽게 교환·거래하는 것이 가능해졌다. 그러자 전 세계 젊은이들이 환호했다. 그들은 더 이상 기존 형태의 은행을 찾지 않아도 되는 세대로, 모바일 메신저로 전 세계 누구와 대화하듯 아브라를 통해 법정화폐와 암호화폐를 교환·거래한다.

2018년 4월 1일 기준 '코인마켓캡CoinMarketCap' 사이트에 등록된 암호화폐, 곧 거래소에 상장되어 거래되는 암호화폐 개수는 1596개로 2017년 한 해에만 600개가 새로 상장되었다. 암호화폐 거래소의 수도 무려 9914개에 달해 약 1만 개에 육박하고 있다. 같은 날 거래소 시가총액은 2597억 달러로 고점대비 약 40% 수준이었으며, 그 전날 하루 거래액은 약 100억 달러였다. 비트코인이 암호화폐 전체 시가총액에서 차지하는 비중은 45%였다.


**진화의 산물, 비트코인**


우리에게 익숙한 모든 시스템은 필연적으로 중앙집중형 요소를 가지고 있다. 블록체인이 등장하기 전 인류는 모든 거래에 있어 신뢰를 담보할 제3자를 중간에 세워야 했고, 그 제3자는 누구나 믿을 수 있는 중앙집중형 기관이나 거대 플랫폼이라야 했다.

그러나 비트코인의 원천인 블록체인은 제3자가 필요 없는 '신뢰 메커니즘'이다. 신뢰를 보증할 제3의 중개자 없이 서로 검증하고 신뢰를 보증하며 개인과 개인이 직접 만나는 시대가 열린 것이다.

결론적으로 '혁명적 반항아'로 태어난 비트코인은 피할 수 없는 화폐의 진화물이다. 국가 중심에서 개인의 자유가 중시되는 자유주의가 확산되면서 그간의 집중화, 단일화, 획일화에서 이제는 분산화, 다양화, 개성화로 그 중심축이 바뀌고 있다. 화폐 역시 이 큰 흐름에 예외일 수 없다.

비트코인의 '오픈소스'가 가진 의미 역시 다대하다. 이는 이후 핵심 개발자그룹에 의해 비트코인 소프트웨어 프로그램이 보완되고 기능이 확장되어 지속적으로 개선될 수 있음을 뜻한다. 동시에 누구나 비트코인 프로토콜을 무료로 내려받아 그 기반 위에 더 나은 암호화폐를 만들어 쓸 수 있게 하기 위함이었다. 비트코인이 오픈소스로 공개된 덕분에 현재 5만 개 이상의 암호화폐가 개발되었고, 현재 거래소에 등록되어 거래되는 것만 1500개가 넘고 있다. 그리고 지금도 다양한 파생 기술이 개발되고 있다.

이제 더 많은, 더 뛰어난 암호화폐들이 개발되어 거대한 암호화폐 생태계를 이룰 것이다. 이러한 생태계 구축은 암호화폐 도입기와 성장기에 기존 화폐들과의 세력 다툼과 세력 확장에 유용한 힘이 될 수 있다. 이들에 대한 교통정리는 결국 시장이 하게 될 것이다. 암호화폐의 경우는 양화가 악화를 구축하고, 수요가 많은 것이 살아남아 시장을 평정하게 될 것이다.

## 암호화폐의 의미

우리가 현재의 상황을 파악하고 미래를 예측하는 가장 좋은 방법은 과거의 역사로부터 배우는 것이다. 암호화폐의 현재와 미래에 대한 통찰 역시 기존 화폐의 궤적과 문제로부터 통찰을 얻을 수 있다.

화폐란 기실 교환매개, 가치척도, 가치저장의 수단으로 탄생했으나 오히려 가치이전의 수단이라는 부가적 기능으로 인해 발생하는 대출과 투자 등 인위적인 신용창출 버블이 문제를 일으켰다. 이러한 통화교란은 인플레이션과 잦은 공황의 초래를 불러와 가치저장의 수단이라는 기능까지 앗아가 버리곤 했다.

사실 통화시장의 불안정성 문제를 해결하기 위해 탄생한 것이 중앙은행이다. 공황이 닥치면 신용경색 문제를 유동성의 힘으로 타개해 혈류가 다시 원활해질 수 있도록 조치하는 게 중앙은행의 중요한 역할이다. 이런 의미에서 중앙은행의 기능을 무시할 수 없다. 하지만 그간 역사를 보면 중앙은행의 역기능도 많았다. 그 대표적인 사례가 인위적인 인플레이션과 평가절하의 단행이다.

달러는 기축통화답지 못하게 자국의 이익을 위해 교묘한 줄타기를 계속하고 있다. 미국은 겉으로는 강달러를 외치면서 실제로는 약달러 정책을 줄기차게 모색해왔다. 그것도 모자라 대공황 이래 네 차례에 걸친 세계 환율전쟁을 주도하면서 대폭적인 평가절하를 단행했다. 그로 인해 달러는 1970년 이후 그 가치의 95% 이상을 잃어버렸다.

미국정부는 21세기 들어 금융버블로 터진 글로벌 금융위기에 대처하면서 유대금융 세력의 저항으로 부실채권을 제때에 도려내지 못하자, 유동성의 힘으로 시장을 회복시키려 시도했다. 그러나 제로금리로도 통화팽창이 여의치 않자 세 차례에 걸친 양적완화정책 같은 자기파괴적 통화팽창정책도 서슴지 않고 자행했다. 이는 훗날 경기호황에 진입하면 인플레이션 쓰나미를 몰고 올 잠재적 위험을 내포하고 있다. 게다가 돈이 돈을 버는 금융 산업의 속성에 신자유주의가 더해지면서 소득불평등의 심화와 그로 인한 부의 편중 등 금융자본주의의 폐해가 이제는 그 도를 지나치고 있다. 이런 추세로는 자본주의가 지탱할 수 없다.

우리는 여태껏 기존 통화제도 속에서 살 수밖에 없었다. 싫으나 좋으나 다른 대안이 없었다. 현행 금융 시스템의 통화정책이 성공하면 편안한 시기를 보내기도 하고 실패하면 공황과 외환위기 등으로 특히 서민들이 고통받기도 했다. 그 통에 재미 보는 건 금융자본 세력들이었다.

하지만 암호화폐가 등장하면서 이야기는 달라졌다. 기존 금융 시스템의 문제를 보완해줄 새로운 개념의 화폐가 등장한 것이다. 이제 우리에게 선택할 수 있는 대안이 생긴 것이다.

이제는 현행 통화제도의 문제점, 곧 중앙집권 세력에 대한 신뢰 붕괴의 위험성이 노출되면, 그 자체가 암호화폐의 힘을 키워주는 역할을 하게 된다. 이 힘이 결국 세계 경제와 화폐의 역사에 새로운 흐름을 만들어내고, 화폐의 진화에 큰 몫을 담당할 것이다.

당분간은 두 화폐 시스템이 서로 공존하면서 세력 다툼을 벌임과 동시에 또 서로의 문제점을 보완해줄 가능성이 크다. 그러면서 화폐는 진화의 과정을 밟을 것이다.

진화의 끝이 암호화폐가 기존 화폐를 완벽히 대체하는 것인지는 잘 모르겠다. 하지만 한 가지 확실한 것은 세상은 변한다는 사실이다. 그것도 우리가 생각하는 이상으로 빠르게 변한다. 화폐의 진화도 마찬가지다. 암호화폐는 우리가 생각하는 것 이상의 시장으로 빠르게 우리를 안내할 것이다. 곧 애덤 스미스의 '보이지 않는 손'의 세계로 우리를 인도할 것이다. 그간 통화시장은 중앙집권적인 보이는 손들에 의해 관리되면서 인위적인 개입으로 훼손당하는 경우가 많았다. 그러나 암호화폐가 정착되면 '보이지 않는 손'이 통화시장을 관리하게 될 것이다. 이것은 큰 변화를 의미한다.

암호화폐는 그 자체로는 의미 파악이 쉽지 않다. 기존 화폐의 문제가 무엇인지 알아야 비로소 암호화폐의 의미를 알 수 있다. 이런 점에서 화폐의 역사를 살펴봄으로써 현재 화폐와 현행 통화제도의 문제점은 무엇인지, 암호화폐가 왜 탄생해야만 했는지, 암호화폐가 앞으로 어떤 전쟁을 벌여야 할지에 대해 같이 생각해보고자 한다.

# PART2

## 1차 화폐혁명(실물화폐)
### 물물교환에서 화폐의 시대로

# 원시화폐의 역사

## 01

화폐는 세상의 변화와 함께해왔다. 인류는 오랜 자급자족의 시대를 거쳐 물건과 물건을 서로 맞바꾸는 데 눈을 떴다. 동물들의 세계에서는 볼 수 없는 이런 현상이 인간을 동물의 영장이 되도록 만들었다. 그 뒤 교환이 빈번하게 일어나면서 물물교환에도 무언가 교환의 매체가 되는 물품이 필요해졌다. 농경시대에는 가축이나 곡식이 교환의 매개가 되어 화폐 구실을 했다. 소나 밀 다발이 그런 경우다. 이후 소금이나 옷감, 가죽처럼 생활에 필요한 물품을 화폐로 사용하기 시작했다. 현물 다음으로 발전한 화폐는 금속이다. 청동기시대에는 청동검이, 철기시대에는 철전이, 그 뒤에는 금은이 사용되었다.

상업과 교역이 발달하고 상품의 종류가 많아지자 교환매개의 기능 못지않게 가치척도의 기능이 중요해졌다. 은이나 금으로 만든 '규격화된' 금속화폐가 가치척도의 기준으로 쓰였다. 은화는 주로 상거래에 사용되고 금화는 교역 등 큰 거래에 쓰였다.

이후 금속화폐 대신 금이나 은과 교환가능한 지폐가 발명되어 통용되었다. 마르코 폴로의 《동방견문록》에 당시 중국에서 쓰였던 지폐가 소개되었을 때 서양 사람들은 어떻게 종이가 화폐구실을 할 수 있는지 도저히 이해할 수 없었다. 하지만 서양에서도 금속화폐가 기호로 표시된 종이로 바뀌는 데는 그리 오래 걸리지 않았다.

1971년 이른바 닉슨쇼크로 미국은 스스로 금과 지폐와의 직접적 관계를 끊었다. 그 뒤 '신용'을 토대로 한 지금의 명목화폐 달러가 탄생했다. 종이쪽지에 불과한 달러가 기축통화로서 통용될 수 있는 이유는 전적으로 미국이 공여하는 신용에 기인한다. 그래서 이를 일명 신용화폐라고도 부른다. 게다가 이제는 지폐조차 갖고 다니지 않고 신용카드와 모바일페이 등을 사용하는 세상이 되었다.

역사에서 보면 국가가 공여하는 신용을 기반으로 했던 화폐는 정부나 중앙은행에 의해 과대발행되면서 인플레이션을 불러와 국민들이 소유한 화폐의 가치저장 기능을 빼앗아가곤 했다. 공권력에 의한 인플레이션이라는 도적질이 버젓이 자행되었던 것이다. 교환수단으로서의 편리성이 떨어지면 다른 종류의 화폐로 대체하면 되지만 신뢰가 붕괴되면 화폐로서의 기능을 상실하고 그 화폐가 지탱해주던 체제 자체마저 무너지는 경우가 많았다. 그리스, 로마제국, 스페인제국이 모두 인플레이션으로 인한 통화붕괴로 멸망했다. 화폐의 신뢰 문제는 그만큼 중요하다.

우리는 화폐의 역사에서 어쩌면 미래 화폐에 대한 힌트와 통찰을 얻을 수 있을지 모른다. 그 힌트를 얻기 위해 먼저 화폐가 어떻게 진화해왔는지부터 자세히 살펴보자.

## 화폐 역사의 시작

네안데르탈인은 도구를 제작하고 불을 피울 줄 알았으며 의사소통이 가능했다. 무리지어 매머드 같은 대형 포유류도 사냥했다. 사피엔스보다 크고 다부진 근육을 갖춘 데다 한 차례의 빙하기도 이겨냈던 강인한 네안데르탈인은 왜 전멸한 것일까?

닉 재보는 자신의 책 《돈의 기원》에서 현생인류가 네안데르탈인을 이길 수 있었던 힘은 좋고 희귀한 물건을 가려내어 수집한 소장품 덕분이었다고 주장한다. 사냥보다는 수집에 더 중점을 둔 이러한 문화는 소장품을 매개로 협력을 이끌어내어, 현생인류가 네안

워싱턴 DC 박물관에 있는 네안데르탈인의 모습

보배조개와 상나라 동패

데르탈인들보다 열 배는 빨리 인구가 늘어나는 원동력이 되었다. 이러한 소장품 곧 모피, 부싯돌, 동물 이빨 등이 부로 간주되고 다른 사람에게 이전되거나 교환되면서 가치 저장의 수단이 되어 돈으로 진화했다는 것이다. 당시의 사람들은 아마도 추운 기후 때문에 체온을 보호할 수 있는 따뜻한 털옷에 큰 가치를 두었기에 모피가 인류 최초의 교환매체 곧 화폐로 쓰였던 것 같다.

뗀석기를 도구로 쓰기 시작했던 구석기시대에는 쓸모 있는 돌들과 조개껍데기 등 현생인류가 보기에 가치 있고 희귀한 물건이 소장품 겸 교환매체로 사용되었다. 화살촉이나 칼로 이용 가능한 흑요석이 좋은 예다. 우리나라의 여러 구석기 유적들에서 백두산 흑요석들이 많이 발견되는 이유기도 하다. 그 외에도 화석이나 광석 또는 돌도끼나 창촉, 화살촉으로 만들기 쉬운 돌들이 화폐의 역할을 했을 것으로 추정된다.

심지어는 운반하기 힘든 큰 돌들도 화폐로 사용되었다. 밀턴 프리드먼의 《화폐경제학》은 태평양 작은 섬의 돌 화폐 이야기로 시작한다. 그곳 사람들은 큰 돌들과 운반 중 바다 속에 빠트린 돌도 화폐로 인정해 사용하고 있다. 화폐가 '신뢰'만 획득할 수 있다면 그것이 어떤 재질이든 어떤 상태에 있든 상관없음을 보여주는 이야기다.

그 뒤 신석기시대로 접어들면서 주로 통용되었던 화폐는 조개껍데 기였다. 내륙에서는 보기 힘든 희귀한 물건이었기 때문이다. 특히 보 배조개는 화려함과 견고성 때문에 기원전 3000년경부터 여러 문명에 서 돈으로 쓰였다. 돈을 상징하는 한자 '貝(패)'자는 보배조개의 아랫면 을 본 따 만든 상형문자다.

상업이 발전해서 상商나라라고도 불리던 은나라에서는 자연 화폐인 패폐貝幣의 조달이 점점 어려워지자 돌, 뼈, 도자기 등으로 조개 모양을 본 딴 석패, 골패, 도패 등을 만들어 썼다. 상나라 후기에는 청동으로 패폐를 만들었다. 이 동패銅貝가 중국 최초의 동으로 만든 금속화폐다.

---

## 인류 최초의 화폐 단위, 세겔

신석기시대에 수렵채취 생활이 농경과 목축으로 바뀌면서 사람들은 교환매개로 종종 가축을 사용했다. 자본을 뜻하는 영어 단어 'capital' 은 소의 머리를 뜻하는 라틴어 'caput'에서 유래되었다. 옛날에는 소 가 부의 상징으로 중요한 가치저장 수단이자 교환매개 수단이었다.

이후 농업이 발달하자 밀 등 곡식을 화폐로 사용했다. 이때 화폐 로 사용한 '밀 다발Sh kel'을 '세겔Shekel'이라 불렀다. 그 뒤 수메르인들 이 만들어 사용한 동전 역시 세겔이라 불렀다. 이후 큰 거래에는 금 괴나 은괴가 사용되었다. 금괴의 단위도 만들어졌다.

함무라비 법전이 새겨진 돌기둥

금괴 25킬로그램을 1달란트라 했는데, 1달란트는 60미나, 1미나는 60세겔이었다. 동양의 60갑자甲子와 같은 60진법이다. 지금도 이스라엘의 화폐 단위로 쓰이는 세겔은 인류 최초이자 최장수 화폐 단위다.

기원전 1750년경 바빌로니아 왕국에서 함무라비 왕이 282조에 달하는 함무라비 법전을 제정해 부채의 이자와 벌금 납부 등 상세한 거래를 규정한 법을 만들었다. 화폐가 상업적 계약을 이행하고 자산 매매를 처리하는 수단으로 발전한 것이다.

## 주조화폐

고고학적으로 증명 가능한 최초의 주조화폐는 서양보다 동양에서 먼저 만들어졌다. 기원전 10세기경부터 나타나기 시작한 칼 모양의 도전刀錢과 쟁기 모양의 포전布錢이 그것이다. 청동기시대에 청동검은 누구나 선호하는 귀한 물건이었다. 이런 귀중품이어야 화폐 노릇을 할 수 있었다. 도전에 '명明'자가 새겨진 명도전은 연나라 화폐로 추정되는데 이는 화폐를 제조하였던 거푸집(금형)이나 공방들이 대부분 연나

최초의 주조화폐인 도전

라 지역에서 발굴되었기 때문이다.

주조화폐라 함은 거푸집에 쇳물을 흘려 대량으로 찍어내는 화폐를 뜻한다. 고대 중국과 조선에서는 이미 청동과 철광석을 녹여 거푸집에 쇳물을 흘려 넣어 만드는 '주조' 방식이 성행했다. 이러한 주조 방식은 서구에 비해 1000년 이상 앞선 기술로 당시 서구는 청동이나 철을 두드려서 만드는 '단조' 방식만 사용했다. 주조 기술은 1000℃ 이상으로 불의 온도를 끌어올릴 수 있는 송풍 가능한 터널식 가마와 숯이 있어야 가능했다.

도전과 포전은 우리 고조선 유적지에서도 많이 발굴되는 유물이다. 고조선의 활발한 무역활동은 고고학적으로도 뒷받침된다. 당시 연나라 화폐인 명도전이 고조선의 한 유적에서 무려 4000~5000여 점이나 출토되어 고조선이 무역으로 많은 돈을 벌어들였음을 보여준다.

## 최초의 가죽 수출국 고조선

고조선의 주요 수출품 중의 하나가 가죽이었다. 가죽은 고대로부터 고급 화폐로도 쓰였다. 기원전 7세기 중국 제나라 《관자》의 기록에 따르면 재상 관중은 왕에게 고조선의 특산물인 문피에 대해 세계 3대 특산

고구려 무용총의 수렵도

물의 하나라고 이야기한다. 문피란 호랑이나 표범의 가죽을 뜻한다.

그 무렵 고조선에는 산길을 잘 타는 과하마(果下馬)와 사거리가 긴 복합궁이 있어 협동사냥이 발달했다. 그뿐 아니라 세석기라 불리는 흑요석 도구들이 많이 출토되는 것을 보면 고조선이 가죽생산에 특화되었음을 알 수 있다. 흑요석은 화산폭발이 격렬했던 백두산 남쪽 기슭에서만 나는 유리질의 결정체로 화살촉과 가죽손질용 칼의 재료로 제격이었다. 사냥을 하면 동물사체가 굳기 전에 얼른 흑요석 칼로 가죽을 벗겨내어 손질해야 했다. 그래서 당시 가죽작업터는 산에서 그리 멀지 않은 곳이어야 했다. 특히 명도전 무더기가 고대의 생활터인 강 하구가 아닌 산 근처 내륙에서 무더기로 발굴되는 것으로 보아 가죽 거래와 관련 있었던 것으로 추정된다.

그 뒤 고구려와 발해에서도 가죽은 중요한 수출상품이었다. 특히 장백산맥 일대의 담비모피는 인기품목이었다. 발해는 중국뿐 아니라 일본과도 사절단을 통한 모피교역을 많이 했다. 또한 고대 중앙아시아의 소그드 상인들에게까지 발해 모피의 우수성이 알려져 그들이 발해에 담비모피를 사러 다녔던 '담비길'이 러시아 학자에 의해 발굴되기도 했다.

# 금속화폐의 탄생

## 02

화폐 발행과 통치

중국은 춘추전국시대부터 화폐를 본격적으로 사용한 것으로 보인다. 이때는 '국가경영'이라는 인식이 최초로 출현한 제자백가의 시대였다. 이 시기부터 중국은 세상을 다스리는 방법의 하나로 '국민들의 먹고사는 문제', 곧 경제를 중요하게 여겼다. 그 가운데서도 특히 화폐 발행은 중요한 통치수단이라는 인식이 강했다.

기원전 7세기 제나라 관중이 쓴 《관자》〈제76편〉에 이런 말이 있다. "무릇 화폐 가치가 높아지면 물가는 떨어지고, 화폐 가치가 떨어지면 물가는 높아지며, 양식 가격이 올라가면 황금의 가치는 떨어집니다. 군주께서는 양식, 화폐, 황금을 저울질하는 권력을 통제해야 천하를 안정시킬 수 있습니다. 이것이 천하를 지키는 방법입니다."

화폐가 부족하면 디플레이션이 발생하고 화폐가 과도하게 유통되면 인플레이션이 발생하기 때문에 국가에서 적정 화폐량을 관리해 안정적인 백성의 삶을 지켜야 한다는 것이다. 고대 중국에서 이미 화폐 가치와 디플레이션, 인플레이션의 관계에 대해 현대 경제학과 동일한 수준의 사고를 하고 있었음을 알 수 있다.

## 화폐 통일로 중국을 통일

진시황이 중국을 통일한 힘은 크게 다섯 가지다. 군사적으로는 당시 최첨단 무기인 기계식 활, 곧 쇠뇌의 대량생산으로 적들을 순식간에 제압했다. 또한 지역주둔군에게 소금 전매권을 주어 주둔경비와 보급을 현지에서 조달케 하자 별도의 보급부대가 따라다닐 필요가 없어 속전속결이 가능해졌다. 재정적으로 소금과 철의 전매로 국고가 튼실했으며, 문화적으로는 한자라는 문자의 통일이 있었다. 그러나 무엇보다 통일 사업을 가속화시킨 힘은 바로 화폐의 통일이었다.

기원전 366년, 진나라는 아직 중국 통일하기 전부터 반량전半兩錢을 만들어 쓰기 시작했다. 여기서 '량兩'이란 무게 단위를 뜻하는데, 반량은 약 8그램의 무게다.

당시 중국에서는 여러 지역에서 제멋대로 주화들을 만들었기에 그 모양과 무게가 제각각이어 사용하기 불편했다. 이에 진나라는 무게가

진나라의 반량전 거푸집

반량짜리인 반량전으로 통일해 다른 나라 화폐를 사용하지 못하게 했다. 이처럼 통일화폐를 만든 것은 7개국 중 진나라뿐이었다. 화폐가 통일되면서 유통이 촉진되어 시장이 발전하고 나라가 부흥했다.

## 한나라의 화폐정책

기원전 2세기 한나라의 화폐제도는 진의 반량전을 그대로 답습했다. 하지만 진나라 돈이 무거워 사용이 불편하자 고조 유방은 무게가 덜 나가는 화폐의 민간주조를 허가했다. 이후 한나라 3대 황제인 효문제까지는 민간에서 구리만 있으면 마음대로 화폐를 만들 수 있었다. 이

시대는 화폐가 물질로서 갖는 가치와 화폐의 액면 가치가 같았다. 민간인들이 화폐 중량을 줄여 만든 돈은 유협전愉莢錢이라고 불렸다. 반량전은 중량이 약 8그램인데 비해 유협전은 1.5그램 전후였고 작은 것은 0.2그램에 불과했다.

민간에서의 화폐 발행량이 늘어나자 인플레이션이 발생했다. 그러자 오직 이익만을 도모하는 상인들이 법령을 지키지 않고 물건을 매점매석해 물가가 크게 올랐다. 그 결과 쌀 한 섬은 1만 전, 말 한 마리는 100만 전에 거래되었다. 상황이 이렇게 되자 한나라 조정은 기원전 186년에 민간의 화폐주조를 금지했다.

하지만 흉노와의 전쟁 등으로 화폐 수요가 증가하자 기원전 175년 반량전 무게를 반으로 줄인 사수전을 만들고, 동시에 품질을 일정하게 유지한다는 조건을 붙여 민간의 화폐주조를 재허가했다. 그런데 이번에도 화폐 발행량이 너무 늘어나자 기원전 144년에 정부는 다시 민간주조를 금지했다.

그 뒤 한 무제가 심각한 재정난을 타개하기 위해 소금과 철의 전매제 등의 정책을 실시했지만 여전히 상황은 힘들었다. 그러자 한 무제는 화폐개혁을 단행했다. 이 이야기는 사마천의 《사기》에 등장한다.

"황제의 금원禁苑에는 흰 사슴들이 뛰어놀고, 황실의 비용을 대는 소부少府에는 많은 은과 주석이 있었다. 전쟁 등으로 화폐 수요가 늘어나자 조정에서 자주 구리로 동전을 주조했다. 민간인들도 그 기회에 편승해 몰래 동전을 주조해 그 수량이 얼마나 되는지 알 길이 없었다. 돈이 날로 많아지자 그 가치가 떨어져 물건값은 천정부지로 올랐다."

한 무제는 흰 사슴 가죽으로 화폐를 만들었다.

이에 한 무제는 사방 한 자(약 30센티미터)의 흰 사슴 가죽 둘레에 화려한 수를 놓게 해 이를 가죽화폐로 삼았다. 장당 무려 40만 전이었다. 왕후와 종실이 입조해 천자를 배알하는 빙향聘享 때는 반드시 가죽화폐와 옥을 받친 뒤에 비로소 예를 행할 수 있게 했다. 그 무렵엔 황금보다도 훨씬 귀한 화폐가 가죽화폐였다. 이 가죽화폐를 지폐의 기원으로 보는 학자들도 있다.

그리고 반량전을 폐지하고 은과 주석을 합금해 백금화폐(은화)를 만들었다. 청동화폐를 없애고 가치가 높은 은화를 만든 것이다. 이러한 은본위제는 이후 중국 화폐제도의 근간이 된다.

**고대한국도 금속화폐를 사용했던 듯**

《한서》〈지리지〉에 따르면 "고조선의 8조 금법에는 '남의 물건을 훔친 사람은 노비로 삼는데, 이를 면하려면 50만 전을 내야 한다'는 조항이 있다"고 한다. 《삼국지》〈동이전〉에는 "고구려와 동옥저에서는 남자가 장가갈 때에 신부 집에 돈을 지불한다"는 기록이 있다. 그런데 이

돈들이 어떤 형태인지는 명확하 지 않다. 다만 동옥저와 신라가 무문전無文錢, 곧 '문양이 없는 금 은전'을 사용했다는 기록이 조선 의《해동역사》〈식화지食貨志〉에 있는 것으로 볼 때 고대한국도 이미 금속화폐를 사용했던 것으 로 보인다.

삼한시대에 화폐로 사용된 덩이쇠

삼한시대에는 철 생산이 많아 덩이쇠를 교환수단으로 사용했다. 삼 국시대에는 쌀, 조, 보리 등과 베, 모시, 비단 등의 물품화폐가 조세와 지불수단으로 사용되었다. 이러한 원시물품화폐가 현대인에게는 다 소 생소해 보이겠지만 물품화폐도 엄연한 경제재이자 중요한 교환수 단이었다. 물품화폐와 함께 금, 은, 철 등 저울로 무게를 재어 사용하 는 칭량화폐가 같이 통용되었다.

## 서양 화폐의 시작

서구 최초의 주화는 기원전 7세기경 지금의 터키 지역 리디아에서 쓰 인, 금과 은이 천연적으로 혼합된 호박금으로 만든 일렉트럼 코인이 다. 이 금화는 앞뒤에 양각과 음각으로 사자가 새겨져 있으며, 리디아 왕 기게스는 그 가치를 보증하는 각인을 찍어 사용했다. 일렉트럼 코

리디아에서 만든 서구 최초의 주화

인 한 개는 소 다섯 마리 가치였다. 하지만 이 최초의 주화는 등장하자마자 국가에서 그 가치를 조작해 본래의 화폐 가치를 상실했다. 주화의 탄생과 함께 인플레이션이의 숙명이 시작된 것이다.

리디아는 그리스와 페르시아 사이에 자리 잡고 있어 중개무역이 발달했던 것으로 추정된다. 그 뒤 소금을 이용해 금과 은을 분리하는 기술이 개발되자 크로이소스 왕은 기원전 550년경에 최초의 금화와 은화를 만들었다.

기원전 6세기 페르시아가 리디아 왕국을 정복했으나 화폐 사용은 그대로 답습했다. 페르시아 다리우스 1세는 자신의 모습을 담은 경화를 만들었다. 다리우스는 5.4그램 정도의 금화와 8그램 정도의 은화를 만들어 금화는 세겔, 은화는 드라크마라고 부르며 금은복본위제도를 채택했다. 당시 금화와 은화의 거래비율은 1:13.3이었다.

## 세계 최초의 지폐

지폐는 동양에서 먼저 나왔다. 종이 자체가 먼저 발명됐을 뿐 아니라 상업이 발달했기 때문이다. 마르코 폴로는 《동방견문록》에 9세기 중

국에 어음을 발행하는 '편전무便錢務'라는 기관
이 있었다고 썼다.

당나라 때는 비단길 무역이 활발하게 이루
어져 상업이 발달하고 도시들이 크게 성장했
다. 또한 화폐 유통도 활발하게 이루어져 먼
거리 교역에는 비전이라는 어음이 사용되었
고 행行이라는 상인조합도 생겼다. 종이로 만
들어 날아다닐 정도로 가벼운 돈이란 의미로
비전飛錢이란 이름이 붙었다. 이후 송나라에서
도 비전이 사용되었다. 송나라 지폐 교자交子

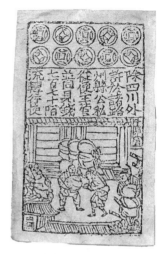

송나라 시대의 지폐 교자

는 이러한 어음에서 발전한 것이다.

10세기 말 남송에서는 철전을 사용했는데 가치가 낮아 무겁고 불
편했다. 비단 한 필 사는 데 130근을 지불해야 했다. 그래서 16개 대
형점포가 연합해 철전을 함께 저장하고 등가의 지폐인 교자를 발행했
다. 일종의 예탁증서로 철본위제가 시행된 것이다. 이 교자가 바로 세
계 최초의 지폐다. 훗날 북송은 교자의 발행권을 거두어 정부에서 직
접 지폐를 발행했다. 그 뒤 금나라 시대에도 이를 사용하며 교자 혹은
교초交鈔라 불렀다.

중국에서 지폐를 발명한 지 700년이 지나서야 서양에서도 지폐를
만들었다. 1661년 스웨덴에서 구리동전이 20킬로그램에 달해 너무 크
고 무거워 제대로 쓸 수 없게 되자 동본위제 지폐가 처음 발행되었다.

13세기 중국을 정복한 몽골인들이 세운 원元나라는 중상주의정책을 취했다. 세조 쿠빌라이는 1260년 비단과 은에 기반을 둔 냥兩 단위 교초(지원통행보초)를 발행했다. 이로써 교초는 고려부터 지금의 시리아에 이르기까지, 몽골의 영향권에 있는 모든 지역에서 통용됐다.

지원통행보초는 은 1냥을 교초 10관으로 정해 유통시킨 태환지폐로 '위조자는 사형에 처한다'는 문구도 새겨 넣었다. 이로써 은본위제도의 이슬람권과 몽골이 공통된 기반을 갖게 되었을 뿐 아니라 중앙아시아 등 유라시아 대부분 지역이 모두 은을 근간으로 삼는 화폐경제 체제 안에 통합되었다.

원나라는 아예 지폐유통을 장려하기 위해 정부가 국민들의 모든 금은과 동전을 몰수한 뒤 지폐로 바꿔주었다. 이전 송나라 때 지폐를 사용하긴 했어도 이처럼 광범위한 지역에서 지폐만 통용된 것은 원나라 때가 처음이다. 당시 이곳을 방문한 마르코 폴로는 원나라의 지폐제도에 깊은 인상을 받아 《동방견문록》에서 지폐에 대해 자세히 설명했다. 하지만 유럽인들은 아무 가치도 없는 종이가 돈 구실을 한다는 걸 도저히 이해할 수 없었다.

문제는 원나라가 거액의 재정지출이 필요하면 무거운 세금징수로도 모자라 지폐를 마구 발행했다는 것이다. 게다가 위조지폐도 등장했다. 1380년에는 지폐 한 장당 동전 1000개였는데 1535년에는 지폐 한 장당 동전 0.28개로 가치가 급락했다. 그로 인해 초인플레이션이

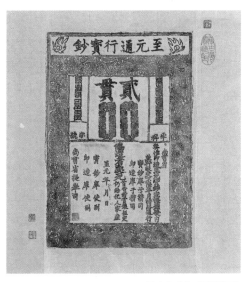

원나라 지폐 지원통행보초

발생해 화폐체계가 붕괴되면서 통화시장이 마비되었고, 경제는 원시적 물물교환 시대로 되돌아갔다. 이후 농민봉기와 주원장의 발흥으로 제국은 무너졌다. 이렇듯 인플레이션은 거대한 제국도 쉽게 무너뜨렸다.

# 신대륙의 다양한 화폐들

## 03

이민자의 화폐, 담배

미국은 탄생한 지 250년이 채 안 되는 비교적 신생국에 속하는 나라다. 그럼에도 그 역사 속에 화폐의 거의 모든 역사가 녹아 있다. 1974년 화폐이론으로 노벨경제학상을 수상한 밀턴 프리드먼은 《화폐 경제학》에서 '거래하는 사람들 간의 신뢰와 믿음'이 전제될 경우 돌도 화폐가 될 수 있음을 보여주었다. 결국 화폐의 본질은 시장 참여자들의 '신뢰'에 달려 있다. 그런 의미에서 달러가 만들어지기 전 신대륙의 다양한 원시화폐 역시 화폐로서의 기능을 훌륭히 수행했다.

1585년 영국에서 106명이 처음으로 신대륙에 이민을 왔다. 제임스타운에 최초의 식민지를 건설한 영국인들은 초기에 인디언들로부터

담배를 재배 중인 버지니아의 이민자들

많은 도움을 받았다. 인디언들은 그들에게 사냥과 낚시하는 법과 호
박, 콩, 옥수수 등 토착식물 재배법을 가르쳐주었다. 그 무렵 카리브해
연안과 인근 섬들이 담배 경작지였다. 1612년에 존 롤프가 그곳에서
담배 씨앗을 얻어와 이를 토착식물과 교배해 유럽인 취향에 맞는 신품
종을 개발했다. 결과는 대성공이었다. 담배는 영국에서 크게 환영받았
고, 버지니아는 담배 재배로 자립경제의 기틀을 마련할 수 있었다.

　당시는 신대륙에 고유의 화폐제도가 없었던 때라 버지니아에서는
담배가 화폐 구실을 했다. 영국이 식민지로의 금화 반출을 금지해 통

화부족이 발생하자 버지니아 의회는 1642년 아예 담배를 법정통화로 지정했다. 담배만이 유일한 화폐였고, 금화나 은화로 지불하는 행위는 되레 위법이었다.

법정화폐인 담배의 인기가 치솟자 '돈'을 심는 사람들이 크게 늘어났다. 집집마다 담배를 재배한 탓에 시중에 돈이 넘쳐나기 시작했다. 시중에 담배가 많아지자 담배의 가치는 형편없이 떨어졌다. 과잉공급을 우려한 버지니아, 메릴랜드, 캐롤라이나 3개 주는 1년간 담배 생산을 중단하자는 협정을 맺었다. 하지만 그 뒤에도 담배의 폭락세는 멈추지 않았다. 그러자 성난 사람들이 떼를 지어 담배공장을 파괴하기까지 했다.[6]


<hr />

## 신대륙에서 물품화폐가 활발히 유통된 이유

식민지에서 화폐로 사용된 물품은 담배만이 아니었다. 사우스캐롤라이나에서는 쌀이 화폐로 사용되었다. 우리도 조선시대에 모든 세금을 대동법이라 하여 쌀로 걷었고, 궁녀나 포졸들의 급여도 쌀로 지급했다. 이 경우 쌀이 화폐 기능을 한 셈이다.

초기 미국에서는 조가비 구슬, 담배, 쌀, 비버모피, 물고기, 옥수수, 조개, 유리구슬 등이 모두 화폐로 사용되었다. 이렇게 신대륙에서 물품화폐가 활발히 쓰인 이유는 본국인 영국으로부터 유입되는 화폐가 적은 데다 그것조차도 다시 수입대금으로 나갔다. 또 식민지가 자체적으로 화폐를 주조하는 것이 금지되어 있어 항상 돈이 부족했다.

전 지역에서 옥수수가 법정화폐로 유통되었고, 북부에서는 비버모피와 롱아일랜드 인디언이 만든 조개화폐가 사용되었다. 남부에서는 담배와 쌀이 화폐로 유통되었는데, 앞서 이야기한 것처럼 담배의 경우 170년 가까이 사용되었다. 그 외에도 가축이나 건어, 고기, 치즈, 설탕, 럼주, 양모, 목재 등이 화폐로 사용되기도 했다.

<br>

## 무서운 경제적 동인, 모피

담배와 쌀 이후 신대륙에서 가장 중요한 화폐는 비버모피였다. 비버모피는 화폐로 쓰이면서 화폐 이상의 큰일을 해냈다.

그 무렵 신대륙 이주자들이 서부로 뻗어나간 이유 중 하나가 모피 동물을 사냥하기 위해서였다. 특히 비버모피는 양털이나 토끼털보다

신대륙의 화폐로 쓰인 비버모피

레오나르도 다빈치의 '담비를 안고 있는 여인'

더 가늘고 촘촘하며 방수까지 되어 고가로 거래되었다. 당시 비버모피는 유럽에 수출되는 가장 귀한 상품의 하나였다. 비버모피의 쟁탈을 위해 인디언들은 전쟁도 불사했다.

서구인들의 모피 사랑 역시 오래되었다. 이 모피 사랑의 열기가 역사를 바꾸는 큰 원동력이 되었다. 유럽에서는 모피가 중세 초부터 인기 있는 교역상품 중 하나였다. 9세기경 베네치아 유대인들이 흑담비 모피를 수입해 당시 가톨릭 주교가 입고 다녔다는 기록이 있다.

이처럼 유럽에서 모피동물이 남획되어 거의 없어지자 러시아인들은 그간 쓸모없다고 쳐다보지도 않던 시베리아 동토를 개척하기 시작했다. 러시아의 동토 개척은 1581년 이반 4세가 고용한 코사크 용병들이 우랄산맥을 넘어 시베리아에 진입하면서 본격화되었다. 목적은 모피사냥이었다. 당시 검은 담비의 모피 가격은 상상을 초월했다. 담비모피는 하도 비싸서 '부드러운 금'이라 불렸고, 검은 담비 몇 마리만 잡아도 남은 생애를 편히 보낼 정도였다. 게다가 흰 담비는 귀부인들 사이에서 애완용 동물로도 인기였다.

이후 러시아 모피상인들은 코사크 용병을 앞세우고 이르는 곳마다 요새를 구축하며 동진을 거듭했다. 모피상인들 덕분에 군대의 진격 속도보다 더 빨리 시베리아가 개발되었다. 먼저 들어가 잡는 사람이 임자였다. 하루 평균 100제곱킬로미터(약 3000만 평)가 넘는 엄청난 속도로 영토가 확대되었다. 경제적 동인은 이렇게 무서웠다.

시베리아 진출이 본격화됨에 따라 모피동물들은 빠른 속도로 고갈되었다. 새로운 모피를 구하기 위해서는 계속 더 동쪽으로 진출할 수밖에 없었다.

## 러시아의 남하를 저지한 나선정벌

러시아의 남진을 막은 우리 이야기가 있다. 러시아 모피사냥꾼들은
시베리아에서 모피동물이 급감하자 남쪽으로 내려오기 시작했다. 그
들은 모피동물이 많이 사는 장백산맥 일대에 눈독을 들이고, 연해주
흑룡강(아무르강) 일대의 청나라 영토를 점령해 요새를 쌓은 뒤 그곳을
근거지로 모피사냥과 수집에 열을 올렸다. 결국 1651년 청나라가 러
시아군 요새를 2000명의 병력과 여섯 문의 대포로 공격했으나 신형
머스킷 총포로 무장한 불과 206명의 러시아군에 참패해 676명이 죽
는 치욕적 패배를 당했다. 그 뒤 청나라는 화포가 발달한 조선에 원병
을 청했다.

당시 우리 화력이 러시아보다 훨씬 강했다. 우선 조총의 사거리가
길 뿐 아니라 명중률이 33%로 상당히 높은 편이었고, 화전(火箭, 폭탄
화살)도 위력적이었다. 소수정예의 조선군은 1654년 흑룡강에서 대형
범선 13척, 소형선 26척의 함선단을 앞세워 내려온 러시아군을 격파
했다. 4년 후 벌어진 2차 나선정벌도 상황은 비슷했다. 이때 나포한
러시아 배에서 담비모피가 무려 3800장이나 나왔다. 이렇게 조선군이
대승했어도 북벌의 대상인 청나라를 도와 싸웠다는 굴욕감 때문에 승
전담은 역사 속에 조용히 묻혔다. 그 뒤 러시아군은 조선군이 두려워

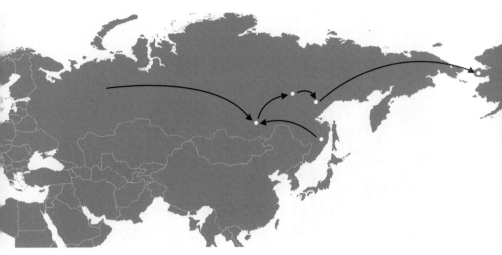

러시아의 모피 길

남진을 포기하고 발길을 알래스카로 돌렸다.

<br>

1626년 네덜란드 서인도회사의 총독 피터 미누이트는 인디언에게 조가비구슬, 유리구슬, 옷감, 주전자, 단검 등 불과 60길더(약 24달러) 상당의 물품을 주고 맨해튼을 샀다. 맨해튼 남단 배터리 파크는 이 역사적 거래가 이루어진 장소다. 네덜란드인들은 고향의 수도를 기리며 이 섬을 '뉴암스테르담'이라 불렀고, 네덜란드풍으로 도시를 건설하기 시작했다.

알프레드 프레드릭의 '미국 원주민들에게 맨해튼을 구입하는 피터 미누이트'

　서인도회사가 이곳에 비버모피 수집을 위해 가죽거래교역소를 세웠다. 서인도회사의 무역은 대략 다음과 같이 진행되었다. 먼저 네덜란드에서 실어 온 모직천을 인디언들 화폐인 조가비구슬과 바꾸었다. 이 구슬을 가지고 허드슨강을 거슬러 올라가 그곳 인디언들의 비버모피와 교환했다. 1626년에는 모직천 200매를 조가비구슬로 바꿔 비버모피 1만 장과 바꿀 수 있었다. 가죽거래교역소가 세워지고 초기 8년 동안 서인도회사가 수집한 비버모피는 첫해 1500장에서 1만 5000장으로 10배 이상 늘었다.

　한편 인디언과의 싸움도 치열했다. 교회나 도로의 건설이 진행되면서 인디언 습격을 막기 위해 통나무 벽을 쌓았다. 1653년에는 맨해튼 남단에 영국군의 침략을 막기 위해 끝을 뾰족하게 깎은 나무목책wall도

세웠다. 그 뒤 나무목책이 세워진 거리와 인접한 거리를 월가Wall Street라 부르기 시작했다.

### 최초의 암호화폐, 조가비구슬

당시 맨해튼 인디언들은 비버모피 대금을 칼, 도끼, 낚시 바늘, 솥, 술, 총과 바꾸거나 자신들 화폐인 조가비 구슬로 받았다. 금과 은은 유럽 사람들 눈에나 귀금속으로 보였을 뿐 인디언들에게는 쓸모없는 금속조각이었다. 조가비구슬은 동부의 강과 호수에서 자생하던 조가비로 만들었다. 인디언들에게 조가비구슬은 단순한 화폐 이상의 특별한 의미를 가지고 있었다. 바로 의사소통의 도구이자 기록의 매체였다.

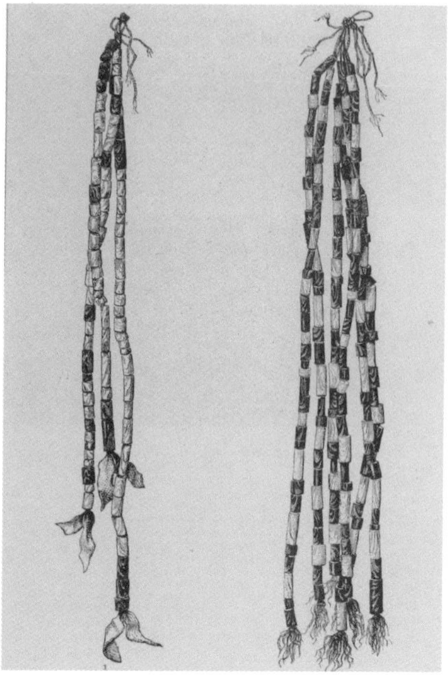
화폐이자 일종의 암호문인 왐품

조가비구슬은 낱개로는 의미가 없고, 끈에 특정 패턴대로 꿰어야 비로소 의미가 생긴다. 이렇게 끈에 꿴 것을 왐품wampum이라 한다. 보통 360알을 꿰어 만든 것이 1왐품이다. 특정 재질과 색상의 구슬을 특정 패턴으로 연결하면 왐품

요하네스 베르메르의 '장교와 웃는 소녀'. 소녀는 당시 유행했던 비버모피 모자를 쓰고 있다.

은 스토리를 갖게 된다. 인디언들은 예를 들어 부족 간의 동맹기록이라든지 전쟁의 구전역사를 왐품에 담았다. 그들만 해독 가능한 일종의 암호문인 셈이다. 실제로 왐품을 매개체로 한 인디언들과 미국정부 사이의 조약이나 계약이 법적효력을 발휘한 판례가 있다.

## 신대륙의 모피사냥

모피사냥은 백인들이 서부를 개척한 가장 중요한 이유였다. 유럽인들은 모피사냥을 위해 인디언 땅으로 들어갔다. 가장 인기 있는 사냥감은 비버였다. 1580년대 파리를 중심으로 비버모피 모자가 대유행이었다. 극성스런 사냥으로 북아메리카 비버는 1630년대부터 줄어들기 시작했다. 영국의 왕 찰스 1세가 상류사회 사람들은 반드시 비버모피 모자를 써야 한다는 포고령을 내렸기 때문이다. 영국뿐 아니라 유럽 전체가 비버모피 붐이었다. 18세기 말 유럽이 북아메리카에서 수입한 비버모피는 연평균 26만 마리에 이르는 엄청난 양이었다.

1720년까지 북아메리카 동부에서 잡은 비버 숫자는 200만 마리가 넘었다. 비버모피 모자는 19세기 초까지 인기를 누렸는데, 이때쯤 미시시피강 동쪽에는 비버가 사실상 멸종되었다. 18세기 말 통계를 보면 사람들은 비버 26만 마리 등 매년 90만 마리 이상의 동물을 사냥했다. 19세기 들어 이 수는 더욱 늘어나 한 해 평균 포획동물 수가 170만 마리나 되었다.

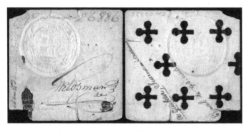
트럼프 조각으로 만든 지폐

1685년 캐나다의 프랑스 총독은 본국에서 돈을 실은 배가 오는 것을 여러 해 동안 기다렸으나 배는 오지 않았다. 프랑스 왕은 재정문제와 유럽의 소동으로 캐나다보다 더 신경 쓸 일이 많았기 때문이다. 그러자 캐나다에 있는 프랑스 군인들의 급료가 지불되지 않았다.

이때 총독은 놀라운 생각을 해냈다. 프랑스 군인들이 가지고 있던 모든 놀이용 트럼프를 징발해 4등분한 뒤 각 조각마다 서명을 하고 이를 법정화폐로 선언했다. 총독은 그것을 프랑스에서 돈이 오면 바꿔주겠다고 약속했다.

이 트럼프 조각은 그 뒤 65년 동안 돈으로 유통되었다. 파리 정부는 총독의 행동을 승인하지 않았기 때문에 이 돈은 총독의 약속과 그의 서명 이외에는 어떠한 것으로도 보증되지 않았다. 그것은 순수한 식민지용 화폐였다. 그리고 그 가치는 오로지 그것을 나중에 바꿀 수 있다는 사람들의 신뢰에 달려 있었다. 트럼프 지폐는 화폐에 신뢰가 얼마만큼 중요한지를 알 수 있는 예다. 이 트럼프 지폐는 1759년 영국이 퀘벡을 정복할 때까지 쓰였다.

## 식민지정부, 최초의 지폐를 발행하다

미국 최초의 지폐는 은행이 아닌 식민지정부에서 발행한 정부권이었다. 당시 식민지정부는 정부지출을 위해 돈을 빌릴 수 있는 은행 조직이 없었다. 1690년 매사추세츠 식민지정부는 프랑스 식민지 퀘벡을 침략했다. 그러나 원정이 실패로 돌아가자 문제가 생겼다.

당초 병사들의 급료는 퀘벡에서 약탈된 전리품으로 지급할 예정이었다. 역사적으로 봐도 급료를 받지 못한 병사들보다 더 위험한 존재는 없었다. 불행히도 매사추세츠 식민지정부는 이들에게 지불할 돈이 없었다. 따라서 식민지정부는 병사들에게 나중에 화폐를 지불하겠다는 약속이 적힌 증서를 나눠주었다. 일종의 약속어음이었다. 이 증서는 예상외로 효과적으로 통용되어 지폐 구실을 했다. 이것이 미국최초의 화폐인 셈이다. 금이나 은 같은 준비금도 없었지만 이 증서는 '매사추세츠 파운드'로 불렸다. 매사추세츠 식민지정부의 신용만으로 발행된 이 증서가 서구 최초의 불환지폐였다.

이렇게 돈이 돌아 경기가 좋아지자 다른 식민지들도 매사추세츠의 편법을 따라했다. 특히 로드아일랜드와 사우스캐롤라이나에서 대량의 지폐를 발행했다. 수입이 수출을 초과해 얼마 안 되는 금과 은마저 빠져나가던 상황에서 자체 화폐의 발행은 돈가뭄을 한 번에 해소해주었다. 하지만 부작용도 있었다. 지폐 유통량이 급속도로 증가하자 인플레이션이 발생하면서 시중에서 은화는 자취를 감추고 말았다. 결국이 실험은 실패하고 이들 지역은 은본위제로 복귀했다.

## THE BANK BILL

Two Shillings. (239)

WE JOINTLY and SEVERALLY, for our SELVES and Partners, promise to take this Bill as Two Shillings, lawful Silver Money, at Six Shillings, and Eight Pence pᵉ Ounce, in all Payments Trade and Business, & for Stock in our Treasury at any Time, & to pay the same at that Estimate on Demand, to Mᵉ James Eveleth or Order, in the Produce or Manufactures enumerated in our Scheme; as recorded in the County of Essex's Records, for Value recᵈ. Dated at Ipswich, the First Day of May, 1741

2ˢ    2ˢ

JUSTITIA · REDIVIVA

Robert Choate
Jonathan Hale
John Brown
Edward Eveleth

미국 최초의 지폐인 매사추세츠 파운드

아메리카 대륙에서 프랑스-인디언 전쟁이 끝난 1763년까지만 해도 영국과 식민지 사이는 좋았다. 문제는 영국이 7년 전쟁으로 인해 진 무려 1억 3000만 파운드의 빚이었다. 이는 한 해 이자만 450만 파운드에 달하는 큰 액수였다. 뿐만 아니라 미국 식민지는 전쟁 중 남발된 어음들로 돈 가치가 떨어지면서 경기침체가 야기되었다. 이로 인해 영국은 식민지에서 더 이상 환어음이나 지폐 발행을 허용하지 않는다고 선언했다.

식민지 내부는 본국에서 수입한 물품에 대한 대금으로 금과 은의 유출이 계속되었고 결국 화폐 유통량이 부족해졌다. 그러자 각 식민지정부는 토지를 담보로 지폐를 발행해 대출해주었다. 이 방법은 화폐 유통량을 늘려 경제를 활성화시켰다. 신대륙 식민지의 발전은 정부가 이렇게 화폐를 스스로 발행했기에 가능했다. 또한 식민지정부는 화폐 발행에 대한 이자를 지불할 필요가 없어 영국은행의 통제에서 벗어날 수 있었다.

하지만 곧이어 민간은행들도 똑같은 일을 시작하자 지폐가 넘쳐나 물가가 치솟았다. 더구나 식민지정부는 지폐를 법정화폐와 동일하게 취급해 본국인에 대한 채무변제에도 쓸 수 있다고 정했기 때문에, 식민지지폐에 대해 본국 채권자들은 불만이 높았다.

영국 정부는 식민지지폐를 화폐로 인정하지 않았다. 당시 영국인들에게 돈이란 스스로 그 가치를 보증하는 귀금속으로 된 화폐라야 했다. 그들의 상식으로는 종이로 만든 지폐는 도저히 돈이 될 수 없었다.

더 큰 문제는 마구잡이식 발행이었다. 18세기 중반 매사추세츠 지폐의 은에 대한 가치는 1:1로 시작했지만 나중에는 1:11로 가치가 떨어져 영국 투자자들이 큰 손실을 보았다. 그러지 않아도 아무 가치도 없는 종이인 데다 자기들끼리 돈이라고 약속하고 유통시키는 것을 못마땅하게 생각했던 영국 투자자들은 런던 의회에 식민지의 화폐 발행을 금지하라는 압력을 가했다. 1751년의 통화조례는 이런 배경에서 탄생했다.

1751년 본국정부는 뉴잉글랜드 식민주에서 법정화폐를 발행하지 못하도록 압력을 가했다. 그리고 1764년에는 금지규정을 확대해 식민주에서 유통되고 있는 모든 지폐를 회수했다. 뿐만 아니라 영국정부에 내는 세금은 반드시 금과 은으로만 납부하도록 했다.

지폐발행의 남발로 물가가 치솟는 것도 문제였지만 지폐가 없어 화폐가 통용되지 않는 것은 더 큰 문제였다. 영국의 이 조치는 식민지 경제를 피폐화시켰다. 불과 1년 만에 식민지 경제상황은 완전히 역전되어 심각한 불황에 빠졌다. 식민지 민심이 들끓었다. 이후 10년 경기불황 끝에 일어난 것이 바로 독립전쟁이다.

# 기축통화의 탄생과 몰락

## 04

## 1. 그리스, 최초의 기축통화

──────── **유대인의 희년제를 본받은 솔론의 혁신적 개혁**

기원전 6세기에 만들어진 아테네 드라크마 은화 속 부엉이는 전쟁과 지혜의 여신 아테나를 상징한다. 부엉이는 어두운 곳에서 남이 못 보는 것을 홀로 잘 볼 수 있어 통찰력, 곧 현명한 지혜를 의미한다. 이 부엉이가 새겨진 드라크마 은화가 역사상 최초의 기축통화였다.

기원전 594년 아테네에 엄청난 변화가 있었다. 세습이나 위임 방식을 집정관이 임명되는 것을 거부하고 시민들이 민주적 선거로 집정관을 뽑은 것이다. 이 첫 번째 민선집정관이 솔론이었다. 그는 몰락 귀

최초의 기축통화 드라크마 은화

족 출신으로 젊었을 때 시를 쓰는 시인이었지만 먹고살기 위해 장사를 했다. 솔론은 집정관에 선출되자 이른바 '솔론의 개혁'을 단행했다.

그는 역사상 최초로 민주주의의 기초가 되는 법령을 공포했는데 개혁내용은 가히 혁명적이었다. 먼저 빚진 자들에게 채무를 면제해주고, 노예상태로부터 해방시켜주고, 빼앗겼던 땅을 되돌려주었다. 또한 빚 때문에 외국으로 도망가거나 노예로 팔려간 사람들에게는 국가가 귀국비용과 몸값을 지불해 귀국을 도왔다.

당시 아테네 상태는 심각했다. 사회 약자층이 심각한 소득불평등으로 인해 빚을 이겨내지 못하고 노예로 팔려가는 현 체제에 반항해 폭발하기 일보 직전의 혁명전야 분위기였다.

솔론은 자유시민들이 빚을 갚지 못해 노예가 되는 숫자가 더 늘어나면 아테네의 공동체가 유지될 수 없다고 보았다.

솔론은 유대인의 희년제를 본받아 부채탕감을 단행했다. 희년제란 50년마다 돌아오는 희년禧年에 '모든 걸 원상태로 돌려놓는 것'을 뜻한다. 곧 부채를 탕감하고, 토지를 원소유주에게 돌려주며, 죄수들에게 사면을 베풀고, 모든 노예를 해방시키는 아름다운 제도다. 더 나아가 가축과 땅까지 휴식기간을 주었다. 희년은 유대인의 이상인 '평등공동체의 회복'을 의미한다. 희년제는 유대인 공동체의 붕괴를 막고 결속력을 다지게 만들었다.

솔론은 모든 채무자의 빚을 말소하고 채무자를 노예로 삼는 제도 자체를 폐지하는 법률을 통과시켰다. 토지개혁도 단행해 귀족들의 땅을 빚 탕감으로 자유인이 된 노예들과 농민들에게 재분배했다. 하지만 그때까지 소작농노들이 경작했던 땅은 귀족들이 계속 소유할 수 있게 해주었다. 그리고 개인이 소유할 수 있는 토지의 상한선을 정해 부의 집중을 막았다.

솔론은 또한 인신을 담보로 이루어지는 대부행위를 금지했다. 그는 상업과 전문직을 장려했으며 올리브유를 제외한 농업생산물의 수출을 금지시켜 인플레이션을 억제시켰다. 한편 주화 사용이 촉진되었고 새로운 도량형이 도입되었다. 그의 조치는 100년간 효력을 갖는 것으로 선포되었고 회전 나무판에 새겨 모든 사람이 볼 수 있게 게시되었다.

솔론은 또 한편으로는 자신의 장사 경험을 토대로 아테네 경제를 살리기 위해 아테네와 당시 최대 무역국인 페르시아 간 교역을 증대시킬 방안을 찾는 데 골몰했다. 그러기 위해서는 먼저 양국 간 화폐가 자유롭게 교환될 수 있어야 한다는 것이 그의 생각이었다. 그는 아테네 드라크마 은화와 페르시아 은화를 무게가 같은 등가로 만들어 서로 자유롭게 교환할 수 있으면 교역이 늘어날 것이라고 보았다.

그는 페르시아 은화와의 가치를 같게 만들기 위해 드라크마 은화의 은 함유량을 줄여 무게를 맞추었다. 그의 의도는 성공했다. 이로써 당시 최대 무역국인 페르시아와 교역이 늘어났을 뿐 아니라 드라크마 은화가 지중해에서 가장 널리 유통되는 기축통화가 되었다.

아테네인들은 드라크마 이상의 단위도 갖고 있었다. 100드라크마는 1미나이고, 60미나는 1달란트였다. 1달란트는 순은 26킬로그램의 가치를 가졌다. 그리스인들은 이처럼 10진법을 60진법과 섞어 썼는데 이는 수메르의 60진법보다 더 실제적이었다.

기축통화의 위력은 대단했다. 이를 계기로 지중해상권이 페니키아와 히브리 왕국으로부터 아테네로 넘어왔다. 해상 무역뿐 아니라 지중해 경제권 중심축도

첫 번째 민선집정관 솔론

완전히 아테네로 이동했다. 아테네 항구 피라우스는 무역상과 환전상의 본고장이 되었다. 피레우스에서 일하는 큰 상인들은 대부분 외국인이었는데, 특히 페니키아인들과 유대인의 활약이 돋보였다. 그들은 어디에서 어떤 상품을 구할 수 있는지 파악하는 정보 수단을 가졌고 유대인 환전상들은 각국 화폐에 정통했다. 유대인들이 주도하는 창고업자, 화물운송인, 은행가 같은 서비스들이 피레우스 항구를 중심으로 발전했다.

## 화폐 전성시대의 도래

기원전 5세기 말에는 아테네의 드라크마 은화를 본 따 그리스 도시국가들 거의가 독자적인 화폐를 만들어 사용했다. 아테네는 그리스 화폐주조의 중심지가 되었다. 더구나 기원전 483년에 발견된 대규모 라우리움 은광은 국부를 획기적으로 늘려주었다. 뿐만 아니라 그 돈으로 아테네의 해군력을 향상시켜 페르시아군을 무찌르는 계기가 되었으며 시민들에게 풍요를 안겨주어 민주주의 정착을 앞당겼다.

기원전 449년에 아테네는 그리스 전역에 아테네식 주화와 도량형 사용을 강제하는 통화법령을 반포했다. 이는 경제적 교환의 거래비용을 최소화하는 데 큰 도움이 되었다. 이로써 기원전 5세기, 아테네의 항구 피라우스가 지중해 세계의 중심지가 되었다. 통일된 화폐제도 덕분이었다.

아리스토텔레스는 당시 쓰였던 화폐의 기원을 다음과 같이 기술했다. "각종 생활필수품은 쉽게 가지고 다닐 수 없으므로 사람들은 철이나 은처럼 본질적으로 유용하고 생활에 쉽게 사용할 수 있는 물건을 서로의 거래에 이용할 것에 합의했다. 이러한 물건의 가치는 처음에는 크기나 중량으로 측정됐으나 시간이 지나자 일일이 계량해 가치를 재는 수고를 줄이기 위해 그 위에 각인을 하게 됐다."

그 뒤 동전에 국가권력을 상징하는 도안을 집어넣었다. 국가가 화폐에 신뢰를 불어넣은 것이다. 이러한 주조화폐 덕분에 똑같은 기준에 의거해 모든 물건의 가치를 측정하는 일이 가능해졌다.

## 그리스의 통화붕괴

기원전 5세기 펠로폰네소스 전쟁은 아테네와 스파르타가 다툰 패권전쟁이다. 전쟁은 항상 대규모 경비를 필요로 하기 때문에 세입만으로는 턱없이 부족했다. 27년간 지속된 이 전쟁에서 아테네는 전쟁비용을 충당하기 위해 통화량을 편법으로 늘렸다. 금화 주조에 구리를 섞은 것이다.

처음에는 국민들이 눈치 채지 못했다. 하지만 구리의 양이 점차 늘어나면서 원래의 금화는 시장에서 자취를 감춰버렸다. 악화가 양화를 구축한 것이다. 시장에 갑자기 늘어난 '구릿빛 금화'는 푸대접을 받았고, 역사상 최초로 초인플레이션이 발생해 아테네 통화시장이 붕괴

펠로폰네소스 전쟁

되었다. 결국 아테네는 통화시장 붕괴로 용병들로 구성된 전투부대에 더 이상의 전비를 보낼 수 없어 스파르타가 승리했다.

사실 화폐 변조는 일종의 위조이자 인위적 인플레이션이다. 인위적 인플레이션은 국민들의 재산을 정부가 몰래 훔쳐가는 행위다. 사유재 산권을 보호해야 할 정부가 국민들의 사유재산을 탈취해가는 것이다. 또 통화시장을 붕괴시켜 시장경제를 파괴하는 것이다.

전쟁 후유증으로 모두가 탈진한 나머지 새로이 부상하는 마케도니 아의 알렉산더 왕에게 지배권을 내주고, 종국에는 신흥 로마에게 정 복되어 찬란했던 고대 그리스시대는 막을 내리고 말았다. 통화 붕괴 가 그렇게 무서운 것이다.

# 2. 로마제국, 통화붕괴로 멸망하다

고대에는 정복전쟁이 곧 경제행위였다. 요새 국가가 경제발전을 위해 산업과 무역을 지원하듯 옛날에는 국가가 농업을 장려하고 전쟁을 통해 국부를 늘려나갔다. 정복을 통한 부의 수탈과 전쟁포로로 유지되는 노예경제가 국가경제의 버팀목이었다.

전쟁포로 이외에도 고대 그리스시대부터 흑해 북안과 러시아 지역에서 슬라브 노예가 많이 수입되었다. 오죽하면 노예라는 뜻의 영단어 'slave'의 어원이 라틴어 'sclavus'에서 유래되었다고 한다. 노예들은 노동력을 제공하거나 성적노리개, 전투용병으로 쓰였다. 당시 노예는 가장 중요한 생산기반이었다. 그리스와 로마에서는 노예경제를 기반으로 민주정 사회가, 동방에서는 봉건주의 전제국가가 출현했다.

그리스와 로마를 포함한 지중해 연안은 동방과는 다른 기후조건으로 대규모 경작이나 목축이 불가능했다. 이런 불리한 조건을 극복하기 위해 다른 지역을 정복해 토지와 식량을 얻었다. 이런 의미에서 고대 경제사는 곧 전쟁사를 뜻한다.

이러한 정복전쟁 와중에도 페니키아인들과 유대인들은 해상무역에 종사하며 다른 공동체가 생산한 상품과 거래를 통해 교환하는 상업행위를 했다. 약탈경제에서 거래경제로 진화한 것이다.

그 무렵 로마제국의 경제관은 오로지 농업이었다. 고대에 상업은 도덕적으로 문제가 있는 직업으로 여겨져 경제가 제대로 싹을 못 피웠다. 기원전 4세기 아리스토텔레스는 시민들은 노예나 상인처럼 천박하게 살면 안 된다고 가르치면서 농업의 도덕적 우월성을 강조했다. 그리스 영향으로 로마인들도 상업을 이방인이나 하층민이 하는 하찮은 것으로 경시했다.

고대에 부국강병책은 두 가지였다. 바로 '농업과 전쟁'이었다. 자국 농경지를 넓히는 것이 곧 부국이요, 정복지에서 물자와 노예를 가져오는 것이 강병책이었다. 농업의 기본 노동력은 노예였다. 따라서 전쟁이 매우 중요한 국가사업이었다.

실제로 고대 그리스에서는 '에가스테리온'이라는 노예 수공업공장을 운영했고, 로마제국에서는 '라티푼디움'이라는 노예농장을 대규모로 운영하며 곡물, 올리브, 포도 등을 해외로 수출해 막대한 농업자본을 축적할 수 있었다.

그런데 빈번한 전쟁으로 그때마다 보병으로 출정한 자영 농민들의 피해는 점점 커진 반면 전쟁에서 이기고 개선하는 장군과 귀족들은 새로운 영지를 늘려가며 더욱 부유해졌다. 결국 자영 농민층은 몰락했고 봉건영주 세력은 점점 더 커져 부의 양극화가 심해졌다. 이로써 농민들로 이뤄진 중산층이 붕괴되면서 농업기반이 흔들리기 시작했다.

도시경제는 타격이 더 심했다. 가장 심각한 문제는 노예부족이었다. 로마문명은 도시에 기반을 두고 노예들이 생산하는 농산물에 의존하고 있었다. 2세기 들어 트라야누스 시대부터는 더 이상의 정복전쟁이 없어 노예 공급이 끊겼다. 그 뒤 로마는 극심한 인력난에 빠져 라티푼디움 생산체제가 쇠퇴했다.

나중에는 아예 노예를 해방시켜 그들에게 토지를 빌려주고 수확 일부를 상납케 하는 소작농제도가 출현했다. 게다가 2~3세기에는 전염병이 창궐해 인구가 3분의 1가량 줄어들어 농업노동력은 물론 외적과 싸울 병력조차 부족해졌다. 패배라곤 모르던 로마군대가 번번이 패하게 된 이유였다.

## 로마제국의 기축통화 데나리우스 은화

알렉산더 사후 그리스제국이 분열되면서 시장이 나뉘었고 교역도 줄어들었다. 그러나 알렉산더가 발행했던 경화는 그대로 남아 유통되어, 물가가 뛰자 드라크마 구매력은 곤두박질쳤다. 하지만 로마인들은 그리스 통화붕괴의 경험에서 아무런 교훈도 얻지 못한 채 유노Juno 신전에 '모네타moneta'라는 조폐소를 차려 돈을 많이 찍어냈다. 이 이름에서 영어 단어 'money'가 유래했다.

새 정복지가 로마제국으로 흡수될 때마다 먼 지역을 지키기 위한 군대유지비는 크게 증가해 만성 재정적자에 허덕였다. 이를 충당할

지금은 기둥만 남은 로마의 유노 신전

목적으로 로마 황제들은 여러 정복지로부터 금, 은 등 귀금속을 세금
으로 거둬들여 조폐소에서 돈을 많이 찍어냈다. 스페인 지역에서만
기원전 206년부터 10년 동안 거둬들인 금이 1.8톤, 은이 60톤이나 되
었다. 그 덕에 로마는 화폐제도를 정비할 수 있었다.

기원전 3세기 로마제국의 기축통화는 데나리우스 은화였다. 포도
농장 일꾼의 하루 일당이 데나리우스 은화 한 개였다. 기원전 211년
제2차 포에니 전쟁 중 로마 원로원에 의해 발행되기 시작한 데나리우

로마의 화폐 데나리우스

스는 이후 인기 화폐가 되었다. 이 은화는 로마 외에도 각지에서 대량
으로 만들어져 지중해 지역의 중요한 통화가 되어 활발한 무역을 가
능케 했다.

'데나리우스'로부터 돈이라는 뜻의 '데나로Denaro(이탈리아어)'와 '디네
로Dinero(스페인어)'가 유래되었다. 참고로 성경에서 데나리우스는 데나
리온으로 불리는데, 이는 데나리우스의 헬라어(그리스어) 표기다.

로마인들은 화폐를 신성한 것이라고 여겼다. 특히 금은 태양, 은은
달과 연관되어 있다고 생각했다. 그래서 신전에서 화폐를 주조했던
것이다. 로마인들은 유노 신전에서 첫 은화 데나리우스를 주조한 후
기원전 1세기부터는 금화 아우레우스를 만들었다. 초기화폐는 여러
신들의 모습과 같은 종교적인 문양이 대부분이었으나 율리우스 카이

사르를 시작으로 황제의 모습이 동전에 등장했다.

기원전 1세기 카이사르 시대까지만 해도 로마의 금화와 은화는 세계 어디에서든 기꺼이 환영받는 기축통화였다. 하지만 황제는 프랑스와 스페인의 금 광산을 24시간 채굴토록 해 돈을 단기간에 너무 많이 찍어냈다. 당연히 화폐 유통량이 급속히 많아져 인플레이션을 야기했다. 이로 인해 주화 가치가 지속적으로 하락했다. 당시까지만 해도 로마 화폐는 순도 100%의 금화와 은화였다.

## 카이사르의 혁명적 경제개혁

율리우스 카이사르는 천재였다. 정치와 전쟁에서의 천재적인 재능뿐 아니라 경제의 본질도 꿰뚫어 보았다. 그는 기원전 59년 수석집정관으로 취임한다. 당시 로마는 극심한 빈부의 격차를 겪고 있었다. 특히 토지의 양극화가 매우 심했다. 카이사르는 이 문제의 해결방안을 공약으로 내세우며 집정관에 당선된다.

농지개혁법의 목적은 국가에서 토지를 무상으로 분배해 자작농, 곧 중산층을 양성하는 것이었다. 그리고 그는 그 어려운 농지개혁 작업을 큰 무리 없이 해냈다. 그것도 집정관 임기 1년 안에 이루어낸 가히 혁명적인 성과였다. 그뿐만이 아니었다. 그 뒤 8년에 걸친 갈리아 정복을 마치고 돌아와 내전 승리 후 종신집정관이 되자 그는 그간 마음먹었던 본격적인 개혁에 착수했다.

율리우스 카이사르

　우선 정치개혁과 사법개혁을 단행한 후 경제개혁을 밀어붙였다. 카이사르는 브루투스가 연 48%의 고율의 이자를 받는 걸 보고 분노했다. 당시 원로원 의원들 대부분이 그런 식의 고리대금업을 하고 있었다. 그래서 그는 먼저 원로원 의원들이 많이 하는 고리대금업의 이자를 대폭 낮췄다. 속주 전역에서 6%의 이자율을 권고했으며 이자율 상한선을 12%로 제한했다.

　또한 카이사르는 일정 금액 이상의 현금 보유도 금했다. 장롱예금을 금지해 돈이 바깥으로 돌도록 한 것이다. 이자율 인하와 장롱예금 금지는 돈의 흐름을 촉진해 경제에 활기를 불어넣었다. 더 나아가 카이사르는 서민의 빚을 4분의 3으로 탕감해 대중의 마음을 사로잡았다. 게다가 탕감된 채권의 회수도 활발해 돈의 흐름이 더 좋아졌다. 하지만 이로 인해 원로원 의원들의 반감을 샀다.

카이사르는 조세정책에서도 파격적인 개혁에 착수했다. 세율을 절반으로 낮추었다. 정복지에 대해서도 관대한 세금정책을 펼쳤다. 그러자 오히려 더 많은 세금이 걷혔다. 세금을 피해 도망 다니던 피정복민들의 자진납세가 확산되었기 때문이다. 의사와 교사 등 전문직에는 인종과 민족을 가리지 않고 로마 시민권을 내줬다.

카이사르는 화폐제도에도 손을 댔다. 그 무렵 로마에는 금과 은이 많지 않았다. 전쟁 군비로 바닥난 것이다. 그는 로마 전역 신전들의 봉납물을 공출해 그것으로 화폐를 주조했다. 화폐의 뒷면에 자신의 얼굴과 카이사르 황제라는 문자를 새겼다. 그는 날마다 보고 만지는 화폐를 선전매체로 활용한 최초의 로마인이었다.

유다 왕국과 아테네 같은 자치권을 인정받은 속주는 그곳 화폐가 계속 통용되었다. 따라서 환전상이 번창했다. 당시 로마에는 오랫동안 은화와 동전밖에 없었다. 이때 최초로 금화 아우레우스를 찍어내 통화로 편입시킨 것은 카이사르였다. 로마 화폐가 기축통화가 되기 위해서는 금화와 은화의 교환가치가 고정되어야 했다. 당시 그가 정한 금과 은의 교환비율은 1:12로, 1년 중 태양과 달의 관계를 의미한다.

그밖에도 카이사르는 북부 이탈리아와 스위스 지역에 거주하는 속주 사람들에게 로마 시민권을 주었고, 갈리아 지방 같은 그 밖의 속주에도 라틴 시민권을 주어 선거권을 제외한 모든 분야에서 로마 시민

카이사르의 얼굴이 새겨진 로마의 은화

권과 동등하게 대우했다. 해방노예 제도를 만들어 능력 있는 노예들에게 로마 시민권을 주어 공직의 문을 개방했다.

카이사르가 가장 역점을 둔 것은 화폐주조권을 국가로 귀속시킨 것이다. 그는 국립조폐창을 만들어 원로원의 주조권을 가져왔다. 예나 지금이나 이것은 기득권의 거센 반발을 무릅쓴 혁명적 조치였다. 화폐주조 차익을 빼앗기고 고리대금업의 수익이 낮아진 귀족들의 불만은 독재자로부터 공화정을 지킨다는 명분하에 결국 카이사르 암살로 이어졌다.

### 저질주화 대량유통으로 화폐경제 무너지다

로마제국의 화폐 가치가 본격적으로 추락하기 시작한 것은 네로 시절부터였다. 네로는 그때까지 시민에게 공개되지 않았던 세금징수 규칙을 공표하고 세금 내지 못하는 시민에 대한 징수권을 1년이 지나면 소멸시켜 세금을 탕감해주었다. 시민들의 인기를 얻기 위해 일종의 포퓰리즘 정치를 한 것이다.

세수가 줄어들어 국가재정이 어려워지자 64년 네로는 하지 말아야 할 짓을 하게 된다. 그는 로마 대화재 재건을 위한 재원확보를 위해 금화와 은화에 약간의 구리를 섞어 유통시켰다. 처음에는 구리 함량이 적어 시민들이 눈치 채지 못했다. 로마재정이 고갈되자 네로는 금화와 은화 순도를 이번에는 각각 4%와 10%씩 낮춰버렸다. 화폐공급량이 늘자 화폐 가치가 떨어져 물가가 올랐다.

당시 은 부족은 중국과의 무역적자가 원인이었다. 기원전부터 로마제국은 유대인을 통한 중국과의 무역이 발달해 있었다. 로마인들은 중국 비단이나 인도 향신료 등을 구입하면서 주로 은을 지불했다. 중국이 은본위제였기 때문이다. 무역적자가 계속되면서 유럽에서 은이 고갈되어갔다.

## 초인플레이션의 발생

117년 트라야누스 황제는 은화의 은 함유량을 15% 줄였다. 180년 마르크스 아우렐리우스 황제 시대에는 25%가 줄었다. 셉티미우스 황제 때는 45%, 카라칼라 황제 때는 무려 50%까지 줄었다. 로마 은화의 구리 함량은 점점 늘어나 가치의 3분의 2가 사라졌다. 그 뒤 알렉산더 세베루스 재위 때 데나리우스 은화의 은 함유량은 25% 정도였다. 이런 악순환은 지속되어 고티쿠스 황제 시절인 244년 데나리우스에 함유된 은의 양은 20분의 1에 불과했다. 그 뒤에도 은 함유량은 계속 내려가 엄청난 인플레이션이 발생했다.

물건값이 두 배, 세 배로 뛰다가 나중에는 열 배, 스무 배씩 뛰었다. 220년 무렵 밀 1부셸(약 27킬로그램)이 200데나리우스였는데 344년에는 200만 데나리우스가 되었다. 무려 1만 배나 되는 초인플레이션이 일어난 것이다.

이방인들은 상품대금으로 데나리우스를 받지 않았다. 로마군대가 이국에 주둔할 때 경비도 데나리우스로는 받지 않았다. 외국인들은 데나리우스를 화폐로 인정하지 않은 것이다.

수입이 막히자 로마가 시도한 첫 번째 조치는 사치품 수입제한과 귀금속 소장 금지였다. 그러나 이 조치는 실패한다. 260년 갈리에누스 재위 시 환전상들은 로마 은화를 거절해 사실상 은행이 기능을 상실하고 문을 닫았다. 이로써 경제에 가장 중요한 피가 돌지 않아 화폐순환이 멈추고 경제가 마비되었다.

데나리우스는 가치가 너무 떨어져 심지어 발행한 정부마저 세금으로 받지 않고 순은을 요구했다. 정부가 거둔 은은 다시 가치 없는 데나리우스를 만드는 데 사용되었다. 나중엔 은의 함유량이 5000분의 1까지 떨어졌다. 화폐가 아닌 고철덩어리에 불과했다.

네로를 로마제국 몰락의 원흉으로 꼽는 이유는 여러 가지지만, 가

장 큰 문제는 바로 화폐 가치 하락
에 불을 댕겨 로마경제를 돌이킬
수 없는 늪으로 몰아넣었다는 점이
다. '경화주조의 가치 저하'는 통치
자의 공적 부패행위이자 도덕적 타
락의 전형이었다. 결국 걷잡을 수
없는 초인플레이션이 발생해 시민
들이 화폐를 불신하고 물물거래를
시작했다.

로마 사람들이 재수 좋게 예전 금
화와 은화를 갖게 되면 내놓지 않아
로마에서 유통되는 돈은 가치 없는

로마경제를 몰락시킨 주범 네로

데나리우스뿐이었다. 이 현상은 토머스 그레셤이 "악화는 양화를 구축
한다"고 공식화하기 천 수백 년 전에 일어난 일이다. 시민들이 화폐 거
래 대신 물물거래를 하자 화폐는 완전히 기능을 잃었다. 겉으로는 태
평성대라 불리던, 200여 년간 지속된 로마팍스나 시기에 일어났던 일
이다.

### 인류 최초의 가격통제

3세기 말 초인플레이션이 일어나자, 디오클레티아누스 황제는 기축

통화인 데나리우스 은화를 폐지하고 새로운 은화와 동화를 발행했다. 하지만 제국에 만연한 인플레이션은 막을 수 없었다. 301년 인플레이션이 더 심해지자 디오클레티아누스는 인류 최초의 가격통제를 실시했다. 그는 모든 상품과 서비스의 최고가격을 정하고 그 가격 이상으로 거래하는 사람들은 엄벌에 처했다.

물론 시민을 보호하려는 '선한 의지'였지만 경제가 혼란에 빠지면서 시장기능이 마비되었다. 이로써 생산이 급격히 줄어들고 화폐가 기능을 잃자 군인들의 급여도 소금 등 현물로 지급했다. 그 뒤 그는 화폐조세에서 물납조세로 바꿨다. 가치 없는 화폐를 세금으로 받을 수 없었기 때문이다. 이로 인해 경제체제는 성격이 바뀌어 각 지역마다 장원제 자급자족 폐쇄경제가 형성되었다.

5년 뒤 콘스탄티누스 황제는 화폐개혁을 단행했다. 그는 새 금화 솔리두스를 주조해 사실상 유통에서 사라진 아우레우스를 대체했다. 그러나 솔리두스는 아우레우스보다 더 빠르게 로마를 빠져나갔다. 이후 콘스탄티누스는 수도를 로마에서 비잔틴으로 옮겼고, 솔리두스는 동로마제국(비잔틴 제국)의 기축통화가 되었다.

이와 함께 서로마제국의 불행한 운명은 시작되었다. 이국땅에 주둔한 로마군대를 지원하지 못하게 되자 그들을 불러들일 수밖에 없었고, 로마제국은 줄어들기 시작했다. 게다가 금과 은을 소유한 사람들이 그걸 사용하는 것을 꺼려 사실상 화폐공급이 중단되었고 결국 통화 시스템이 붕괴되었다.

국제교역이 위축되면서 유통 상품이 줄어들자 인플레이션이 더 심

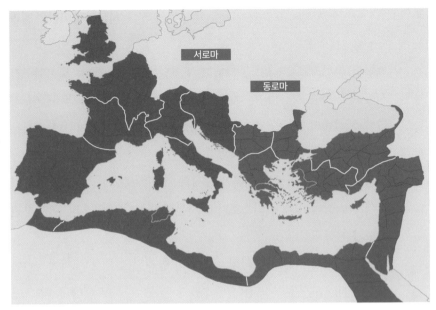

400년경의 로마 지도

해졌다. 해적들이 다시 등장했고 상업이 쇠퇴하자 거래가 중단되면서 시장은 사라졌다. 더 이상 군인들에게 봉급을 지불할 수 없게 되자 마지막에는 용병이었던 바바리안들이 로마시를 침략해 약탈했다. 결국 서로마제국은 476년 멸망했다. 그리스처럼 서로마제국의 멸망도 전적으로 잘못된 통화정책 때문이었다.

해적의 출현으로 그나마 존재했던 무역활동도 쇠퇴했다. 도시인구가 시골로 내려갔고, 시골의 대규모 영지는 이들을 농노로 받아들여 자급자족 시대의 모습으로 되돌아갔다. 로마문명의 상징이었던 도시는 시장의 붕괴와 함께 황폐화되었다.

　서로마제국의 멸망은 고대와 중세를 가르는 중요한 분기점이다. 이로써 찬란했던 고대 그리스로마 도시문명이 끝나고 암흑의 중세 장원제도가 시작되었다.

　로마의 경제적 몰락이 이렇게 자세히 알려진 것은 17세기에 439년 제정된 테오도시우스 법전이 발견됐기 때문이다. 이 책을 통해 로마제국 말기의 경제적 취약성, 과중한 과세부담, 중간계층의 몰락, 산업의 파탄, 경작지의 황폐 등의 요인들이 자세히 밝혀졌다. 훗날 막스 베버는 로마제국의 멸망은 물물교환 경제를 이루고 있는 경제적 하부구조에 화폐경제로 이루어진 정치적 상부구조가 더 이상 적응 못하고 붕괴됐다고 보았다. 곧 시장경제의 파탄이 정치적 붕괴로 연결되었다는 것이다.


## 로마제국 몰락의 교훈

로마의 몰락은 현대인에게도 몇 가지 교훈을 알려준다. 첫째, 부의 원천이 오로지 농업과 노동에 있다며 상업을 경시해 시장경제를 무시한 점이다. 그 결과 상업이 쇠퇴하고 시장경제가 무너져 로마제국이 쓰러졌다.

둘째, 인플레이션의 무서움이다. 불량화폐의 대량주조로 인한 인플레이션이 화폐 신뢰도를 떨어뜨리고 실물 선호도를 높임으로써 통화경제가 몰락해 경제에 피가 제대로 돌지 못했다. 인플레이션은 거대한 제국도 순식간에 몰락시킬 수 있다는 것을 역사는 보여준다. 우리가 인플레이션의 무서움을 알아야 하는 이유다.

셋째, 어떤 국가나 정부도 경제가 제대로 돌아가지 않으면 정치도 성립할 수 없다는 점을 역사가 확실히 보여주었다. 로마제국 몰락 이후에 제국이 다른 나라로 대체되지 않고 한동안 무정부 상태의 암흑세계에서 지낸 중세의 역사가 이를 말해주고 있다.

넷째, 로마제국의 붕괴를 과거 이야기로 치부해서 우습게 여겨서는 안 된다. 동일한 사태가 우리가 사는 현대에도 일어나고 있다. 달러가 바로 그것이다. 로마의 데나리우스는 그 가치가 95% 떨어지는 데 200년 걸렸지만 달러는 100년 만에 95% 하락했다.

글로벌 금융위기로 인한 대규모 양적완화와 환율전쟁으로 달러는 앞으로도 그 가치를 얼마나 더 잃어버릴지 모른다. 인플레이션은 시차를 두고 올 수도, '어어' 하는 사이에 하루아침에 올 수 있다. 우리가 달러의 행보를 유의해서 보아야 하는 이유다.

# 3. 스페인제국, 국가부도로 쓰러지다

16세기 스페인은 세계 최초로 해가 지지 않는 제국을 건설했다. 신대륙과 중남미 식민지, 필리핀 등 동남아 식민지, 결혼동맹으로 합병한 오스트리아 등 합스부르크, 지금의 벨기에와 네덜란드 저지대, 이탈리아 남부 나폴리 왕국 등이 모두 스페인제국의 영토였다. 참고로 필리핀은 '필립 왕자의 땅'이라는 뜻이다.

스페인제국의 이러한 외형적 팽창과는 달리 내실은 곪아가고 있었다. 제국의 재정충당을 위해 신대륙 식민지에서는 현지 인디오들을 강제 노역시켜 금은 채취와 제련을 했다. 그렇게 해서 식민지 개척자들이 채굴한 금은의 5분의 1을 본국 왕에게 바치도록 했다. 이를 오일조五一租라 한다. 스페인 정복자들은 중남미에서 약탈하거나 채취한 황금의 5분의 1만 스페인 왕에게 바치고 나머지는 자신이 가질 수 있었기에 수많은 사람들이 신대륙으로 몰려갔다.

스페인 식민지 가운데 볼리비아와 멕시코에서 대규모 은광이 발견되어 대량의 은이 스페인으로 밀려들어왔다. 1503년부터 1660년 사이에 300톤 이상의 금과 3만 톤 이상의 은이 세비야로 들어왔다. 이는 당시 유럽 전체 은의 무려 세 배에 달했다. 16세기 스페인은 세계 금은 총생산량의 83%를 차지하는 최고 부국이었다.

하지만 이런 현상이 마냥 좋은 것은 아니었다. 통화량이 갑자기 늘

16세기 말 펠리페2세 당시 에스파냐·포르투갈 연합왕국 영토

어나자 인플레이션이 발생해 물가가 폭등했다. 당시에는 사람들이 이런 경제현상을 이해하지 못했다. 그 무렵 "스페인에서는 은 빼고 모든 게 비싸다"는 말이 퍼질 정도였다고 경제사학자 페르낭 브로델은 《15~18세기 물질문명과 자본주의》에서 설명했다.

유입량만큼이나 막대한 은이 유럽 여러 나라로 빠져나갔고 그 은은 다시 국제 무역망을 통해 투르크와 페르시아, 인도와 중국까지 전 세계로 흘러나갔다. 스페인 은화는 엄청난 물량을 앞세워 국제 화폐경제에 충분한 유동성을 공급했다. 스페인의 '페소 데 오초' 은화는 사실상 당시의 세계 기축통화 역할을 했다.

## 팽창정책으로 인한 대규모 재정적자

문제는 이렇게 식민지로부터 금은보화가 쏟아져 들어와도 스페인은 과도한 팽창주의와 방만한 재정으로 적자규모가 엄청나게 불어났다는 것이다. 스페인제국은 불어난 적자를 해결하기 위해 이단 종교를 믿는 유대인을 추방하고, 그들의 재산을 몰수하기로 한다. 이때 개종하지 않은 유대인 17만 명이 한꺼번에 추방당한다. 이렇게 유대인들이 갑자기 사라지자 스페인제국의 금융 산업은 붕괴되고 말았다.

1492년의 유대인 추방 직후부터 손실이 나기 시작한 국고를 지탱하기 위해 스페인제국은 외국으로부터 돈을 빌려와야 했다. 신대륙에서 가져온 금과 은을 담보로 맡기고 주로 제노바, 독일 금융가로부터 돈을 빌렸다. 국가부채가 눈덩이처럼 불어났다. 1543년 경우 경상수입의 65%가 이미 발행된 정부 공채의 이자상환에 지출되는 실정이었다.

1550년경 스페인은 경제적으로는 심각한 상황에 봉착했다. 유대인이 빠져나간 후유증으로 산업은 급속히 침몰했고 전쟁으로 돈은 무한정 빨려 들어갔다. 더구나 영국 해적선들은 스페인 배들을 공격해 금과 은이 스페인에 도착하기도 전에 약탈했다.

막스 베버에 따르면 당시 스페인은 국가수입의 70%를 전쟁비용으로 썼다고 한다. 그러니 당연히 재정적자가 대규모로 계속 늘어났

스페인제국의 휘장을 앞세운 콜럼버스의 신대륙 발견

다. 카를로스 5세의 경우, 재위 기간인 1516~1556년 40년 동안 부채만 4000만 두카트를 남겼다. 같은 기간 신대륙에서 들어온 금은보화 3500만 두카트보다도 많은 금액이었다. 두카트는 당시 기축통화격인 베네치아 금화다.

그 뒤 1568년부터 80년간의 네덜란드와 독립전쟁을 벌일 때는 이보다 더 많은 적자가 났다. 이렇게 되자 스페인은 식민지의 은이 거쳐 가는 단순한 경유지로 전락했고 국내 산업은 침체하기 시작했다. 스페인은 이를 만회하기 위해 당시 지배하고 있던 네덜란드에 징세와 통제를 강화했고, 이는 네덜란드 독립전쟁을 초래하게 된다. 여기에 스페인의 독주에 도전하는 영국이 네덜란드를 도왔다.

## 최악의 세금제도

스페인은 재정 상태를 호전시키기 위해 최악의 세금징수 시스템을 선택했다. 바로 거래 때마다 부과되는 소비세 제도를 도입한 것이다. 당초 부동산이나 일부 상품의 거래에만 부과되던 것을 점차 과세대상을 확대해 식료품 등의 생활필수품에도 적용시켰다.

소비세는 오늘날에도 국가의 경기를 악화시키는 작용을 한다. 그러나 당시 스페인의 소비세는 그 정도가 너무 심했다. 한 상품에 보통 세금이 서너 번 부과되었다. 왕의 입장에서는 세수가 늘어나 좋겠지만 하나의 상품에 이토록 높은 소비세가 매겨지면 당연히 물가가 올라가고 경기는 나빠지기 마련이다.

실제로 대항해시대에 물가가 대폭 올랐다. 스페인 물가 상승은 은의 대량 도입으로 화폐 유통량의 대폭적인 증가에 기인한 것도 있지만 그에 더해 이런 세금제도가 주범이었다.[7]

## 1557년 국가부도, 군사력보다 경제력이 먼저 깨져

스페인제국은 당시 독일 지방에서 일어난 종교개혁의 여파로 북부 독일 군주들과 전쟁을 시작했는데 이것이 점차 발전해 오스만제국과 프랑스 등 사방의 적들과 싸우는 처지가 되었다.

스페인제국은 광대하지만 흩어진 영토를 가진 탓에 사방이 적들로 둘러싸여 있었다. 카를로스 5세는 이런 상태로는 하나의 왕조가 이를 유지하기는 어렵다는 결론에 도달했다. 결국 그는 나라를 둘로 쪼개어 1555년 신성로마제국 황제 자리를 동생 페르디난트 1세에게 양도하고, 이듬해에는 스페인 왕의 자리를 아들에게 물려줬다.

카를로스 5세에 이어 왕위에 오른 아들 펠리페 2세는 오스트리아를 제외한 모든 영토와 더불어 막대한 빚까지 물려받았다. 그가 등극해 보니 1561년까지의 국고수입이 모두 저당 잡혀 있었다. 결국 등극 다음해인 1557년에 최초의 파산선언(디폴트)을 했다. 현대적 의미의 첫 국가파산이었다.

이는 1588년 스페인 무적함대가 영국에 패하기 31년 전의 일이었

소포니스바 안귀솔라가 그린 펠리페 2세의 초상화

다. 제국의 군사력보다 경제력이 먼저 깨진 것이다. 한때 네덜란드, 오스트리아, 독일, 이탈리아 지역까지 합병하고 4개 대륙에 걸쳐 식민지를 운영했던 스페인제국이 사실상 파산한 것이다.

## 잇따른 파산 선언

그럼에도 제국주의적 팽창정책은 멈출 줄 몰랐다. 과도한 정치적 야망으로 전쟁을 계속 치르는 바람에 사태는 더욱 악화되었다. 사실 전비 차입방식이 문제였다. 한 번 데인 금융업자들은 스페인 장기채 '후로'를 거들떠보지 않았다. 결국 차입은 대부분 '아시엔토'라는 단기채 방식으로 이루어졌다.

단기로 빌리니 만기가 빨리 돌아올 수밖에 없었다. 전쟁 중 만기가 되어도 갚을 수 없는 상황에 직면하자, 더 큰 돈을 빌려 빚을 갚는 악순환에 빠져 단기채 계약을 계속 체결하는 것이 불가피해졌다. 이 과정에서 많은 국유지와 광산이 부유한 상인의 수중으로 넘어갔다. 결국 펠리페 2세는 견디다 못해 1560년에 다시 파산선언을 했다.

네덜란드 독립전쟁이 한창이던 1572년에는 군사비 지출이 재정수입의 두 배 이상 많았다. 게다가 유대인을 주축으로 한 네덜란드인들이 그간 스페인의 주요 수입원이었던 이베리아 반도의 소금 생산지들을 봉쇄하자 펠리세 2세 통치하의 스페인은 또다시 파산지경에 이르렀다. 이렇게 되자 왕에게 돈을 대주던 채권자들도 위험을 감지하고 이자를 천정부지로 올렸다.

스페인에서 추방당한 유대인들이 몰려가 경제를 부흥시킨 네덜란드에서는 이자가 3%에 불과했는데 1573년 스페인제국은 40%의 이자를 물어야 했다. 결국 펠리페 2세는 1575년에 세 번째 파산선언을 해야만 했다.

1576년에 이르러서는 병사들에게 지불해야 할 급료가 국가 수입액의 2.3배에 달했다. 이번에도 더 이상 막대한 부채를 해결할 길이 없었다. 이때 채무자들에 대한 지불중단을 선언하면서 등장한 것이 스페인 공채 후로ⱼᵤᵣₒ다. 채무를 장기융자로 전환한 것이다. 채무불이행 선언은 거의 20년을 주기로 다섯 번이나 더 계속되었다. 메디치가보다도 돈이 많았던 독일의 금융가문인 푸거가와 제노바 은행가들이 여기서 거덜이 났다.

1581년 여전히 개신교 지역으로 남아 있던 네덜란드 북부는 펠리페 2세의 통치권을 부인했다. 이에 펠리페 2세는 1588년에 네덜란드 북부의 반란세력을 지원하고 있던 잉글랜드 왕국을 정벌하기 위해 무적함대를 파병했다.

그러나 오히려 칼레해전에서 영국에 대패했다. 이때부터 스페인제국은 쇠퇴 징조가 보이기 시작했다. 귀족 작위나 영주권이 매매되었으며, 식민지로부터 엄청난 양의 귀금속을 들여왔음에도 군사비 증대로 인한 국고 파탄은 막지 못했다. 결국 펠리페 2세는 1596년에 또다시 대규모 파산선언을 했다.

엎친 데 덮친 격으로 3년에 걸쳐 페스트까지 유행했다. 역사적으로

무적함대의 패배를 그린 '지브롤터 해전'

'에스파냐의 황금시대'라 불리는 최전성기를 이끈 펠리페 2세가 1598년 암으로 서거할 무렵, 이미 스페인 시대는 끝나가고 있었다. 거의 모든 세입원이 저당 잡힌 상태였고 미래의 세입을 담보로 빌린 돈으로 국가 재정을 꾸려야 했다.

이후 등극한 펠리페 3세는 비정상적인 방법으로 사태를 수습하려 했다. 그는 1599년 화폐를 주조할 때 모든 주화에서 아예 은을 다 빼 버렸다. 시중의 구화도 강제로 신화와 교환케 해 여기서 뽑아낸 은으로 빚을 갚으려 했다. 이로써 저질주화만 시중에 유통되고 금화와 은화는 해외로 유출되거나 자취를 감춰버렸다. 시중 화폐에 대한 불신은 경제를 파탄으로 몰아넣었다.

## 정부수입의 70%가 이자로 빠져나가

그 뒤 스페인제국은 해체되기 시작했다. 1648년에 네덜란드가 80년 전쟁 끝에 독립했고, 1640~1668년에는 포르투갈이 독립전쟁을 일으켜 분리해 나갔다. 1659년에는 프랑스 남서부와 북부 일부를 프랑스에 내주었다. 그러는 동안 국가채무는 더 늘어갔다. 1560년에 380만 두카트였던 국가채무는 1667년에는 900만 두카트로 늘어났다. 당시 차입금은 정부소득 10년치였다. 채무가 늘어나자 이자도 높아져 정부수입의 70%가 이자로 빠져나갔다.

1678년에는 동부를 프랑스에 내주었다. 또 스페인 왕위계승전쟁 직후인 1714년에는 시칠리와 나폴리, 사르디냐와 네덜란드 남부지방을 오스트리아에 넘겨주었다. 그 뒤 스페인은 세계 강대국 대열에서 영원히 사라지고 말았다.

# PART3

## 2차 화폐혁명(신용화폐)
### 달러의 시대

# 달러의 시작

## 01

### 미국 화폐의 시작, 대륙지폐

현재 전 세계를 지배하는 기축통화는 달러다. 그런데 달러가 미국 건국초기부터 쓰였던 것은 아니다. 그렇다면 영국 식민지였던 미국은 어떤 과정을 거쳐 달러를 기축통화의 자리에 올려놓았을까? 그 시작은 1774년 영국의 고압적 식민지 경영에 반발해 개최한 대륙회의였다. '대륙Continental'이라는 단어는 주 의회와 구별하기 위해 편의상 사용한 말이다. 그해 10월 채택된 대륙회의 결의문은 "12월 1일부터 영국 제품을 보이콧하고 수출도 중지한다"는 내용이었다.

이듬해 5월 2차 대륙회의에서는 독립전쟁 경비 마련 방법이 주 의제였다. 당시 전비를 조달할 수 있는 방법은 두 가지였다. 채권을 발

대륙회의에서 발행한 대륙지폐

행하는 방안과 지폐를 발행하는 방안이었다. 그러나 두 가지 모두 단점을 가지고 있었다. 채권 발행은 액수를 크게 늘리기 힘들고, 지폐발행은 통제되지 않았다. 고민 끝에 대륙회의는 후자를 선택했다. 대륙회의에서 발행한 이 지폐는 '대륙지폐Continental currency'로 불렸다. 그리고 다음 달 대륙군을 창설해, 조지 워싱턴을 총사령관으로 임명했다. 그렇게 독립전쟁이 시작되었다.

식민지정부의 대륙지폐는 금괴와 동등한 가치로 보증받을 예정이었다. 각 식민지는 할당된 몫의 금괴를 담보로 제공하기로 약속했다. 그러나 약속은 이행되지 않았다. 대륙지폐는 아무런 담보 없이 인쇄되어 전쟁 초기에는 1200만 달러에 불과했던 통화량이 종전 무렵에는 5억 달러에 육박했다. 화폐의 가치는 처음에 은과 액면가 대비 1:1이었다. 그러던 것이 1781년에는 자그마치 168:1로 떨어졌다. 불과 7년 사이에 1만 6800%의 초인플레이션이 발생한 것이다. 이로써 미국은 건국과 동시에 역사상 최초의 초인플레이션이라는 극도의 혼란을 경험하게 된다.

극심한 초인플레이션으로 신발 한 켤레가 5000달러에 팔리고 옷 한 벌의 가격은 100만 달러에 달했다. 때문에 식민지정부를 믿었던 국민과 은행가들은 말 그대로 거덜이 났다. 1780년 무렵에는 아무 가치가 없는 것을 가리킬 때 "대륙지폐만큼이나 가치 없는Not worth a Continental"이라는 표현이 유행할 정도였다.

식민지정부의 대륙지폐는 독립에 크게 기여했지만 초인플레이션은 국민에게 큰 고통을 안겨주었다. 초인플레이션은 국민들의 현금을 정부가 세금으로 강탈해가는 것과 똑같은 효과가 있었다. 그래서 이를 '인플레이션 세금'이라 부른다. 인플레이션의 최대 피해자는 서민들과 빈곤계층이다. 현금을 믿고 저축했던 국민들은 정부에 의해 촉발된 초인플레이션으로 순식간에 알거지가 되었다.

당시 사람들이 신뢰할 수 있는 화폐는 금과 은뿐이었다. 초인플레이션에 혼났던 국민과 의회는 다시는 정부에 지폐발행권을 주어서는 안 되겠다고 생각했다. 그 결과 독립 이후 연방헌법은 주정부에 의한 지폐발행을 일체 금지했을 뿐 아니라 연방정부에 의한 지폐 발행조차 원칙상 금지했다. 화폐 가치의 관리는 의회에 위임했다. 그래서 미국의 화폐는 정부가 발행한 '정부권'이 아닌 은행에서 발행한 '은행권'만 허용된 것이다.

미국정부는 연방헌법에 의해 화폐를 발행할 수 없게 되었다. 하지만 독립전쟁이 끝나자 식민지시대에 영국의 통화조례로 금지당했던 은행들의 발권이 다시 합법화되었다. 그러자 여기저기서 은행권이 발행되기 시작했다.

## '달러'를 공식화폐의 하나로 채택

스페인 은화 '다레라'의 미국식 발음이 '달러'였다. 미국이 달러를 화폐 단위로 사용하기 시작한 것은 독립 후 1785년 대륙회의에서였다. 대륙회의는 유럽 나라들과 마찬가지로 은본위제를 받아들여 시행하면서 공식화폐 가운데 하나로 달러를 채택했다. 이것이 달러의 첫 등장이다.

미국은 독립 당시, 도량형 단위는 영국 것을 그대로 가져다 썼으나 화폐 단위만은 파운드가 아닌 달러로 정했다. 이것은 당시 신대륙에서 스페인 은화 다레라가 너무 많이 유통되어 영국 파운드화를 압도했기 때문이다.

그 무렵엔 민간은행들이 너무나 다양한 화폐를 발행해 화폐체계가 혼란스러워 불편이 많았다. 당시 대부분의 상품은 영국에서 수입되었는데 영국 무역업자들은 믿을 수 없는 미국 은행권보다는 금이나 은으로 받기를 원했다.

해결책은 간단했다. 수많은 민간은행들의 중구난방 발행을 금하고 영국 영란은행 같은 중앙은행을 설립해 그곳에서만 화폐를 발행케 하면 되는 것이었다.

## 누가 화폐 발행량을 결정하느냐의 문제

1789년 조지 워싱턴 대통령의 정부는 세 명의 각료가 전부였다. 제퍼슨 국무장관, 해밀턴 재무장관, 녹스 전쟁장관이 그들이다. 당시 경제 상황은 엉망이었다. 정부의 재정은 파탄 난 상태로 전쟁 중 발생한 막대한 부채를 갚지 못하고 있었다. 그 결과 국가 신용도는 추락하고 갚을 돈조차 없었다. 전쟁 중 발행한 2억 달러의 대륙지폐는 화폐 가치를 상실했다.

워싱턴 대통령이 새롭게 정부를 조직하면서 부딪친 가장 큰 두통거리는 두 각료가 사사건건 날카롭게 맞서는 데 있었다. 당시 자본주의 캠프 선봉장인 알렉산더 해밀턴이 이끄는 연방주의자들은 강력한 중앙정부를 지지했고 특히 금융과 상업 활성화를 위해 정부개입을 강조했다. 지역기반은 동북부였다.

반면 민주주의 캠프 선봉장인 토머스 제퍼슨이 이끄는 공화주의자들은 연방정부의 권한을 제한하고 주정부 자치제를 지지했다. 이들의 지역기반은 남부였다.

제퍼슨과 해밀턴은 중앙은행을 세울 때도 심하게 맞섰다. 중앙은행을 설립한다 해도 정작 중요한 건 '중앙은행의 화폐 발행량에 대한 결

미국 독립전쟁 당시의 조지 워싱턴

정권을 누가 갖느냐' 하는 것이다. '정부가 권한을 갖느냐, 아니면 은행 스스로 결정권을 갖느냐'의 문제였다.

해밀턴이 보기에 정치인은 인기를 의식해 재정지출과 화폐 발행량을 늘려 경기를 활성화시키려는 속성이 있기에 과도한 화폐 발행을 추진할 소지가 컸다. 반면 은행가들은 과도한 발행을 스스로 억제할 것 같았다. 왜냐하면 해밀턴이 생각하기에 그들은 주로 채권자 입장이라 화폐 가치가 높게 유지되기를 바라지 채권 가치를 떨어뜨리는 인플레이션을 원하지 않을 것이기 때문이다. 그러므로 화폐 발행을 책임질 사람은 정치인이 아니 은행가여야 했다.

이런 해밀턴의 생각을 기반으로 탄생한 미국의 중앙은행은 영국 중앙은행인 영란은행을 본 따 만들어졌다. 따라서 우리가 미국 중앙은행의 성격을 이해하기 위해서는 먼저 영란은행의 설립배경과 설립과정을 알아야 한다.

## 영국 민간소유 중앙은행의 탄생 배경

네덜란드로부터 유대인들이 몰려온 17세기 후반에 영국의 대외무역이 급격히 팽창하자 자금수요가 크게 늘어나면서 새로운 금융기관에 대한 요구가 커졌다.

네덜란드에서 귀국한 윌리엄 3세가 1689년 영국 왕위를 계승하고 난 뒤 부닥친 가장 큰 난제가 재정적자였다. 영국은 스페인과 네덜란드를 상대로 50여 년에 걸쳐 전쟁을 벌여 국고가 바닥났고 결국 세금을 올렸다. 그러나 국민의 혈세로도 전비를 전부 조달할 수 없었다. 전비가 모자라자 1692년에 국채 발행제도를 도입했다. 일종의 재정혁명이었다. 그간 군주의 변덕에 달려 있던 대부방식을 정부채권 체계로 대체한 것이다. 또 국채 발행을 위해서는 의회의 동의를 받아야 했다. 이는 재정악화를 어느 정도 견제하는 효과가 있었다. 의회가 재정운용권을 가지게 되자 그전처럼 증세에 반대하지 않았고, 이듬해에는 국가채무에 대해 지급을 보장했다. 덕택에 국채의 신뢰도가 높아졌다.

그러나 국채 발행도 한계에 다다르자 더 이상 재정적자를 해소할 방법이 없었다. 윌리엄 3세의 가장 급한 문제는 당장 눈앞에 닥친 프랑스와의 전쟁자금 마련이었다. 마지막 수단으로 윌리엄 3세는 네덜란드 시절 활용했던 '전쟁기금 모금기구'를 설치하기로 했다. 왕은 네덜란드에 있을 때부터 친하게 지냈던 유대금융인들에게 긴급협조를 요청했다.

왕이 요청한 돈은 너무 큰 금액인 120만 파운드였다. 어느 몇 명이 나서서 해결할 수 있는 금액이 아니었다. 더 큰 문제는 큰돈을 마련해서 왕에게 빌려준다 해도 재정적자가 날로 심해지는 터라 돈 받을 가능성이 희박하다는 점이었다. 그렇다고 모른 체할 수도 없는 난처한 입장이었다. 유대금융인들은 우선 윌리엄 패터슨 등 스코틀랜드 금융인들을 끌어들인 후 이른바 대출연합을 구성해 전면에 내세우고 자신들은 커튼 뒤로 숨었다.

영란은행을 만든 윌리엄 3세

이때 유대금융인들은 또 한 번 기발한 발상을 하게 된다. 돈을 모아 빌려주는 대가로 은행권을 발권할 수 있는 민간은행 설립허가를 요구한 것이다. 그들은 상인들이 자본금을 모아 주식회사 은행을 세우고 이때 모은 자본금을 모두 국왕에게 대출하는 대신, 상인들의 출자액만큼을 은행권으로 교부받아 지불수단으로 통용할 수 있게 해달라고 요구했다.

상인들의 제안에 왕도 솔깃했다. 무엇보다 상인들이 출자금만큼을 은행권으로 가지고 가기 때문에 왕은 빚을 구태여 갚지 않아도 된다는 점이 마음에 들었다. 왕은 120만 파운드를 연이자 8%로 빌리는 대신 이자만 지급하고 원금은 영구히 갚지 않아도 되는 영구채무로 하기로 유대금융인들과 협상했다. 은행권 발권력 부분만 제외하면 누이 좋고 매부 좋은 협상이었다.

지금 보면 연이자 8%가 높은 것 같지만 당시의 이자율은 보통 20~30%였다. 8%는 그나마 자금력 있는 유대금융인들이어서 가능한 이자율이었다. 이후 영란은행의 국채인수 이자율은 점점 내려가 18세기 중반에는 3% 정도로 낮아졌다. 이러한 낮은 이자율 덕분에 산업혁명이 꽃 피울 수 있었다.

설립 당시 영란은행은 개인기업처럼 주식공모를 통해 설립자금을 모집했다. 설립자금으로는 당시 영국정부가 요구한 120만 파운드가 필요했으나 상인 1286명에게서 주식공모로 거둬들인 돈은 80만 파운드에 불과했다. 그럼에도 다급한 영국 정부와 의회는 1694년 7월 의회입법을 통해 영란은행 창립을 허가했다. 근대의 은행권은 영란은행

이 설립되면서 시작되었다.

1694년에 영란은행이 설립되어 첫 대출로 정부에 80만 파운드를 빌려주었다. 프랑스는 전비 마련에 어려움을 겪었지만 영국은 영란은행 덕분에 쉽게 마련할 수 있었다. 영란은행은 주주들 가운데 2000파운드 이상 응모한 사람 열네 명에게 이사 자격을 주었다.

**화폐 발행과 정부부채를 묶어놓은 괴상한 구조**

이렇게 설립된 영란은행은 '정부의 은행'으로서의 기능을 수행했다.

하지만 설립 당시에는 여러 민간은행 중 하나였다. 이후 다른 민간은행들이 발권에 합세해, 영국은 1793년부터 22년간 나폴레옹과 전쟁을 치르면서 급격한 인플레이션을 겪게 되었다. 이로 인해 독점적 발권력을 가지고 화폐 가치를 안정시킬 중앙은행이 필요했다.

결국 1844년 의회가 '은행허가법'을 제정해 영란은행에만 화폐 발행권을 주게 된다. 세계 최초의 민간 중앙은행이 탄생한 것이다. 동시에 이는 현재에 이르는 국제금융 역사의 시작이기도 했다.

강력한 새로운 금융수단이 만들어지면서 영국의 재정적자는 수직 상승했다. 쉽게 돈을 빌릴 곳이 생겼기 때문이다. 아이러니하게도 이 제도는 국가화폐의 발행과 영구적 국채를 묶어놓는 구조였다. 그렇다고 국채를 상환하면 국가의 화폐를 폐기하는 셈이 되어 시중에 유통할 화폐가 없어지게 된다. 따라서 정부는 영원히 채무를 상환할 수 없는 구조가 되었다.

## 미국의 민간 중앙은행 설립

미국 초대내각의 알렉산더 해밀턴은 영국의 이 영란은행을 본 따 미국의 연방 중앙은행 제도를 추진했다. 그는 연방 중앙은행을 세워 화폐 발행 업무를 전담케 하자고 의회에 제안했다.

"중앙은행 본부는 필라델피아에 두고, 각 지역에 지점을 설립한다. 정부의 화폐와 세금징수는 이 은행 시스템으로 관리하며, 이 은행은 국가화폐를 발행하며 미국정부에 대출을 해주고 이자를 받는다. 개인이 80%의 주식을 보유하고 나머지 20%는 정부가 보유한다. 이사회 20명은 주주 중에서 추천하며, 다섯 명은 정부가 임명한다."

미국의 초대 재무장관인 알렉산더 해밀턴

정부에 대출해주고 이자를 받는다는 면에서 이는 영란은행과 똑같은 시스템이었다. 당시로서는 미국 최대 규모인 자본금 1000만 달러짜리 은행이었다. 우여곡절 끝에 해밀턴은 1791년 2월 중앙은행 설립안을 관철시켰다.

이 법안의 특징은 중앙은행의 존속기간을 20년으로 제한한 것이다. 중앙은행을 반대하는 반연방파를 누그러뜨리기 위한 고육책이었다. 이때 설립된 미합중국은행은 미국 최초의 중앙은행이자 당시 미국에서 제일 큰 주식회사였다. 큰 은행들과 돈 많은 집단이 대주주가 되었다.

1792년 제정된 조폐법에 의해 조폐소가 만들어지고 연방 통화 시스템이 확립되었다. 중앙은행은 은행권을 제한된 수량 안에서 발행할 수 있고 지점을 설립할 수 있었다. 미국은 달러를 공식화폐로 채택하고 근대국가 최초로 십진법 화폐체계를 도입했다.

해밀턴은 중앙은행을 중심으로 은행 시스템을 구축했는데, 은행주

1792년에 주조된 미국의 10센트화

들이 비정상적으로 폭등했다. 그러나 곧 거품이 빠지면서 1792년 미국 역사상 최초의 경제공황이 닥쳤다. 이때 해밀턴은 은행주를 적극 매입함으로써 시장을 안정시켰다.

이어 해밀턴은 경제 시스템의 기본 골격을 만들었다. 그는 그간 영국에 의존했던 제조업의 자립을 위해 그 육성을 최우선 정책으로 추진했다. 그 결과 제조업 중심으로 경제가 급성장했다.

그런데 1811년 중앙은행의 외국자본은 1000만 주 가운데 700만 주로 70%를 차지했다. 민간보유분 대부분이 외국인 손으로 넘어간 것이었다. 영란은행의 대주주인 네이선 로스차일드를 비롯한 유럽의 로스차일드 가문은 미국 중앙은행 역시 대주주가 되어 영국과 미국의 통화시장을 모두 장악했다. 이때부터 유럽 유대계 자본이 미국 경제를 주도하기 시작했다.

토머스 제퍼슨은 민간 중앙은행에 화폐 발행권의 독점권을 주는 것은 위험하다고 생각했다. 그는 당시에 이미 금융자본 세력의 '양털 깎기' 작전에 대해 우려하고 있었다.

'양털 깎기'란 금융 은어로 양의 털을 자라게 놔뒀다가 어느 날 한꺼번에 깎아 큰 수익을 챙기는 것을 말한다. 예를 들어 국제금융자본이 통화팽창정책으로 신용대출을 확대해 일반인들이 투자를 늘리도록 유도한다. 그러다 버블이 최고조에 다다르면 갑작스레 통화긴축정책으로 돌아서서 대출을 회수해 자산 가격을 폭락시킨 뒤 이를 헐값에 사들이는 것이다.

제퍼슨은 중앙은행에 대해 다음과 같이 말했다. "금융기관은 군대보다도 위험하다. 그들은 이미 금전 귀족계급을 창조했으며 정부를 무시하고 있다. 화폐 발행권을 은행의 손에서 되찾아야 한다. 그것은 당연히 주인인 국민에게 속해야 한다. (…) 만약 미국인이 끝까지 민간은행으로 하여금 국가의 화폐 발행을 통제하도록 놔둔다면, 이들 은행은 먼저 통화팽창을 이용하고 이어서 통화긴축정책으로 국민의 재산을 강탈할 것이다. 국민이 사설은행에 화폐 발행권을 넘겨주면 은행과 금융기관의 이러한 행위는 이 나라의 자녀들이 거지가 될 때까지 그들의 재산을 거덜 낼 것이다."

중앙은행 반대파들은 중앙은행 철폐운동을 포기하지 않았다. 특히 농민들은 큰 권력을 가진 중앙은행이라는 개념을 싫어했다. 중앙은행

중앙은행을 반대한 토머스 제퍼슨

의 허가는 19세기에만 두 번 취소되었다. 중앙은행 설립 자체가 위헌이라는 것이 이유였다. 최초의 취소는 토머스 제퍼슨에 의해서였다. 1811년 중앙은행의 20년 면허기간이 끝났을 때 만기 연장안은 다수당으로 올라선 토머스 제퍼슨이 이끄는 민주공화당에 의해 의회에서 한 표 차로 부결되었다. 그리하여 중앙은행은 존속기한인 1811년 3월 문을 닫았다.

그 뒤 주정부는 은행의 화폐 발행을 자유롭게 인가했다. 1811년 금과 은으로 보증하는 은행권을 발행하는 은행이 88개나 되었다. '독립'과 '자유'의 건국 이상은 은행가가 마음대로 지폐를 발행하고 대출할 수 있는 완벽한 자유를 허락했다. 최초의 13개 주로 시작한 미국은 1803년 프랑스 나폴레옹에게서 루이지애나를 사들인 이후 방대한 나라로 팽창하기 시작했다. 나라가 팽창하자 돈도 많이 필요해졌다.

제퍼슨의 대통령 연임이 시작되던 1805년 유럽에서는 나폴레옹전쟁이 일어났다. 영국과 프랑스 간의 전쟁이 시작되자 제퍼슨은 미국의 중립을 선언했다. 영국과 프랑스는 다 같이 상대방 나라에 드나드는 선박을 제한하려고 해상통제를 강화했다. 특히 프랑스와 미국의 밀착된 관계를 벌리기 위한 영국 측의 해상통제는 정도가 지나쳐, 미국에 교역금지를 요구하며 선원과 화물을 압수하곤 했다. 영국은 프랑스로 가는 미국 선박들을 나포해 미국 수출에 타격을 주었다. 결국 이는 미영전쟁으로 치달았고, 미국과 영국은 1812년부터 3년간 전쟁을 치렀다.

그러자 은행들은 전쟁 중 담보 없는 은행권을 남발해 인플레이션이 발생했다. 전쟁은 1814년 12월 벨기에 겐트에서 겐트조약을 맺는 것으로 끝났다. 하지만 1816년에는 246개 은행이 은행권을 발행했다. 인플레이션으로 금리는 뛰고 신뢰는 추락해 미국정부가 빚더미에 앉게 되었고, 결국 경제공황이 시작됐다.

경제공황이 시작되자 1816년에는 정치적 분위기가 다시 중앙은행을 만들자는 쪽으로 기울었다. 작은 표 차이로 의회는 제2미합중국은행을 허락했다. 4대 대통령 제임스 매디슨은 1815년 두 번째 중앙은행 설립을 승인했다. 매디슨은 '건국의 아버지' 중 한 명으로 삼권분립이 바로 그의 아이디어였다. 그는 제퍼슨 대통령 때 국무장관으로 일하며 루이지애나 매입을 성사시켰다.

그 뒤 제퍼슨에 이어 4대 대통령으로 당선되자 미국의 경제 독립권을 지키기 위해 영국과 1812년 전쟁을 감행하기도 했다. 그러한 그가 중앙은행의 설립에 손을 들어준 것이다. 결국 1816년 미국의 두 번째 중앙은행인 제2미합중국은행이 탄생했다. 이번에도 유효 기간은 20년이었다. 연방정부는 설립자금의 20%를 부담하고 80%는 민간자금이었다.

미영전쟁에서 친영성향으로 인해 매국노로 몰린 연방파는 몰락했다. 1824년 존 애덤스 6대 대통령 당선 직후 민주공화당은 앤드루 잭슨 지지파인 민주파와 이에 반대하는 존 애덤스 지지파인 자유주의 휘그파가 대치했다.

중앙은행을 싫어하는 잭슨은 1828년 대통령이 되자 중앙은행을 없애겠다고 약속했다. 그는 은행을 '화폐권력'이라 부르며 혐오했다. 은행 지배권력에 대한 그의 공격은 대중의 지지를 얻었다.

"우리 정부의 이익금이 국민들에게 돌아가지 못하고 있다. 800만 주 이상의 중앙은행 주식을 외국인이 소유하고 있다. 우리의 것이어야 할 은행의 구조가 오히려 우리의 자유와 독립성을 위협하지 않는다고 누가 감히 말할 수 있겠는가? 이 사회의 돈을 관리하면서 우리 국민의 자주성을 외국인이 좌지우지한다는 것은 적에게 막강한 군사력이 있는 것보다 더 위험천만한 일이다."

1832년 잭슨 대통령 재선운동 때도 중앙은행 문제는 정치적 주 관심사가 되었다. 재선에 성공한 잭슨 대통령은 중앙은행 폐지를 추진했다. 1832년 미

미국의 7대 대통령 앤드루 잭슨

국 의회는 중앙은행의 면허를 갱신했으나 잭슨 대통령이 거부권을 행사했다. 이로 인해 아직 허가기간이 4년이나 남아 있었지만 제2미합중국은행은 사형선고를 받은 것이나 다름없게 되었다.


## 자유은행 시대

앤드루 잭슨은 빚이란 그 자체로 나쁜 것이라 생각했다. 그는 선거운동 당시 국채를 "국가에 내린 저주"라고 말하며, "돈을 쥔 귀족들이 정부를 좌지우지하거나 나아가 우리나라의 자유를 파괴하지 못하도록 국채를 모두 청산하겠다"고 공약했다.

대통령에 당선된 잭슨이 처음으로 취한 조치가 '국채청산'이었다. 당시 은행들은 연방정부 채권을 은행권을 발행하는 보증수단으로 사용하고 있었다. 그는 화폐 발행이 국가채무와 연결되어 있는 방식을 도저히 이해할 수도 용서할 수도 없었다. 그러한 시스템을 폐지하고자 했던 잭슨은 먼저 국가채무부터 갚아야겠다고 생각했다. 1835년 1월 미국은 역사상 처음으로 국채를 전부 상환했다.

그는 중앙은행 계좌에서 정부자금을 전액 인출해 23개 주의 은행에 분산 예치시켰다. 정부예금이 빠져나가자 제2미합중국은행은 빠른 속도로 늘어나는 주 은행들을 규제할 힘을 상실했다. 중앙은행 총재 비들은 여기에 맞서 그간 시중에 풀었던 돈을 거둬들였다. 대통령은 중앙은행을 말려 죽이려 했고 중앙은행 총재는 경제를 볼모로 정권에 저항한 셈이다.

잭슨 대통령이 은행 연장안에 거부권을 행사한 날이 1월 8일이었다. 같은 달 30일 그는 암살기도에 직면했으나 다행히 총알이 급소를 피해 살았다. 잭슨이 그토록 쟁취하고 싶었던 것은 서민들이 은행을 지배하고 통화공급 결정권을 쥐는 '민주적 화폐경제'였다. 잭슨은 1836년 자유은행법을 채택해 인가 없이 누구나 은행을 자유롭게 개설할 수 있게 했다. 이때부터 1864년 국책은행법이 제정되어 국책은행이 화폐 발행을 독과점할 때까지의 30년간을 '자유은행시대'라 부른다.

하지만 현실은 잭슨의 생각과는 반대로 진행되었다. 중앙은행 폐지로 통화조절 기능이 상실되고 통화량이 많아지자 실물경기는 호황을 이뤘다. 하지만 이는 인플레이션을 불러일으켜 증권시세를 끌어올렸고, 서부에서 땅 투기 열풍을 불러왔다. 잭슨 대통령은 경악했다. 자신의 정책이 통화량을 엄청나게 증가시켜 투기를 불러오리라고는 미처 생각지 못했던 것이다.

게다가 복병이 나타났다. 다름 아닌 위조지폐의 출현이었다. 이 시기에 화폐를 발행하는 은행들이 700개가 넘고 저마다 특색 있는 지폐를 수천 종류나 발행하다 보니 일반인들은 어떤 달러가 진짜인지 구별할 방법이 없었다. 후대의 연방준비은행은 당시 유통 지폐의 3분의 1은 위조지폐였을 것으로 추정했다.

잭슨은 고민 끝에 이 문제를 자신의 방식으로 해결하려 했다. 은행권의 유통을 제한하기로 한 것이다. 그는 정부가 토지를 불하할 때 은행권이 아닌 금화나 은화 등 소위 정화로만 받도록 하는 '정화유통령'

을 선포했다. 통화남발에서 통화긴축으로 급선회한 것이다. 효과는 바로 나타나 투기가 중단되었다.

하지만 이번에는 더 심각한 부작용이 나타났다. 서부에서 시작된 은행도산이 동부로 번져 급기야 영국에까지 영향을 미친 것이다. 그러자 영국은행은 외국으로의 금 유출을 막기 위해 금리를 올렸고 미국 증권에 대한 투자와 미국 면화 수입도 줄였다.

직격탄의 위력은 강력했다. 미국 최대 수출품인 면화 가격이 반 토막 났다. 그러자 공장 90%가 문을 닫고 연방정부의 세입은 반으로 줄었다. 미국 경제는 깊은 불황에 빠졌다. 급기야 동부 은행들은 정화지불을 중단했다. 영국은 미국에 대한 대출을 중지했고 유럽 중앙은행들 역시 미국에 대한 대출을 줄였다. 미국은 이렇게 인위적으로 조성된 화폐 부족 상태에 빠져들면서 1837년 경제공황이 시작되었다. 대통령과 중앙은행장 양자 간의 알력으로 인한 '통화교란'은 이렇게 대공황으로 이어져 무려 5년간이나 지속되었다.

────── **민간 중앙은행을 반대한 대통령들의 불운**

앤드루 잭슨 대통령을 이어 8대 대통령이 된 마틴 밴 뷰런은 전임 대통령의 뜻을 고수하겠다는 공약으로 당선되었다. 곧 민간 중앙은행을 설립치 않겠다는 것이었다. 뷰런 대통령은 국제은행가들의 화폐공급 긴축에 대응해, 이를 타개할 수 있는 독립 재무 시스템을 만들어 정면

승부를 택했다. 재무부 관장의 화폐를 민간은행에서 모두 인출해 재무부 금고에 보관했다. 역사학자들은 이를 가리켜 '재정과 은행의 이혼'이라 표현했다. 당연히 은행가들은 반발했다.

다음 9대 대통령 윌리엄 해리슨도 민간 중앙은행 부활에 부정적이었다. 그는 대통령 취임 한 달 만에 폐렴으로 숨졌다. 일부 음모론적 시각의 역사학자들은 그가 비상 중독으로 암살당했다고 주장한다.

해리슨의 후임인 10대 존 타일러는 대통령직을 승계한 최초의 대통령이다. 그 역시 해리슨과 같은 입장이었다. 당시 여당이던 휘그당은 1841년 두 차례에 걸쳐 중앙은행의 부활과 독립 재무 시스템의 폐지를 제기했으나 두 번 모두 타일러 대통령에 의해 부결되었다. 이후 타일러는 미국 역사상 유일하게 자기 당에서 제명당해 무소속 대통령이 되었다.

이어 제임스 포크를 거쳐 휘그당의 재커리 테일러가 12대 대통령이 되었다. 그도 자기 임기 내에는 중앙은행을 고려하지 않겠다고 했다. 재임 16개월 즈음 갑자기 그가 죽자 역시 비상 중독으로 암살당했다는 음모론이 계속 거론되었다.


## 1857년 최초의 세계공황

그 뒤 캘리포니아에서 1848년부터 시작된 골드러시로 풍요로운 세월이 10년 이상 지속되었다. 호황이 지속되자 철도주식과 국공채의 수요증가로 그 자산가치가 날로 높아졌다. 그러다 도가 지나쳐 거품이 꼈다. 호황 뒤에 꼭 나타나는 반갑지 않은 손님이 찾아온 것이다.

미국 경제는 최초로 국제적인 공황을 맞게 된다. 사태의 도화선은 1857년 8월 24일 오하이오 생명보험신탁회사 뉴욕지점의 파산이었다. 직원의 횡령으로 굴지의 금융회사가 파산한 것이다. 이 소식으로 예금인출 소동이 일어났고, 주가가 폭락했다. 이 소식은 유럽에도 퍼져 최초의 세계공황이 시작되었다. 이는 이미 미국과 유럽이 투자와 금융연계가 많아져 공동운명체가 되었음을 뜻한다.

그 뒤 미국 전역의 은행들이 연쇄적으로 무너지기 시작했다. 뉴욕시장의 혼란으로 겁먹은 해외투자가들이 앞다퉈 빠져나갔다. 당시 미국 연방국채의 46%, 주정부 채권의 58%, 핵심 블루칩인 철도 주식의 26%를 보유한 영국자본이 먼저 미국을 등졌다.

그들이 떠날 즈음 해상재난도 불황을 키웠다. 캘리포니아에서 14톤의 금괴를 싣고 뉴욕으로 오던 배가 폭풍으로 침몰해 금융대란에 대응할 자금도 사라졌다. 결국 연말까지 뉴욕증시 주가가 3분의 1 토막이 나고 기업 6000여 곳이 문을 닫았다.

### 링컨과 남북전쟁

1860년 미국은 영토가 넓어지고 인구도 늘어 주가 33개, 인구는 약 3100만 명이 되었다. 그 무렵 지역주의와 함께 중상주의와 중농주의

링컨 대통령

의 갈등, 보호무역과 자유무역의 대립이 있었다. 상공업이 발전한 북부는 보호무역을, 면화 수출이 주력인 남부는 자유무역을 선호했다. 이러한 갈등과 대립이 남북전쟁으로 분출되었다.

노예제 금지를 옹호하는 공화당의 대통령 후보로 링컨이 선출되자, 취임 전 남부의 사우스캐롤라이나가 연방에서 탈퇴했다. 그 뒤 다른 남부 주들도 가세해 이듬해 봄에는 연방을 탈퇴한 남부의 7개 주가 남부연합을 구성하고 1861년 4월 미합중국으로부터의 분리를 선언했다. 남북전쟁이 시작된 것이다.

이 와중에도 은행 수는 꾸준히 늘어나 1836년 713개였던 것이 1860년에는 1562개로 증가했고, 그 은행들이 모두 지폐를 발행했다. 자그마치 9000종의 은행권이 발행되었다. 그러나 이를 관리할 중앙은행은 없었다. 남북전쟁 당시 미국의 화폐는 혼란 그 자체였다.

## 그린백 달러, 천하를 평정하다

링컨 대통령은 전비를 마련하기 위해 뉴욕에서 금융가들과 협상을 벌였다. 금융가들이 연 24~36%의 터무니없이 높은 이자를 요구하자 링컨은 이 돈을 빌릴 경우 정부는 전쟁에 이겨도 파산할 수밖에 없다고 판단했다. 그는 금융재벌들의 제안을 거부하고 돌아왔다.

1861년 체이스 재무장관은 군비물자를 안정적으로 수입하기 위해 모든 은행에 있는 금을 정부 산하로 끌어왔다. 체이스의 이러한 결정으로 북부 은행들은 금 부족에 시달렸다. 금과 은의 보유량이 줄어들자 은행은 더 이상 달러를 금으로 바꿔줄 수 없었다. 태환지폐가 불환지폐가 된 것이다. 이에 링컨은 정부도 불환지폐를 발행할 수 있도록 해줄 것을 의회에 요구했다.

결국 의회는 전쟁수행을 위해 담보 없이 20년 동안 연 5%의 이자가 붙는 국채 발행을 승인했다. 국채의 형식을 빌려 금이나 은의 담보 없는 불환지폐를 발행할 수 있는 획기적인 권한을 얻어낸 것이다. 이로써 은행권이 아닌 정부권이 발행됐다. 미국 독립 후 화폐로서 금과 은의 역할이 처음 폐기된 게 남북전쟁이었다.

북부의 새 화폐는 기존 은행권들과 구별하기 위해 녹색도안을 사용했다. 1861년 재무부는 10달러 지폐를 발행했다. 연방정부가 직접 정부권 지폐를 찍어 유포시킨 것이었다. 이때 링컨 대통령의 초상화가 인쇄된 10달러 지폐는 색상 때문에 '그린백greenback'이라 불렸다.

그린백 4억 5000만 달러는 자금 문제를 순식간에 해결했다. 여기에 부분지급 준비금제도를 활용한 은행의 신용창출 작업이 더해져 돈이 급격하게 풀렸다. 풀린 돈들은 군수산업이나 철도, 도로건설 등으로 흘러들어가 북부가 전쟁에 승리하는 데 지대한 역할을 했다. 그린

링컨 대통령의 초상화가 인쇄된 10달러 그린백

백 달러는 인플레이션을 가져왔지만 화폐 통일이라는 뜻밖의 효과를 낳았다. 1만여 종에 달하는 개별 은행권들이 대량 발행된 그린백에 묻혀 점차 사라졌다.

1864년 국책은행법이 제정되면서 은행화폐에 대한 신뢰가 높아졌다. 이 법은 국책은행들이 납입자본금의 3분의 1만큼 정부채권을 구입해 이를 재무성에 예치하면 채권 시장가치의 90%에 해당하는 은행권을 발행할 수 있도록 하는 것이다. 이로써 자유은행시대는 막을 내렸다.

링컨 대통령은 "남부 정부가 전쟁 중 진 빚은 모두 무효"라고 선포했다. 금융재벌들은 승리한 북부로부터도 돈을 벌지 못했고 패배한 남부로 인한 엄청난 손실도 감당해야 했다. 그 무렵 남부 농민들은 농산물 가격 상승을 위해 자유로운 화폐 발행을 원했다. 농민을 앞세운 은행가들은 연방정부가 쥐고 있는 화폐주조권을 자유화하거나 화폐 발행을 크게 늘리라고 압박했다. 더 나아가 전후복구와 재건을 위해 막대한 자금이 필요한 연방정부를 상대로 지금의 연준과 비슷한 금융 카르텔의 창설과 자신들의 참여를 요구했다.

그러나 전쟁기간 동안 금융재벌들이 취했던 태도에 대해 불만을 갖고 있던 링컨 대통령은 그들의 제의를 거부했을 뿐 아니라 전쟁 후에도 그린백의 유통량을 계속 늘려나가려 했다. 그 뒤 링컨 대통령이 암살당하자 화폐정책에 불만을 품은 금융재벌들이 암살을 의뢰했다는 소문이 돌았다.


## '자유은행시대'에 대한 엇갈린 평가

현대의 화폐 발행은 중앙은행이 독점적 권한을 갖고 있는데, 사람들은 이를 당연하게 받아들인다. 그러나 화폐 발행을 중앙은행이 독점하기 시작한 것은 그리 오래된 일이 아니다. 세계사에서 민간이 경쟁 구조하에서 화폐를 발행했던 기간이 훨씬 길었다.

중세 베네치아 상인들은 금은을 보관해주는 대가로 증표를 발행하고 이 보관증표를 유통하는 방법으로 은행업을 발달시켜 엄청난 부를 축적했다. 이러한 방법이 유럽 전역으로 퍼져 300여 년간 지속되면서 많은 은행들이 스스로 돈을 발행하는 자유은행시대가 열렸다.

미국의 자유은행시대는 1836년부터 1865년까지의 30년간을 의미한다. 1836년에 중앙은행이 폐지되고 자유은행법이 제정되어 민간 은행들이 금은을 담보로 자유롭게 화폐를 발행하기 시작했다. 그 뒤 1864년에 국책은행법이 제정되어 정부가 인가한 국책은행만이 국채를 담보로 은행권을 발행하게 되었다.

역사적으로 자유은행시대에 민간의 자유로운 화폐 발행이 가져온 영향에 대해서는 평가가 엇갈린다. 혼란과 무질서의 원인으로 지목되기도 하는 반면, 효율적인 통화 시스템 곧 안정적으로 널리 통용되는 교환의 매개수단을 제공했다고 평가받기도 한다. 미국의 자유은행시대 자료에 따르면 민간은행들이 발행한 은행권의 가치는 일부를 제외하고 액면가에서 크게 벗어나지 않았다. 화폐의 인플레이션 현상이 크지 않았다는 뜻이다. 실제 화폐남발 등 통화교란으로 인한 공황 사태와 은행파산은 자유은행시대보다 금융세력들이 세운 중앙은행이 화폐 발행을 독점했을 때 더 많이 일어났다.

그럼 왜 자유은행시대가 혼란과 무질서의 원인으로 매도되었는가? 그 이유는 생각보다 간단하다. 나타났다 곧 사라지는 소위 '야생고양이 은행들wildcats banks'이 횡행해 그들이 발행한 화폐가 대규모로 유통되다 휴지조각으로 전락하는 사례가 많았기 때문이다. 게다가 무수히 많은 화폐 종류로 인해 위조지폐가 범람했다. 통용되는 화폐의 3분의 1이 이상이 위조지폐일 정도였다.

　다시 말해 민간은행 화폐들의 자유로운 경쟁보다는 사기성 은행들의 출현과 위조지폐 범람이 문제였다. 이미 수많은 암호화폐가 자유롭게 발행되고 있는 현 시점이 '현대판 자유은행시대'는 아닌지 한번쯤 생각해봐야 할 것이다.

# 달러의 역사는 공황의 역사

## 02

밀턴 프리드먼은 미국 통화의 역사 100년을 분석한 《미국의 통화사, 1867~1960》에서 통화정책의 중요성을 밝혔다. 그는 1976년에 통화의 역사와 경기안정화정책을 명쾌하게 설명한 공로로 노벨경제학상을 수상했다.

프리드먼이 주도하는 통화주의通貨主義, monetarism는 거시경제의 변동에 통화공급량과 중앙은행의 역할을 중시하는 경제학 일파를 말한다. 그는 격심한 인플레이션이나 공황과 같은 심각한 경제위기는 대부분 통화교란 때문에 발생한다고 주장했다. 곧 급격한 통화량의 팽창이나 수축이 원인이라는 것이다.

19세기 경제에서는 주기적으로 불황이 닥쳤는데 1825년, 1835년, 1840년, 1847년, 1857년, 1873년의 공황 등 극심한 경기침체가 반복되었다. 대부분 통화교란이 그 원인이었다. 특히 1873년 대불황이 타격이 컸다. 프리드먼은 1930년대 대공황도 주가폭락이 아니라 통화당국이 잘못된 통화량 억제정책을 실시해 통화량이 3분의 1가량 급감한 것이 직접적 원인이었다고 지적했다. 곧 정부의 잘못된 통화정책이 통화교란을 낳고 이는 다시 경제교란을 초래했다는 것이다. 프리드먼의 주장은 결국 제대로 된 통화정책을 펴지 않는다면 공황의 역사는 반복된다는 의미다.

## 미국의 산업과 자본주의 태동

암호화폐가 탄생하게 된 배경에는 금융재벌의 역사가 자리하고 있다. 그리고 미국 산업사와 금융사를 알기 위해서는 먼저 존 피어폰트 모건John Pierpont Morgan(이후 J. P. 모건)을 알아야 한다. J. P. 모건이야말로 미국 산업계와 금융계를 지배해온 최고 실력자였다.

19세기 세계금융의 중심지는 '더 시티The City'라 불리는 런던의 금융특구였다. J. P. 모건의 아버지 주니어스 스펜서 모건은 1854년 세계금융 중심지에 파고들었다. 그리고 자신이 만든 JS모건이 영국 내 유일한 미국은행이라는 이점을 이용해, 당시 후진적이었던 미국 금융시장에 영국의 선진금융문화를 접목시켜 금융계를 장악하기 시작했다.

미국 금융계를 지배했던 J. P. 모건

　　스펜서 모건의 아들 J. P. 모건은 보스턴
하트포트, 스위스의 베베이, 독일 괴팅겐대
학을 거치며 글로벌 인재로 자라났다. 학업
을 마친 뒤 뉴욕으로 돌아온 그에게 스펜서
모건은 금융계에서 일하는 데 필요한 이론
교육과 실습을 시켰다.

　　금융계에 진출한 J. P. 모건은 그의 나이
24세인 1861년 남북전쟁이 일어나자 본능
적으로 돈 냄새를 맡았다. 그는 이듬해 투
자은행 JP모건을 독자적으로 설립해 운영
하며 런던에 있는 부친의 은행 JS모건에서
인수한 유럽채권과 증권을 팔았다.

　J. P. 모건은 군수품 장사도 했다. 그는 전쟁 동안 북군이 폐기처분
하는 낡은 카빈 소총 5000정을 한 정에 3.5달러에 사서 손을 본 다음
남군에 22달러에 파는 거래에 뒷돈을 댔다. 1만 7500달러의 헐값으로
구입한 총들을 그다음 달 고스란히 11만 달러로 되판 것이다. 금을 매
집해 가격을 끌어올리는 수법으로 16만 달러를 순식간에 벌기도 했던
그는 전세에 따라 남군과 북군에 번갈아가며 투자해 하룻밤 사이에도
수십만 달러씩 돈을 긁어모았다.

　스펜서 모건은 자신의 은행인 JS모건을 남북전쟁 기간 중인 1864년
에 아들에게 물려주었다. J. P. 모건은 전쟁 과정에서 엄청난 부를 축
적했다. 이를 밑천으로 아버지한테 물려받은 은행까지 JP모건에 합병

시켜 오늘날과 같은 대형 투자은행의 토대를 구축했다.

남북전쟁에서 북군의 승리는 북부 공업지역 신흥부르주아지의 승리이자 자본주의의 승리였다. 남북전쟁을 거치면서 시장체제를 갖추게 된 미국의 자본주의는 본격적으로 발전하기 시작했다. 4년간의 전쟁이 끝나자 모건은 미국 최고의 재력가로 떠올랐다. 이로써 미국의 자본주의를 주도하는 J. P. 모건 시대가 개막했다.

1866년 대서양 해저케이블이 완성되어 월가와 런던 간 거리가 좁혀졌다. 당시 미국은 만성적인 자본 부족에 시달리고 있었다. J. P. 모건도 영국자본이 절실했다. 그는 32세 때인 1869년 필라델피아의 금융업자 드렉셀과 같이 런던으로 건너가 로스차일드 가문과 만나 협력방안을 논의했다. J. P. 모건은 아버지 스펜서 모건과 로스차일드 가문의 그간 관계를 그대로 물려받았을 뿐 아니라 협력관계를 더욱 강화하기로 했다. 그 결과로 J. P. 모건은 로스차일드상사의 미국 지부인 노던증권을 설립해 운영을 맡기로 했다. 이로써 그는 세계 최대 금융재벌인 로스차일드 가문의 자금을 활용할 수 있는 기반을 구축했다.

당시 세계의 금은 생산과 유통 모두 로스차일드 가문이 장악하고 있어 영국의 네이선 로스차일드가 세계의 금 시세를 정했다. 그는 세계의 금을 독점적으로 공급해 큰돈을 벌었다. 그로서는 금본위제 나라가 많아져야 금 수요가 늘고 금값이 올라가 좋았다. 로스차일드는 미국 내 대리인들을 시켜 미국이 금본위제로 회귀하도록 압력을 넣었다.

1866년 미국은 금본위제 회귀를 위해 '긴축법안'을 통과시키고 유통중인 달러를 회수해 금화로 환전해주며 금본위제를 부활시키려 했다.

이로써 통화 유통량은 1866년 18억 달러에서 10년 후 6억 달러로 줄어 유동성이 3분의 1로 급감했다. 1871년 은본위제를 고수하던 독일역시 금본위제로 이행하면서 금 대세론은 굳어지게 된다.

미국은 캘리포니아에서 대규모 금광과 네바다에서 대량의 은광이발견되었다. 금이 많이 생산되는 주는 금본위제를, 은이 많이 나는 주는 은본위제를 주장했다. 이것이 정치문제로 비화되어 서로 첨예하게대립했다. 그러나 세계적인 대세를 따라 1873년 미국도 화폐주조법을통과시켜 금본위제를 채택했다. 여기에는 로스차일드 측의 압박도 작용한 것으로 보인다.

하지만 이게 패착이었다. 그때 금은양본위제를 선택했더라면 공황을 피할 수 있었다. 그런 의미에서 금화만을 법정통화로 정한 의회의결정은 '1873년의 범죄'라 불렸다.

## 철도버블 후유증

1869년 개통한 미국의 대륙횡단철도는 빠른 시간에 큰 변화를 가져왔다. 철도를 이용한 물류와 유통산업이 번창했다. 특히 북부에 강한 경제력과 정치력이 형성되었다. 철, 석탄, 석유, 금, 은 등 천연자원 또한 활발히 채굴되었다. 이후 산업계는 원료, 시장, 통신에 쉽게 접근할 수 있게 되었다. 또한 밀려드는 이주자들로 값싼 노동력이 계속 제공되었다.

1869년 5월 10일에 열린 미국 최초의 대륙횡단철도 개통식

그랜트 대통령이 철도건설에 심혈을 기울이자 철도채권과 주식들이 인기를 끌었다. 때마침 증권거래소가 틀을 갖추어 유럽자금이 몰려들었다. 1868년부터 1873년 사이에 영국자본이 대거 들어와 철도건설에만 11억 달러가 투자되었다. 이러한 급격한 변화의 뒤에는 명암이 있는 법이다. 남북전쟁 후 미국은 철도산업에서 첫 번째 버블을 경험한다. 과잉건설로 경쟁이 치열해지면서 철도회사들의 수익성이 악화되었다.

더구나 유럽에서 1873년 초에 불황이 엄습했다. 그해 가을 영국 은행들이 미국의 철도산업에 투자했던 11억 달러를 일시에 거둬들여 시중에서 돈이 말랐다. 그러자 은행 간 차입비용, 곧 콜금리가 엄청나게 치솟아 신용경색이 일어났다. 과열로 치달았던 철도회사들이 맨 먼저 쓰러졌다. 유력한 철도 금융가 제이 굴드가 부도나자 9월에는 주식시장이 붕괴되었다. 그 뒤 3년 동안 수백 개 은행이 도산했다.

1873년 불황은 선진국들에서 거의 동시에 발생했다. 금본위제 회귀로 인한 유동성 부족이 결정적 이유였다. 대불황은 종래의 불황과 다른 몇 가지 특징이 있었다. 먼저 유례를 찾을 수 없도록 불황기간이 길었다. 1890년대 중엽까지 장기간의 불황국면이 이어져 이를 '대불황'이라 부른다.

영국에서 시작된 대불황의 또 다른 특징은 지독한 디플레이션이었다. 대불황이 시작될 당시의 도매물가를 100으로 보았을 때 대불황이 끝나가는 1890연대 중반에는 68로 떨어졌다. 대불황 직전에 각국의 산업투자가 급증했지만 늘어나는 실물경제를 화폐경제가 뒷받침해주지 못했다. 그러자 각국의 산업생산은 급속하게 감소해 기업도산, 실업, 장기침체가 뒤를 이었다.

19세기 마지막 25년 동안 미국 철도회사의 절반인 700개 회사가 도산했다. 극심한 불황에서도 미국 자본주의는 두 가지 반사이익을 누렸다. 첫째는 체질강화다. 한계기업이 정리되면서 기업 경쟁력이 강해졌다. 둘째는 산업자본의 자국화였다. 유럽 투자자들이 보유 주식을 헐값에 내던지는 바람에 35%에 이르던 외국자본의 철도산업 지분이 10%로 줄었다. 유럽인들은 수익도 못 건진 채 광대한 미국 철도망만 건설해준 꼴이 돼버렸다.

이후 1893년, 1907년, 1929년 공황 때마다 금융자본의 주가 조작이 판쳤다. 공매도空賣渡도 기승을 부렸다. 공매도란 말 그대로 '없는 걸 판다'란 뜻이다. 주가가 떨어질 걸 예상해 주식을 빌려다 팔고 떨어지면 다시 사서 갚는 방식이다. 이 과정에서 금융자본이 불황에 견디다 못해 쓰러지는 기업들을 헐값에 사들였다. 이로써 문어발식 기업경영과 자본집중이 심화되어 재벌이 생겨났다. 그들에게 공황은 또 한 번의 축복이었다.


## 1907년 공황, 대규모 뱅크런

1907년 공황은 '과잉자본' 때문에 발생한 최초의 공황이다. 과잉자본이란 필요 이상의 유동성 때문에 자산에 거품이 끼었다는 뜻이다. 그 무렵에는 통화와 신용의 유통량을 조절할 수 있는 중앙은행도 없었다. 금본위제라서 화폐량에 대한 조절능력이 애당초 없었다.

1907년 초 산업생산지수는 최고치를 기록했다. 철도산업 호황에 이어 철강산업이 주력산업으로 크면서 각종 원자재가격이 폭등했다. 전형적인 경기과열로 치닫고 있었다. 미국 은행들은 자기자본비율이 1%에도 미치지 못할 정도로 지나친 대출을 해줬다. 자기자본의 100배 이상을 대출해준 것이다. 이것이 금융의 속성인 모양이다. '과다대출'로 인한 '과잉유동성'은 1907년, 1929년, 2008년 공황을 관통하는 공통의 키워드다. 한마디로 과도한 대출이 금융위기의 본질이었다.

과잉유동성은 결국 자산버블을 만들었다. 경기가 하강하자 자기자본의 100배 이상을 대출해준 은행들은 시한폭탄이 되어 여기저기서 터졌다. 공황이 발생한 것이다. 맨 처음 철강산업이 직격탄을 맞자, 주식시장이 폭락하기 시작했다. 1907년 니커보커 투자신탁 CEO 찰스 바니는 구리 투기에 나섰다가 엄청난 손실을 보았다. 니커보커 투자신탁이 파산할 것이라는 소식이 시장에 퍼지자, 1만 8000여 명의 고객들이 은행에 달려가 예금인출을 요구했다. 미국 뱅크런 역사상 가장 많은 인원이었다. 겁에 질린 예금자와 투자자들의 예금인출 사태로 금융 시스템은 붕괴 일보직전이었다.

몇 차례의 공황과 재정 실패를 겪고 나자 미국은 절실하게 안정을 추구했다. 특히 1907년 금융공황은 사람들로 하여금 중앙은행의 필요성을 절감하게 했다. 이를 계기로 은행가들 사이에 강력한 중앙은행이 필요하다는 공감대가 형성되었다. 1907년 의회에 국가금융위원회가 신설되었다. 의회는 이 특별위원회에 은행의 모든 문제에 대한 대책을 세워 제시토록 했다.

그 뒤 3년 후 1910년 11월 J. P. 모건과 록펠러의 별장이 있는 조지아 연안 지킬섬에서 비밀회의가 열렸다. 10일간의 비밀회의 끝에 오늘날의 '연방준비법'이라고 부르는 연방준비은행법 초안이 마련되었다. 대중에게는 1911년 1월 16일에 공개되었다.

이들은 중앙은행이 주는 부정적 이미지를 없애기 위해 연방준비시스템이라는 용어를 사용했다. 그리고 과거의 중앙은행이 20% 정부지분을 인정했던 데 비해 100% 민영으로 설계했다. 이들을 뒤에서 조종한 연방준비은행의 막후 역시 유대계였다. J. P. 모건, 철도 재벌 제임스 힐, 퍼스트내셔날의 조지 베이커는 모건 그룹에 속하는 사람들이

지킬섬에 있는 록펠러의 별장

다. 그리고 J. D. 록펠러, 윌리엄 록펠러, 내셔널시티의 제임스 스틸먼, 쿤롭의 야콥 시프는 록펠러 그룹으로 분류된다. 이들 7인이 진정한 막후 조정자들이라고 알려져 있다.

물론 이 법안은 곧장 상원에 회부되어 논의가 시작되었다. 한편 올드리치 상원의원은 금융위기 이후 "모건이 우리의 금융위기를 영원히 막아주지는 않을 것"이라며 국내 은행들이 재무부 지시에 따라 채권을 발행해 현금부족을 막는 것을 골자로 하는 또 다른 법안을 제안해 통과시켰다.


**민간기구인 연방준비은행**

의회는 연방준비위원회제도 법안을 5년여의 치열한 논쟁과 우여곡절을 거친 끝에 1913년 12월 크리스마스 이틀 진에 통과시켰다. 이로써 지금의 중앙집권적 형태의 연방준비국이 탄생했다.

상하원을 통과하는 순간 미국 월가와 영국 런던의 은행가는 대환호성을 질렀으며 크리스마스 최대 선물을 의회가 미국민들에게 안겨다 주었다고 신문은 대서특필했다. 그러나 연방준비은행법이 의회에서 통과되던 날 찰스 린드버그는 다음과 같이 연설했다.

"연방준비은행은 지구상에서 가장 큰 신용을 부여받았습니다. 대통령이 법안에 서명한 순간부터 금권이라는 보이지 않는 정부는 합법화될 것입니다. (…) 의회가 저지른 최대의 범죄는 바로 화폐체제 법안인 연방준비은행법입니다. 이 은행법의 통과는 우리 시대 가장 악랄한 입법 범죄입니다. 양당의 지도자들이 밀실에서 담합해 국민이 정부로부터 이익을 얻을 기회를 앗아간 것입니다.”

우드로 윌슨 대통령도 유대인의 압박에 못 이겨 연방준비은행법에 서명한 후 이렇게 토로했다고 한다. “위대하고 근면한 미국은 금융 시스템에 의해 지배되고 있습니다. 금융 시스템은 사적 목적에 집중돼 있습니다. 결국, 이 나라의 성장과 국민의 경제활동은 우리의 경제적 자유를 억압하고 감시하고 파괴하는 소수에 의해 지배됩니다. 우리는 문명 세계에서 가장 조종당하고 지배당하는 잘못된 정부를 갖게 되었습니다. 자유의사도 없고, 다수결의 원칙도 없습니다. 소수 지배자의 의견과 강요에 의한 정부만이 있을 뿐입니다.”

이 법안이 통과되면서 미국은 연방준비제도이사회Federal Reserve Board(이하 연준)를 비롯해 산하에 12개 연방은행을 거느리는 중앙은행 체제를 확립했다. 일종의 은행 카르텔이 탄생한 것이다. 연준 조직은 미 전역을 보스턴, 필라델피아, 뉴욕, 클리블랜드, 리치먼드, 애틀랜타, 시카고, 세인트루이스, 미니애폴리스, 캔자스시티, 댈러스, 샌프란시스코 등 12개 지역으로 나누었다. 1914년 11월 16일 12개 지역 연방은행이 업무를 시작했다. 12개의 지역 연방은행은 각각의 산하에 다시 25개의 지점을 두고, 연방준비은행법에 따른 약 1000개의 주 법 은행과 연계된 방대한 조직을 구성하게 된다.

미국의 수도 워싱턴 DC에 위치한 연준 본점에는 이를 대표할 일곱 명의 이사진을 선출해 여기서 추대된 대표 한 명에게 관리책임을 맡

워싱턴 DC에 있는 연방준비제도이사회 본점

겼다. 연준 본점에 있는 7인의 이사는 대통령이 지명하고 상원에서 인준하도록 되어 있다. 임기는 14년 단임이고, 일단 임명된 이사와 대표는 어느 누구도 해고할 수 없다. 이는 이사의 독립성을 보장하기 위해서다. 새 이사의 임명 터울은 2년이다. 창립 초기 7인의 이사진에는 미국 재무장관과 감사원장이 속했다. 그러다 그나마도 민간이사로 교체되면서 연준은 미국정부와는 완전 별개의 독립적인 기구가 되었다.

연준이 생기기 전에 뉴욕의 은행가들은 뉴욕 지역의 자금만 장악할 수 있었다. 그러나 이제는 국가 전체의 은행 준비금을 주관할 수 있게 되었다. 최근 12개 지역 연방은행 가운데 가장 큰 뉴욕 연방은행의 초기 지분 형태가 밝혀졌다. 최초의 뉴욕 연방은행 영업허가증을 찾아 베일에 가려진 내막을 반세기에 걸친 추적 끝에 밝혀낸 것이다.

주식 총수 20만여 주 가운데 록펠러와 쿤롭의 뉴욕내셔널시티은행이 3만 주, J. P. 모건의 퍼스트내셔널은행이 1만 5000주, 폴 와버그의 뉴욕내셔널상업은행이 2만 1000주, 로스차일드 가문이 이사로 있는 하노버은행이 1만 2000주, 체이스은행이 6000주, 케미컬은행이 6000주 등이었다. 1955년에 뉴욕내셔널시티은행과 퍼스터내셔널시티은행의 합병으로 시티은행이 탄생했으므로 오늘날 시티은행이 뉴욕 연방은행의 최대주주이면서 사실상 주인이다. 이들은 모두 로스차일드 가문 등 유대계 금융세력이다.

연준을 설립한 후 정부는 재무부의 정부화폐를 회수하고 연준이 은행권을 발행하도록 했다. 미국정부는 국가가 보유한 금을 연준에 넘겨주었다. 연준은 금본위제하에 은행권을 발행하기 시작했다.

지금도 연준은 매년 이들 주주들에게 연준 이익의 6%를 정기배당하고 있다. 세계의 금융기득세력들은 자기들 배를 불릴 수 있는 아주 좋은 시스템을 구축해놓은 것이다.[8]

## 대공황의 역사는 반복된다

대공황에 대한 원인분석에 대해서는 케인즈학파와 통화주의자 사이에 차이가 있다. 케인즈는 대공황의 원인이 유효수요의 부족이므로 정부가 직접 개입해 수요를 창출하면 위기가 해결될 것이라고 보았다. 반면 통화주의자인 밀턴 프리드먼은 "케인즈의 주장처럼 수요의 붕괴에 따라 촉발된 것이 아니라, 오히려 공포에 질린 예금자들이 예금을 갑작스럽게 인출하자 은행들이 도산하면서 은행잔고와 준비금이 동이 난 직접적인 결과"라며 통화공급의 붕괴를 대공황의 원인으로 보았다.

내가 보기에는 두 이야기 다 일리가 있다. 우선 케인즈의 유효수요 부족 이론을 살펴보자. 실제 1929년 대공황이나 2008년 글로벌 금융위기가 모두 지독한 소득불평등과 부의 편중으로 인한 급격한 소비감소로부터 기인했다. 두 경우 모두 상위 10%가 전체 소득의 50%에 다다랐을 때 터졌다.

이를 보다 쉽게 설명하자면 열 명이 사는 사회에서 한 명이 나머지 아홉 명보다 더 많이 돈을 벌기 시작할 때 대공황이 발생했다. 중산층과 서민들은 사실 버는 대로 거의 다 소비할 수밖에 없는 실정이다. 반면 소득 상위 10%가 소비하는 것에는 한계가 있으므로 결국 사회 전체적으로 보면 소비가 큰 폭으로 줄어들 수밖에 없다. 케인즈가 이야기하는 유효수요가 부족해지는 이유다.

이번에는 밀턴 프리드먼의 통화주의 관점에서 대공황을 살펴보자. 은행 간 신용경색과 뱅크런으로 인한 통화공급의 붕괴가 대공황을 불러온다는 사실도 맞는 이야기다. 기존 금융권에 대한 신뢰의 붕괴, 더 나아가 달러에 대한 신뢰의 붕괴가 대공황을 불러올 수 있다.

사회경제사가인 에릭 홉스봄은 《극단의 시대》에서 "경제 붕괴의 충격, 곧 1929년 대공황을 이해하지 않고선 20세기 후반의 세계를 이해할 수 없다"고 썼다. 그만큼 대공황이 미친 영향은 컸다.

지나친 호황의 뒤끝이 공황이다. 1929년 대공황이 그랬다. 1914년 유럽에서 제1차 세계대전이 발발하자 미국은 군수물자 수출로 호황을 맞는다. 제1차 세계대전은 최초의 총력전이었다. 군사비지출이 국민 생산에 차지하는 비중이 영국 38%, 독일 53%까지 올라갔다. 거의 모든 자원이 전쟁에 동원되었다.

당시 미국은 군함 등 군수품을 과자 찍어내듯이 대량 생산했다. 그 결과 군수품 수입 등으로 당시 유럽의 금이 미국으로 많이 흘러들어 왔다. 제1차 세계대전은 미국으로의 패권이동을 가속화시켰다. 게다가 미국이 무기판매를 통해 벌어들인 부로 영국에게 빚진 채무를 상환해버림으로서 파운드화의 기축통화로서의 힘은 급격히 약화되었고 달러 시대가 개막되었다.

제1차 세계대전 뒤에도 미국은 호황가도를 달렸다. 그러다 미국은 늘어난 통화공급을 줄이기 위해 1920년 금리를 인상했다. 인플레이션을 우려해 금리를 올리자 1920~1921년에 통화량이 줄어들면서 일시적인 경기후퇴를 겪는다. 실업이 11.9%로 치솟자 당황한 미국정부는 재정을 풀고 금리를 낮추어 사태를 수습했다. 경기가 살아나면서 2년 만에 실업률은 다시 3.2%로 안정되었다.

## 1929년 대공황, 통화정책의 잘못으로 촉발

1920년대 후반 미국에서는 호경기 끝자락에 주식거품이 일어났다. 연준은 과거의 교훈을 거울삼아 유동성 공급을 옥죄었다. 그러자 거품이 1929년 10월을 기해 무서운 속도로 꺼지면서 곳곳에서 은행들이 자금 압박을 견디다 못해 파산하기 시작했다. 놀란 연준이 이자율을 낮추고 유동성 공급을 늘리기 시작했을 때는 이미 모든 것이 늦었다. 은행에 돈은 풍성해졌지만 그 돈을 빌려 쓸 사업가가 없었다. 결국 1929년 대공황이 찾아왔다.

1930년대 대공황 역시 통화정책 잘못으로 촉발되었다. 연준은 1921년 중반에서 1929년 중반까지 8년 동안이나 통화팽창정책을 썼다. 1928년 한 해에만 연준은 600억 달러의 통화를 방출했다. 당시 세계 금 유통량의 여섯 배나 되는 돈이었다. 이듬해 1929년에는 한술 더 떠 뉴욕 연방은행 혼자 방출한 금액만 580억 달러에 달하는 등 유동성의

대공황으로 실업한 사람들이 공짜 커피와 도넛을 받으려 줄을 서 있다.

홍수를 이루었다.

　그러자 뉴욕증시는 유동성의 힘으로 급격히 달아올랐다. 미국 중산층들은 제1차 세계대전 때 '자유채권'에 참여한 적이 있었고 자본주의 '금융의 맛'을 알았기에 증권투자에 열을 올렸다. 1928년 여름 미국 투자가들은 유럽에서 돈을 빼서 뉴욕증권시장에 투자했다.

　1920년대 미국 증시의 가장 두드러진 특징은 빚을 내 주식투기를 벌이는 차입투기의 일반화였다. 당시 투기꾼들은 마진론, 곧 주식담보대출을 끌어와 '묻지마 투자'를 벌였다. 이를 이용하면 자기 돈은 1할만 내고 나머지 9할은 살 주식을 담보로 돈을 빌려 살 수 있었다. 문제는 9할의 돈을 빌릴 때 작성하는 계약서에 대출기관이 상환요구를 하면 24시간 이내에 빚을 갚아야 한다는 내용이 있다는 점이었다.

　차입투기는 개인투자자들만이 벌인 게 아니다. 은행과 증권사들도 가세했다. 뉴욕 연방은행에서 5%의 금리로 빌린 돈을 은행들은 증권업체에 12%로 대출해주어 7%의 차액을 챙겼다. 이런 상황에서 증시가 폭등하지 않으면 오히려 더 이상한 일이었다.

　이렇게 금리인하는 버블을 야기하는 부작용을 낳게 된다. 금리가 떨어지자 많은 자금들이 마진론, 곧 주식담보대출 시장에 쏟아져 들어왔다. 다른 금융보다 마진론 시장의 수익률이 높았기 때문이다. 특히 투기적 광기와 증시의 대세상승에 취한 투자가들은 20%를 넘나드는 고율의 마진론 이자율을 전혀 개의치 않고 돈을 끌어다 주식투기를 벌였다.

　시장이 너무 과열된다 싶자 연준은 1928년 2월부터 세 번에 걸쳐

재할인율을 인상시켜 당시로선 상당한 수준인 5%에 이르게 했다. 이와 함께 통화공급을 줄여나갔다. 재할인율 인상과 통화긴축은 실물경제에 즉각적인 영향을 미쳐 경제가 냉각되기 시작했다. 하지만 월가는 실물경제에 아랑곳하지 않고 제멋대로 움직이기 시작했다.

## 상황에 쫓겨 밟는 급브레이크가 문제

연준은 재할인율 5%를 그대로 유지했고, 더욱이 은행들이 연준으로부터 5%짜리 자금을 대출받아 증권브로커들에게 12%를 받고 대출해주는 것을 방치했다. 증권브로커들은 이를 20%를 받고 마진론 투자자에게 넘겨주었다. 수십억 달러가 월가로 흘러들어와 투기가 기승을 부리는 동안 연준은 도덕적 권고를 하는 데 그친다.

이후 연준은 대출을 억제하기 위해 기준금리를 6%로 끌어올렸다. 기준금리가 올라가자 은행들은 증권회사에 대한 금리를 이번에는 12%에서 20%로 올렸다. 이것이 치명타였다. 이후 증권브로커들이 마진론 금리를 비상식적으로 올리자 여기저기서 폭발음이 들렸다. 주식을 담보로 대출받은 투자자들은 마진론 상환 요구에 앞다퉈 주식을 투매해 증시를 공황에 빠뜨렸다. 결과적으로 주식시장의 투기를 억제하고자 시도했던 연준이 긴축정책으로 금리인상을 너무 성급히 서두르다 화를 부른 것이다. 선제적으로 대응하지 못하고 상황에 쫓겨 밟는 이러한 급브레이크가 문제였다.

게다가 1920년대 후반 들어 늘어나는 생산과는 반대로 사회 전체적으로 소비가 줄어들었다. 심각한 소득불평등이 원인이었다. 상위 10%가 전체 소득의 절반을 가져가는 승자독식 시대가 전개되었다. 극소수 부호들한테 부가 집중되면 그들은 개인소비에 한계가 있을 수밖에 없어 사회 전체적으로는 소비가 급감한다. 생산성이 높아져 상품은 넘쳐나는데 소비가 급감할 때 발생하는 게 바로 공황이다.

호황을 누리던 경제는 1920년대 후반에 이르러 소비가 급감하고 금리인상으로 유동성이 급격히 축소되자 불경기가 들이닥쳐 주가가 내려앉으면서 신용경색이 왔다. 이로 인해 많은 금융기관들이 문을 닫았다. 소비가 줄어들고 돈이 돌지 않자 1929년 8월을 정점으로 산업생산이 줄어들기 시작했다.

1929년 9월 3일, 다우존스지수는 그해의 최고점 381.17을 기록했다. 그리고 1929년 10월 24일, 기어이 거품이 터지고 말았다. 증시가 붕괴되면서 대공황이 시작되었다. 미국 증권시장에서 철도와 산업주가들이 떨어지기 시작하더니 1주일 만에 지수가 무려 37%나 급락했다. 미국이 불황으로 접어들면서 미국의 상품수입과 자본수출이 격감하자 다른 나라들도 불황에 빠져들었다.


## 급격한 유동성 축소가 불러온 불행

당시 연준은 공황 상태임에도 통화정책을 거꾸로 추진했다. 1929년

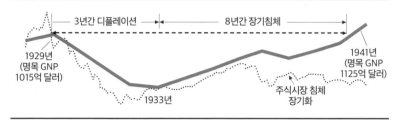

3년간 디플레이션 ◀───────▶ 8년간 장기침체

1929년
(명목 GNP
1015억 달러)

1933년

주식시장 침체
장기화

1941년
(명목 GNP
1125억 달러)

457억 달러에 달하던 통화량을 4년 후인 1933년에는 300억 달러로 30%나 줄여 극심한 디플레이션을 조성했다. 그간의 인플레이션에서 디플레이션으로의 널뛰기 통화교란은 실물경제의 혈류를 빈혈 상태로 몰아넣었다. 여기에 고금리 기조로 통화수축이 일어나 결국 실질 통화 유통량은 3분의 1로 줄어들었다.

실물경제의 혈액인 통화량이 3분의 1로 급격히 줄어들자 경기는 빈혈 정도가 아니라 뇌사 직전에 이르렀다. 이 과정에서 은행들의 줄도산이 이어져 9000개 이상의 은행이 도산했다. 그 뒤에도 2000여 개가 더 망해 2만 5000개였던 상업은행들은 5년 뒤 1만 4000개로 줄어들었다. 전체 은행의 44%가 도산한 것이다.

이 같은 여파로 경기가 얼어붙어 건설업과 자동차 업계의 가동률이 50% 이하로 떨어지면서 노동자들이 대량해고되었다. 공황 전 260만 명이던 실업자 수가 공황이 정점에 달했던 1933년에는 1300만 명으로 급증하고, 실업률이 37.6%까지 치솟았다. 국민순생산과 명목소득은 절반으로 떨어졌으며, 공황은 세계로 퍼져나갔다.

그 무렵 패권적 능력을 가지고 있었던 미국이 보호무역주의 같은 폐쇄적인 정책을 고집한 것이 국제경제 질서를 붕괴시킨 원인이 된다. 게다가 미국은 1920년대 후반부터 유럽에 대한 대출을 줄였다. 이는 세계 금융시장에 유동성 공급을 줄여 시장 기능을 떨어뜨렸다.

유럽의 가장 큰 해외시장인 미국이 경제공황을 겪게 되자 유럽의 대미수출도 타격을 받았다. 미국 의회는 자국의 불황을 타개하기 위해 1930년에 홀리-스무트 관세법을 제정해 보호무역주의 정책을 강화했다. 이로써 평균 59%의 관세와 최고 400%의 관세를 매길 수 있었다. 경제학자 1028명이 결사반대했으나 후버 대통령은 고집을 부려 그해 6월 법안에 서명했다. 결과는 참혹했다.

이는 무역 상대국들의 강한 반발을 사 무역보복 전쟁이 전개되었다. 이로 인해 경쟁적으로 각국의 보호무역주의 정책이 강화되어 경제블록 간 무역이 막히다시피 했다.

세계 무역이 3분의 1로 줄어들었고, 교역증대에 의한 세계 경제회복 가능성은 아예 없어졌다. 이로써 세계 경제는 이후 3~4년 더 침체되었다. 모든 나라들은 독자생존을 모색해야 했으며 독일은 극단적인 파시즘의 길을 걷게 된다.

미국 연준의 결정적 실수는 1930년 12월 콜드웰앤컴퍼니와 대형은행 뱅크오브유나이티드스테이츠의 파산을 방치한 것이다. 이는 2008년에 연준이 리먼브라더스 파산을 방치한 것과 비슷했다. 이들의 자산 규모는 당시 파산은행 전체 자산 규모의 절반이었다.

이로써 발생한 공포가 전국을 휩쓸었다. 게다가 미국에서 시작한 공황이 무역전쟁으로 번지자 각국은 해외투자 자본을 철수시키는 한편, 보유한 외화를 금으로 바꿔 국내에 저장했다. 결국 이 과정에서 1931년 5월 오스트리아 최대은행이 도산하면서 은행 간 신뢰가 무너져 신용경색이 왔다. 이때 오스트리아에 재투자한 독일 은행도 함께 도산했고, 동유럽으로 확산되어 많은 은행들이 파산했다.

이에 각국이 보유자산을 안전자산인 금으로 바꾸려고 금 태환이 줄을 잇자 영국의 금 보유량 역시 줄어들면서 영국도 심한 공황을 겪었다. 결국 영국은 1931년 9월 21자로 금 지급을 중지했다. 세계 각국은 그 뒤 금본위제를 모두 포기했다.

영국이 금본위제를 포기한 이후에 파운드화가 세계 기축통화로서의 위력을 상실하자 미국은 기축통화에 대한 욕심이 생겼다. 그 무렵 미국은 경기를 살리기 위해서는 금리를 내려야 함에도 달러 가치를 지지하고자 두 차례에 걸친 큰 폭의 금리인상을 단행함으로써 대공황을 심화시켰다. 이것이 결정적인 패착이었다. 살아나는 듯했던 경기는 다시 추락했다. 일명 더블딥(이중침체)이었다.

게다가 기축통화가 제구실을 못하자 각국은 자국의 공황을 타개하기 위해 각각 비상수단으로 수입할당제, 수입금지, 수입허가제 등을 발동해 보호무역을 강화했다. 이는 다시 연쇄적으로 세계 경제활동을 위축시켜 악순환이 계속되었다.

불안에 시달리던 미국 국민들의 선택은 정권교체였다. 1932년 11월 대선에서 유권자는 압도적으로 프랭클린 루스벨트를 선택했다. 뿐만 아니라 루스벨트의 민주당은 상하원을 석권하는 압승을 거두었다. 권력을 장악한 루스벨트와 뉴딜연합은 케인즈식 경제정책을 본격적으로 추진하기 시작했다.

프랭클린 루스벨트는 취임하자마자 통화개혁과 금융개혁을 단행했다. 대통령은 1933년 3월 4일 취임연설에서 경제위기가 자본주의적 이윤만을 맹목적으로 추구한 금융업자들 때문에 온 것이라고 비판했다.

"일자리 회복을 위한 일들이 성공하려면 구질서의 병폐가 되풀이되지 못하도록 하는 두 가지 안전장치가 필요합니다. 모든 금융과 신용거래, 투자활동을 엄격하게 감독해야 합니다. 다른 사람들의 돈을 이용하는 투기가 근절돼야 합니다. 적정량의 통화가 안정적으로 공급돼야 합니다. (…) 이것들이 우리가 싸워야 할 전선입니다."

그는 연설에서 언급한 두 가지 조치를 대통령 명령 6102호로 즉각 단행했다. 하나는 국내 금태환을 정지시키고 국민들의 금을 모두 달러로 바꾸도록 명령하는 것이었다. 은행에 예치되어 있는 금들은 1온스당 20.67달러에 모두 몰수했다. 국민들로부터 걷은 금을 토대로 화폐 발행량을 늘리기 위한 조치였다. 또 다른 하나는 모든 은행의 업무를 중단시키고 휴업을 선포한 것이었다. 그때까지도 오리무중이었던

신용위기의 실상과 은행의 부실 정
도를 파악하고, 그간 불법행위를 일
삼은 은행을 적발하기 위해서였다.
한마디로 혁명이었다.

이는 미국 역사상 전국 은행이 처
음으로 문을 닫는 조치로 국민들에
게 신선한 충격을 주었다. 이 때문
에 뉴욕 증권거래소도 11일간이나
문을 열지 못했다. 정부는 대대적인
감사를 실시해 금융위기의 실상을
파악하고 살려야 할 은행과 문을 닫

대공황 타개를 위해 개혁을 단행한 루스벨트

아야 할 은행을 가려냈다. 부실 은행은 정리하고 나머지 은행의 부실
은 정부가 사들였다. 이 기간 중에 의회와 협조해 건전한 금융관행을
유도하는 '긴급은행법'을 통과시켜, 정부가 구제해준 연준 가맹은행의
4분의 3이 1주일 뒤에 다시 영업을 재개했다.

부실규모를 파악한 루스벨트 행정부는 은행으로부터 악성부채인
30억 달러 규모의 부실 모기지를 구입했다. 최초의 공적자금 투입이
었다. 그는 맥을 잡아 집중과 선택을 택한 것이다. 그의 선택은 훗날
성공적이었다는 평가를 받았다.

이어 주택소유자들의 주택 차압을 막기 위해 주택자금 대출회사를
설립했다. 부실을 재빨리 도려내고 부실이 예상되는 곳에 화력을 집
중한 것이다. 이런 과단성 있는 정책들의 결과로 신용위기는 1933년

3월 말에 일단 마무리됐다. 2008년 신용위기와 대조되는 국면이다.

루스벨트는 대공황을 타개하기 위해서는 유대인들의 협조가 절실하다고 판단했다. 그는 적극적으로 유대인과 유대자본을 불러들였다. 유대계 경영인들이 본격적으로 정치와 행정부에 참여했다. 이것이 유대인이 미국 행정부에 입성하게 된 계기였다. 이때 루스벨트는 재무장관에 유대인 헨리 모겐소 2세를 임명해 11년 동안이나 나라 살림을 맡겼다.

## 루스벨트의 조세정의, 부자증세

루스벨트 대통령과 참모들은 개방정책과 시장자유주의를 옹호하면서도 부의 재분배와 조세정의를 위해 노력했다. 누진세를 채택해 호경기에 소득이 높아지면 자동으로 세율이 올라 소비를 억제하고 불경기에는 그 반대작용을 하게 만들어 경기변동 폭을 줄였다.

루스벨트 정부는 모건과 록펠러 등 재벌들의 부의 집중을 막기 위해 단계적으로 부자증세를 시행했다. 개인소득세, 법인소득세, 상속세 등 직접세에 누진세를 적용해 부의 사회적 재분배를 실현함과 동시에 부의 세습을 막았다. 루스벨트는 "우리나라를 세운 선조들이 정치적 힘의 세습을 거부했듯이 오늘 우리는 경제적 힘의 세습을 거부한다"며 상속세를 올렸다. 시장자유주의를 신봉하는 정권에서도 사회적 약자인 빈곤계층에 유리한 조세제도가 확립돼갔다. 그러자 부유층

대표적인 조세 회피처인 버진아일랜드

은 소득을 숨기기 위해 카리브해의 면세국들, 이른바 텍스헤븐에 자산을 숨기기 시작했다.

프랭클린 루스벨트 대통령이 등장한 이후 소득세율은 급상승했다. 루스벨트 첫 임기 때 소득세 최고율은 63%, 두 번째 임기 때는 79%, 세 번째 임기인 1940년에는 81.1%까지 올랐다. 강력한 누진세를 통한 소득재분배가 본격적으로 시작된 것이다.

특히 1942년에는 최고 소득세율을 88%로 올리는 동시에 과세대상을 기존 500만 달러에서 200만 달러로 낮추어 과세대상의 범위를 대폭 넓혔다. 제2차 세계대전 참전 영향도 있었지만 놀라운 개혁조치였다. 전쟁이 한창이었던 1944년에 소득세율은 94%까지 올라 부자들은 소득의 94%를 세금으로 내야 했다. 쉽게 말해 1년에 100만 달러를 버는 사람에게 6만 달러를 빼고 나머지 94만 달러는 모두 세금으로 거둬갔다는 뜻이다. 이러한 추세는 그 뒤에도 그리 꺾이지 않았다. 1950~1960년대 중반까지 미국은 냉전비용 충당을 위해 92%까지 세금을 받았다. 법인세 역시 1929년 14%였던 것이 제2차 세계대전 후 50%까지 올랐다.

이러한 추세는 상속세도 마찬가지였다. 루스벨트 집권 이후 상속세 상한세율도 20→45→60→77%까지 올라갔다. 부는 이런 정책을 통해 적절히 재분배되었다. 루스벨트는 1933년에 16억 달러던 조세수입을 점차 높여 1940년에 53억 달러를 거둬들였다. 세금이 무려 세 배 이상 증가한 것이다.

# 화폐혁명의 전조, 환율전쟁

## 03

────────

**강달러를 외치는 미국의 속내**

기본적으로 모든 재화의 가격은 시장에서 결정된다. 달러 역시 마찬가지다. 달러는 외환시장에서의 수급 결과와 금리기조에 따라 가격이 결정되는 것처럼 보인다. 단기적으로 볼 때는 일견 맞는 말이다. 또한 달러 인덱스가 보여주듯이 주요 6개국 통화에 대해 달러 가치가 상대적으로 평가된다는 것도 중기적으로는 맞는 말이다.

그러나 달러의 역사를 되짚어보면 미국의 저 깊숙한 속내는 시종일관 '약달러정책'이었다. 그간 미국 환율정책의 역사가 그것을 말해주고 있다. 미국이 달러를 시장에 맡기지 않고 필요하면 우격다짐식으로 개입한 사례가 많기 때문이다.

미국은 전통적으로 채무 국가다. 그들은 호황기에는 빚을 내서 소비하고 수입해 즐긴다. 빚이 턱밑까지 차오르면 달러 가치를 인위적으로 떨어뜨려 누적된 외상값, 곧 국제 채무의 대대적 탕감으로 덕을 본다. 이렇듯 남의 빚으로 살아가는 국가는 약달러를 지향할 수밖에 없다. 그래야 빚 탕감 효과가 있기 때문이다.

그러나 여기에도 미국의 고민은 있다. 한편으로는 세계 기축통화로서의 위상을 지키기 위해 노력하는 동시에 강달러를 지향해야 한다는 것이다. 여기서 강달러란 돈의 실질가치가 높다는 것이 아니라 국제 결제통화로서 강한 지배력을 뜻한다. 그러기 위해서는 시장이 달러를 요구하게 만들어야 한다. 방법은 여러 가지다. 특히 위기의 징후가 보이면 세계의 투자자들은 안전자산인 달러로 회귀한다. 유럽의 재정위기가 좋은 예다. 세계 기축통화국인 미국의 입장에선 세계 경기위축과 통화경색을 막기 위해 우선 달러를 많이 풀어야 한다. 그래야 기축통화의 장악력이 유지된다. 미국이 유럽의 재정위기 해결에 적극적으로 나서지 않았던 이유다. 미국은 기축통화의 권력이 주는 엄청난 시뇨리지 효과를 양보할 수 없는 입장이다. 이 모순이 바로 암호화폐가 화폐혁명의 불을 지피게 된 원인이기도 하다.

## 1차 환율전쟁

1929년 대공황 이래 세계는 미국에 의해 주도된 네 차례의 환율전쟁을 경험했다. 지금은 4차 환율전쟁이 진행 중이다. 미국은 자기들의 경제 상황이 힘들 때마다 평가절하를 시도해 환율전쟁을 촉발했다. 큰 것만으로도 벌써 네 번째다.

- 1930년 대공황 즈음의 1차 환율전쟁(1921~1936)
- 브레튼우즈 체제를 붕괴시킨 2차 환율전쟁(1967~1987)
- 플라자 합의로 촉발된 3차 환율전쟁(1985~1995)
- 글로벌 금융위기로 촉발된 4차 환율전쟁(2008~)

1차 환율전쟁은 1930년대 대공황 때 시작되었다. 당시 영국, 프랑스, 미국 등 주요 강대국들이 수출경쟁력 확보를 위해 자국의 화폐 가치를 경쟁적으로 떨어뜨리고 무역장벽을 높게 쌓았다. 이 두 가지 곧 보호무역과 환율전쟁이 세계 경제를 더 힘들게 만들었다.

1933년 3월 루스벨트 대통령은 취임하자마자 그 이튿날 국내 금본위제를 정지시켜 금태환을 막았다. 이는 가장 극적이고 중요한 조치였다. 금 1온스당 20.67달러로 정부가 민간의 금을 모두 사들이고 민간인이 금을 소유하는 것은 범죄로 규정했다.

당시 루스벨트 대통령과 모겐소 재무차관은 시중에 돈이 돌게 하고 미국 상품의 수출경쟁력을 높이기 위해서는 달러의 평가절하가 시급하다고 판단했다. 1933년 4월 미국은 통화량 확대를 위해 금본위제를 이탈했다. 모겐소는 재무장관에 취임한 1934년 1월 '누구도 금을 보유할 수 없다'는 정화준비법Gold Reserve Act을 만들었다. 그리고 달러의 평가

함께 차를 타고 이동 중인 루스벨트 대통령과 모겐소 재무장관

절하를 공식적으로 단행해 온스당 20.67달러였던 금값을 35달러로 끌어올렸다. 금 가격이 상승한다는 것은 금으로 측정한 달러화 가치가 떨어짐을 뜻했다. 이로써 달러 가치는 하루아침에 69%나 떨어졌다.

수출경쟁국들한테는 청천벽력 같은 날벼락이었다. 1~20%도 아니고 무려 69%의 평가절하를 당해낼 재간이 없었다. 주변국들의 손해와 고통은 이루 말할 수 없었다. 전형적인 '인근궁핍화전략'이었다. 이로써 수출경쟁력에서 월등히 앞서 나간 미국의 산업생산은 연간 10%씩 늘어났다.

이로부터 촉발된 각국의 평가절하 경쟁은 전 세계를 침체의 구렁텅이로 몰고 갔다. 세계 무역이 회복된 것은 한참 후의 일이다. 루스벨트의 이러한 평가절하는 이후 선례가 되어 미국 경제가 어려울 때마다 이루어졌고, 이는 다른 국가들로 하여금 달러가 기축통화에 어울리는지를 다시 생각하게 만드는 계기가 되었다.

　게다가 루스벨트는 금은복본위제를 운영하며 화폐 발행량을 늘리기 위해 세계의 은을 대량으로 사들였다. 그 통에 은본위제 국가들은 막대한 피해를 입었다. 특히 중국의 장제스 정부는 은본위제 통화제도가 붕괴되어 사회 혼란이 극심해지면서 공산화되는 결과를 초래했다.

## 2차 환율전쟁

그 뒤 갈등의 정점은 세계를 우롱한 1971년 8월의 '닉슨쇼크'였다. 닉슨 대통령은 달러를 금과 바꿔주는 금태환의 정지를 전격 선언해 미국이 주도해 세웠던 브레튼우즈 체제를 스스로 무너뜨렸다. 미국은 변동환율제로 이행하면서 엔화 가치를 달러당 360엔에서 250엔으로 절상시킴으로써 달러 가치를 그만큼 절하시켰다.

　충격과 혼란으로 세계 외환시장은 폐쇄되어 위기가 점증하면서 2년 동안이나 갈피를 잡지 못했고, 이후 금본위제는 결국 달러본위제로 바뀌었다. 이로 인해 달러의 신뢰도가 추락하면서 금값이 천정부지로 올랐다. 이는 OPEC이 국제 원유가를 2달러에서 10달러로 올리는 계기가 되었다. 일명 '오일쇼크'였다.

　닉슨쇼크 시점 4개월 전부터 7년 7개월간 지속된 달러약세기(1971년

4월~1978년 10월)에 달러화의 가치는 엔화와 마르크화에 대해 각각 39%
와 50% 수준으로 떨어졌다.

이후 갈등의 산물은 일본과 독일의 경제대국화와 그로 인한 미국 무
역적자의 심화였다. 냉전체제 이후 20여 년간 쌍둥이 적자에 시달리
던 미국은 1983년에 채무국 신세로 전락했다. 특히 1336억 달러(1985
년 기준)에 달하는 무역수지 적자를 해결할 방법이 없었다. 미국은 497
억 달러(37.2%)의 무역적자를 일으키는 일본을 가장 큰 원인으로 지목
했다.

플라자 합의가 이뤄진 뉴욕 플라자 호텔

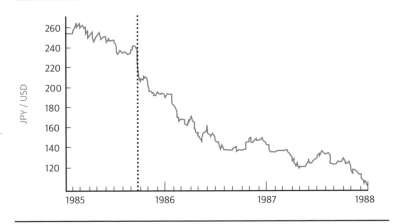

미국은 주요 선진 5개국(미국, 영국, 프랑스, 독일, 일본) 재무장관과 중앙은행 총재들을 뉴욕의 플라자 호텔에 불러 모아 보복관세를 운운하며 힘으로 협박해 달러화 약세 유도를 결정했다. 이른바 1985년의 '플라자 합의'였다. 이후 달러 가치는 엔화와 마르크화에 대해 각각 절반과 3분의 2 수준으로 떨어졌다.

이를 현재 상황에 비추어 생각하면 얼마나 큰 변화였는지 이해할 수 있을 것이다. 사실 일본의 비극은 여기에서 싹텄다. 이로써 일본의 잃어버린 20년이 시작되었다. 당시 외환보유고에 달러표시 자산을 많이 가지고 있었던 일본은 타격이 컸다. 그 무렵 뉴욕 증권가에서는 미국의 대일본 채무의 50% 탕감이 플라자 합의의 숨은 배경이라 분석했다. 플라자 합의에서 일본에 강제된 미국 달러에 대한 엔화의 상대적

평가절상은 미국 달러에 투자한 일본 자본에 엄청난 손실을 안겨주었다. 이로 인해 일본의 외환보유고 총액의 실질가치도 3분의 2로 줄어들었다.

미국 주도의 환율전쟁에 중국 역시 뛰어들었다. 중국의 덩샤오핑은 백묘흑묘론을 내세우며 중국의 개방화와 세계화를 선언했다. 흑묘백묘론이란 '고양이 색깔이 검든 희든, 쥐를 잘 잡으면 좋은 고양이'라는 뜻이다. 이것은 '실질적인 것에 의거해 사물의 진리를 찾는다'는 실사구시의 정신이다. 중국의 환율정책이 바로 그랬다.

중국은 1980년 개방 초기에 이중환율제도를 실시했다. 수출기업에게는 달러당 2.8위안, 외국인 직접투자나 관광객 그리고 민간에게는 달러당 1.5위안으로 환전해주었다. 일종의 수출보조금제도 성격이었다. 당시 중국에는 암시장 환율 등 세 개의 환율이 동시에 존재해 외

덩샤오핑 초상화를 넣은 중국의 우표

국인들을 힘들게 했다. 그 뒤 이중환율제도가 수출보조금 역할을 한다는 교역상대국들의 주장과 공정 환율의 상승으로 1984년 이중환율제도를 통합해 달러당 2.8위안으로 통일했다.

그 뒤 덩샤오핑을 위시한 중국 지도

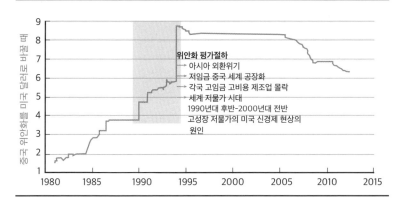

위안화 평가절하
→ 아시아 외환위기
→ 저임금 중국 세계 공장화
→ 각국 고임금 고비용 제조업 몰락
→ 세계 저물가 시대
1990년대 후반-2000년대 전반
고성장 저물가의 미국 신경제 현상의
원인

부는 중국이 수출로 일어나기 위해서는 위안화의 평가절하가 긴요하다고 보았다. 위안화의 가치가 낮을수록 수출품의 가격경쟁력은 강해지기 때문이다. 더구나 기술과 자본이 없는 후진국의 경제발전이 대부분 그렇듯 중국은 값싼 인력을 무기로 세계의 공장을 자임하는 전략을 추구했다. 이 전략의 핵심요소가 '환율'이었다. 위안화의 가치가 낮을수록 수출상품의 경쟁력이 커지고 동시에 임금이 낮아져 외국기업의 중국 투자가 늘어났다.

중국정부는 1985년 플라자 합의로 인해 가치가 떨어지는 달러에 대항하기 위해 1986년에 달러당 3.2위안, 1989년에는 4.7위안, 1990년 5.2위안으로 연속적인 평가절하를 단행했다. 이때부터 중국은 경상수지 흑자국으로 돌아섰다.

이렇게 위안화는 계속 계단식으로 평가절하되다가 1994년 한꺼번에 무려 40%의 평가절하를 단행해 달러당 8.8위안이 되었다. 1984년 달러당 2.8위안이 10년 만에 8.8위안이 되어 무려 300% 이상 평가절하되었다. 제조업 경쟁력을 확보하고 외국자본을 유치하기 위한 덩샤오핑의 국가적 작전이었다.

그 뒤 평가절하된 위안화는 세계에 '골디록스'를 선물했다. 여기서 골디록스란 '중국의 값싼 상품이 인플레이션을 상쇄시켜 세계 경제를 차지도 덥지도 않은 알맞은 상태로 지탱했다'는 뜻이다. 중국은 세계의 제조업을 낮은 가격으로 무력화시켰다. 중국 저가제품은 마치 전염병처럼 주변국의 제조업을 비롯한 1차 산업을 무너뜨렸다. 특히 일본이 직격탄을 맞았다.

1889년부터 1995년까지 1위안화당 엔화 환율은 200엔에서 50엔, 곧 무려 4분의 1로 추락했다. 이로써 세계에서 가장 높았던 일본의 제조업 경쟁력은 중국으로 넘어갔다. 그러자 일본 공장들이 속속 중국으로 옮겨가 일본의 산업공동화가 본격화되었다.

그 뒤 위안화가 너무 저평가되어 있다는 인식이 팽배해지자 중국은 조금씩 절상 움직임을 보였다. 그러자 이번에는 외국자본이 일본과 아시아 신흥국을 빠져나와 중국으로 몰려들었다. 이런 유동성의 이동은 일본에 치명타였다. 뿐만 아니라 외국자본의 급속한 중국 이전은 우리나라를 포함한 아시아 외환위기의 직접적 원인이 되었다. 달러가 중국으로 빨려 들어가 1997년 아시아 금융위기가 발발하자 마하티르 전 말레이시아 총리 등은 "아시아 금융위기는 위안화가 대폭 평가절하되어 발생했다"고 말했다.

플라자 합의로도 미국은 수출경쟁력을 되찾지 못했다. 그러자 미국이 제조업 대안으로 찾은 것이 '금융'이었다. 그런데 미국이 금융으로 먹고살기 위해서는 세계 곳곳에 미국의 금융밭을 가꿔야 하는데 그러려면 각국 외환시장과 금융시장의 빗장을 벗겨야 했다. 워싱턴과 월가의 브레인들은 새로운 궁리를 짜내어 신자유주의를 집약한 이른바 '워싱턴 컨센서스'를 입안하고 그 전파를 주도했다.

미국과 IMF, 중남미 금융당국자들이 1989년 워싱턴 DC에 모여 중남미 국가들이 따라야 할 열 가지 주요 경제정책에 대한 합의를 도출했다. 그 주요내용은 '물가불안을 잡고 국가개입을 축소하며 시장을 개방해야 한다'는 IMF의 구조조정정책을 그대로 따르는 것이었다. 기실 IMF의 내용 역시 이미 워싱턴에서 기획한 것이었다.

미국은 그때부터 유럽과 동남아, 중남미 국가들을 대상으로 각개격파에 들어갔다. 월가는 미국의 해외시장 개척의 선발대가 되었으며 특히 헤지펀드가 그 선봉장 노릇을 했다. 소로스 등 헤지펀드가 중남미를 시발로 1992~1993년 유럽통화 위기 때 핫머니로 유럽 중앙은행들을 유린하고, 1997년 아시아 외환위기

국제통화기금(IMF)의 로고

때 태국과 한국 등을 초토화시켰다.

그러자 '토빈세 도입' 등 핫머니를 규제하자는 국제여론이 빗발쳤지만 미국정부와 연준은 월가를 철저히 감쌌다. 그도 그럴 것이 클린턴 정권의 재무장관 로버트 루빈이나 부시 정권의 재무장관 헨리 폴슨 모두가 월가 출신이었기 때문이다. 둘 사이엔 눈에 안 보이는 '재무부-월가 동맹'이 체결되어 있었다.

우리나라도 1997년 IMF 사태 때 그들이 시키는 대로 따라 하다 혹독하게 당했다. 그들은 우리를 고금리정책을 견지하고 부실기업을 구제하지 못하게 하는 등 초긴축으로 내몰아, 그들이 글로벌 금융위기 때 자기들 스스로 취했던 통화팽창정책과는 정반대로 움직이도록 만들었다. 그 사이 그들은 우리 은행들과 기업들을 헐값에 주워 담았다.


## 4차 환율전쟁

2008년 금융위기 이후 월가의 유대자본가들이 부실채권 구조조정에 반대하자 미국정부가 이를 설득하지 못하고 결국 유동성 살포로 방향을 틀었다. 그러다 보니 터무니없이 많은 돈을 뿌려야 했다.

여기에 대응해 유럽도 유동성을 확대했다. 영국은행은 2009년 3월 5일 기준금리를 연 1.0%에서 0.5%로 낮추고, 시중에 750억 파운드(약 166조 원)를 풀었다. 인하된 금리수준은 1694년 영국은행 창설 이후 가장 낮은 금리였다. 금리를 더 낮춰 시중유동성을 늘릴 수 없게 되자 양적완화까지 동원한 것이다. 유럽중앙은행도 이날 기준금리를 연 2.0%에서 1.5%로 내렸다. 이를 학자들은 4차 환율전쟁의 시작으로 보고 있다.

2010년 10월, '더블딥' 우려가 커지자 연준이 2차 양적완화를 발표하고 중국에 대해 환율절상을 촉구하면서 이른바 본격적인 '환율전쟁'이 시작되었다. 그 무렵 환율전쟁을 두고 미국과 신흥국들 사이에 입장이 엇갈렸다. 미국은 중국, 한국 등 신흥국이 인위적으로 환율을 절하해 수출경쟁력을 키우고 있다고 비난했다. 반대로 중국이나 브라질 등은 미국의 양적완화로 인해 대규모 유동성이 신흥국으로 유입되어 신흥국의 환율을 절상시키고 있다고 비난했다. 같은 현상을 자기들 입장에서 설명한 것이다.

미국의 양적완화 결과 2012년 8월 말까지 브라질 헤알화가 2002년 말 대비 75% 급등한 것을 비롯해 일본 엔화 또한 46% 올랐다. 우리 원화도 2012년에만 달러화 대비 8%가량 절상되어 그해 세계 주요 통화 중에서 가장 많이 올랐다.

양적완화는 달러화의 가치를 떨어뜨린다. 실제로 달러 가치는 1차 양적완화 때 10%, 2차 양적완화 때 또 5% 정도 떨어졌다. 미국의 2차 양적완화는 마침 그 시점이 G20 정상회의 및 미국과 중국 간의 환율 갈등과 맞물렸는데, 중국과 브라질은 물론 일본, 독일, 프랑스 등 대부분의 G20 국가들도 미국을 비판하고 나섰다. 다른 경쟁국 통화에 대한 달러 가치를 인위적으로 내리려는 정책이라 판단했기 때문이다.

그런데 여기서 미묘한 일이 일어난다. 떨어졌던 달러가 슬그머니

제자리로 돌아왔다. 무슨 일인가? 그것을 알기 위해서는 미국의 양동작전을 이해해야 한다. 앞서 말했듯이 미국은 경기를 살리고 빚 탕감 효과를 내기 위해 시종일관 약달러정책을 쓰고 있지만, 동시에 세계 기축통화로서 달러의 위상을 지키기 위해 강달러를 지향한다. 동전의 앞뒷면과도 같은 이러한 딜레마를 미국은 수십 년 동안 교묘하게 이끌어가고 있다.

그 방법의 하나가 유로화 두들겨 패기였다. 유럽의 재정위기를 부풀려 미국 언론들이 대서특필하고 매크로 헤지펀드들이 앞다퉈 유로화를 공격했다. 마치 세계 경제가 유럽의 재정위기로 큰 위기에 봉착한 듯이 몰아붙인 것이다. 약효는 즉시 나타나 너도나도 할 것 없이 안전자산이라 여기는 달러를 찾게 되었다. 달러가 다시 강세가 된 이유다. 기실 재정문제는 유럽보다는 미국이 더 심각한데도 말이다.

## '무제한' 양적완화정책

미국은 1차, 2차 양적완화에도 경기가 살아나지 않자 2012년 9월 3차 양적완화정책을 시행했다. 2015년 중반까지는 제로금리를 이어가고, 매달 400억 달러에 달하는 모기지저당증권Mortgage Backed Securitie, MBS을 매입하는 조치가 주 내용이었다. 반면 기한은 '고용이 호전되거나 물가가 급등하기 전까지'로 명시해 사실상 무기한임을 시사했다.

세계 경제가 회복이 더딘 이유 중 하나가 금융위기 시 대형부도 사고를 일으킨 MBS 등 파생금융상품들이 잘 거래되지 못한 탓도 있었다. 금융기관들은 MBS를 대량으로 안고 있는데 팔지도 못하는 상태였다. 그런데 3차 양적완화에서는 중앙은행이 이런 MBS를 높은 가격으로 매입해준다는 것이었다. 중앙은행이 은행이 MBS를 사주면 그만큼 시중 MBS의 양이 줄어들면서 가격이 올라 금융시장과 부동산시장을 동시에 활성화시킬 것이라는 계산이었다. 금융을 통해 부동산시장을 정조준한 것이었다.

3차 '무제한' 양적완화정책으로 다른 나라들도 수출경쟁력 확보를 위해 환율전쟁에 뛰어들었다. 게다가 넘쳐난 자금은 국민에게 대출되기보다는 연준에 재예치되거나 투기자본화되어 외국으로 빠져나갔다. 1~2차 양적완화로 풀린 2조 3500억 달러 중 절반가량인 1조 달러가 연준에 재예치되어 잠을 자고 있었다. 문제는 돈이 없는 게 아니라 투자할 곳이 마땅치 않은 것이었다. 생산적인 분야로 투입되지 못한 돈은 결국 수익성 높은 개발도상국 증시와 상품투기로 흘러들어 시장의 불안정성을 높이고 투기자본들의 배만 불려줬다.

통화정책의 기본은 뿌린 돈이 물가를 올리면 다시 거둬들이는 것이지만, 양적완화정책은 뿌린 돈을 거둬들이지 않고 시장에 그대로 내버려두겠다는 것이다. 그러면 인플레이션은 필연적으로 발생한다. 미국은 부작용을 알면서도 고용시장 활성화를 위해 사실상 인플레이션을 방치했다. 아니, 방치 정도가 아니라 인플레이션을 유도해 집값을 올려 금융위기로부터 벗어나겠다는 심산이었다. 차마 드러내놓고 말은 못하지만 부동산 가격을 올리기 위해서는 인플레이션 외에는 약이 없다는 판단이었다.

게다가 3차 양적완화의 약효가 미미하다고 느낀 연준은 추가양적완화를 발표해 2013년 1월부터 매월 450억 달러의 국채를 별도로 매입하기 시작했다. 인플레이션 가속화를 통해 집값을 끌어올려 금융위기에서 빠져나온 뒤 다시 한 번 소비경제를 살려보겠다는 것이다. 아주 대놓고 인플레이션을 일으키겠다는 심산이었다.

연준은 또한 실업률이 6.5% 이하로 떨어지고 물가상승률이 2.5%를 넘지 않는 선에서 제로에 가까운 초저금리를 계속 유지한다고 발표했다. 이제는 통화정책에 실업률을 연동시키겠다는 것이었다. 이는 고용이 늘어나 실업률이 안정적으로 낮아질 때까지 무제한으로 돈을 풀겠다는 강력한 의지의 표현이다. 이에 따라 연준은 매월 400억 달러의 MBS 매입 이외에 450억 달러의 국채를 더해 매월 850억 달러를 쏟아부었다.

이렇다 보니 대다수 국가는 자국의 통화강세를 막기 위해 안간힘을 썼다. 누리엘 루비니 뉴욕대학 경영대학원 교수와 스티븐 로치 전 모건스탠리 아시아 회장 같은 석학들은 4차 환율전쟁이 세계 경제에 암적인 존재라고 경고했다.

## 본격적인 환율전쟁의 시작

글로벌 금융위기로 미국은 세 차례에 걸쳐 양적완화정책을 시행했다.

말이 고와 양적완화지 막말로 공중에서 헬리콥터로 무차별적으로 돈을 뿌린 것이나 마찬가지였다. EU 역시 마찬가지로 양적완화정책을 실시하며 유로화를 대량 살포했다. 일본도 아베가 집권하면서 이른바 '아베노믹스'를 외치며 돈을 찍어내 시중에 퍼붓기 시작했다. 양대 경제권이 돈을 그렇게 많이 찍어내어 살포했음에도 인플레이션이 일어나지 않은 것은 세계적인 불경기로 돈이 시중에 활발히 돌지 않았기 때문이다.

2017년 9월 20일 연준이 양적완화 축소를 선언했고, 그 뒤 금리인상 기조로 접어들었다. 이제는 양적완화 시대가 끝나가고 있는데, 사실 위험한 시기는 지금부터다. 경기과열을 막기 위한 연준의 선제적인 금리인상보다 더 빠르게 경기가 호전되면 통화 유통속도가 빨라지면서 인플레이션이 발생할 가능성이 있기 때문이다. 이때 상황에 쫓겨 연준이 금리인상을 급박하게 서두르면 탈이 날 가능성이 높다. 달러가 인플레이션에 휘말리면, 이때 암호화폐가 득세해 새로운 화폐의 자리를 차지할 수도 있다.

# 금융자본주의, 무엇이 문제인가

## 04

### 금융자본의 탐욕이 세계를 삼키다

21세기 들어 금융자본의 탐욕이 부풀 대로 부풀어 올랐다. 2007년 말 장외시장 파생상품 거래 잔액(약정 잔액)은 무려 600조 달러에 이르러 세계 총생산액의 열 배가 넘었다. 이게 말이 되는 소리인가? 그런데 불행히도 사실이었다.

파생상품은 1980년대 이전에는 잘 들어보지도 못한 용어였다. 위험을 '헤지Hedge(대비)'하기 위해 고안된 금융상품이 오히려 투기의 대상이 되었다. 이를 다루는 헤지펀드의 숫자만 1만 개에 육박했으며 하루 평균 단기투자에 동원되는 핫머니가 3조 달러를 넘어섰다. 버블의 파열음은 클 수밖에 없었다.

지난 400여 년간의 역사를 분석해보면 경기침체는 4.75년마다 한 번씩 오고, 대공황은 67년마다 한 번씩 온다. 자유시장경제의 자유는 풍요를 안겨주기도 하지만 위기의 원인이기도 하다. 지나친 경제적 자유는 탐욕을 낳고, 탐욕은 버블을 낳고, 버블에는 대가가 따른다. 점점 빨라지는 호황과 불황의 경기순환은 혼돈을 조장하고, 소득불평 등과 부의 편중은 자본주의의 지속가능성을 위협하고 있다.

자본주의 역사에서 위기와 기회의 반복 사이클, 곧 금융자본주의의 팽창과 수축 과정에서 생기는 버블과 공황은 불행히도 계속되어왔다. 이는 앞으로도 계속될 것이다. 하지만 자본주의의 역사가 일천한 우리에게는 2008년 글로벌 금융위기조차도 소중한 공부거리다.


## 돈 한 푼 없이 집을 살 수 있는 길이 열리다

서브프라임 모기지론 문제의 발단은 2000년 5월의 닷컴버블 붕괴와 2001년 9·11테러에 따른 경기침체를 극복하기 위해 실시된 미국의 저금리정책과 주택경기부양정책이다. 이에 따라 주택융자 금리가 인하되었다. 그러자 부동산 수요가 늘면서 주택가격이 슬금슬금 오르기 시작했다.

거기에 불을 붙인 게 대통령 선거공약이다. 조지 부시 대통령은 2004년 재선 선거운동에서 "미국의 가족이 내 집 마련의 꿈을 이룰 때마다 미국은 더 강한 나라가 됩니다"라고 주택 구입을 부추겼다. 이것

내 집 마련을 강조한 조지 부시 대통령

이 바로 '소유자 사회'라는 아이디어였다. 대통령이 연거푸 내 집 마련을 강조하자 기다렸다는 듯이 각종 정책지원이 뒤따랐다. 중산층과 서민들이 내 집 마련에 대거 나서면서 미국의 자가소유 비율은 1995년 64%에서 2005년에는 69%로 상승했다. 그러자 주택이 본격적인 투자대상으로 떠올랐다. 2005년에 매입된 주택의 40%는 1가구 2주택에 해당하는 것들이었다.

여기에 또 불붙인 정도가 아니라 아예 휘발유를 들이붓는 정책이 발표됐다. 종자돈이 없어도 집을 살 수 있는 길이 생긴 것이다. 예를 들어 미국에서 50만 달러짜리 주택을 사려면 과거에는 적어도 10~15만 달러의 자기 돈이 있어야 했다. 하지만 2006년도에는 이런 규정 자

체가 아예 폐지되어버렸다. 보증금 없이도 집을 살 수 있는 주택담보
대출이 가능해진 것이다. 이런 극단적인 경기부양정책이 서브프라임
사태의 시발점이었다.

게다가 은행은 집값만 올라가면 된다는 이유로 주택 구매자의 신용
조사도 약식으로 처리하거나 심지어 생략했다. 50만 달러짜리 주택소
유자에 대해 신용조사도 하지 않고 50만 달러 대출을 해주었다. 2년
동안 원리금 상환을 유예해주기도 하고, 차입자의 구두 답변만 듣고
아무 증빙서류도 없이 돈을 빌려주기도 했다.

## 은행, 파생상품 믿고 대출경쟁에 올인

월가에서는 대출을 거의 무한대로 해줄 수 있는 금융기법이 개발되었
다. 이른바 '금융의 증권화(유동화)'다. 모기지는 금융기관이 집을 담보
로 대출을 해주고 그 저당권을 토대로 발행하는 만기 20~30년의 장
기채권이다. 이러한 저당권들을 모아 금융상품화해서 자금을 환수하
는 것을 저당유동화라 한다. 이렇게 하면 만기가 아직 많이 남아 있는
채권들을 조기에 현금화하는 효과를 얻는다.

투자은행들은 여러 모기지를 모아 이를 담보로 증권을 발행했다.
이렇게 위험을 분산하고, 만기를 조절하는 기법 덕분에 금융의 증권
화가 이루어졌다.

이것이 금융시장을 무한대로 키운 열쇠이자 글로벌 금융위기의 단

초였다. 최초의 금융 증권화는 미국의 주택 모기지 시장에서부터 시작되었다. 1970년대에 주택저당채권을 담보로 이른바 모기지저당증권MBS이 발행되었다.

유동화증권들이 팔리면 은행으로서는 장기대출을 회수한 효과가 생기고, 이 돈으로 다시 대출을 해줄 수 있었다. 더구나 은행은 이러한 대출을 대차대조표에 올리지 않고 수수료를 챙길 수 있어 지불준비금조차 축적할 필요가 없었다. 이러한 메커니즘은 유동화증권 투자자들에게 고수익을 올리게 해주었다. 문제는 이로써 은행의 신용창출 기능이 극대화되어 유동성을 거의 무한대로 공급하기 시작했다는 점이다.

은행들은 이제 소규모 예금유치에 주력할 필요 없이 투자은행을 통해 채권을 증권화시켜 주식시장에서 바로 자금을 조달할 수 있었다. 이런 자산 유동화증권 규모는 1995년에만 해도 5억 달러 이하였는데 이후 엄청난 규모로 성장하며 내용도 복잡해졌다. 이렇게 되자 은행들은 유가증권 연계상품으로 영업활동을 다변화했다. 이런 이유로 금융의 증권화는 급성장했다.

이러다 보니 소득, 직업, 재산이 없어도 대출해주는 'NINJANo Income, No Job or Asset' 대출이 활개를 쳤다. 금융위기의 시발탄 노릇을 했던 미국 2위의 서브프라임 모기지업체 뉴센트리파이낸셜의 홍보문구는 "단 12초면 대출여부를 알려드립니다"였다. 그 무렵 대출실적이 좋은 직원들은 큰 인센티브를 받다 보니 '묻지마 대출'이 더 기승을 부릴 수밖에 없었다.

은행들은 보유하고 있는 장기주택채권을 조기에 회수하기 위해 같은 금융그룹 내의 투자은행을 통해 MBS나 ABS(유동자산저당증권), CDO(부채담보부증권) 같은 증서를 만들어 투자자들에게 판매했다.

CDO란 회사채나 대출채권, 주택저당채권 등 여러 채무를 기초자산으로 하는 유동화증권인데, 신용등급이 상대적으로 낮은 채권들을 섞어 우량 신용등급의 CDO를 만들기도 했다. 또 이러한 CDO의 위험에 대한 보험 성격의 CDS(신용부도스와프)라는 신종 파생상품이 개발되었다.

은행들은 CDO과 위험을 덜어주는 CDS의 결합 덕분에 큰 문제가 없다고 보았다. 이런 상태에서 주택대출을 기초자산으로 하는 MB들을 계속 발행하고, 이를 판 대금으로 또 대출을 해주고, 이러한 채권들을 다시 모으고 쪼개어 또 CDO를 만들었다. 그리고 여기에 신용을 보강하기 위해 CDS로 보증이 들어가면서 지금이 모두 묶여버렸다.

2008년 글로벌 금융위기의 요인은 여러 가지가 있겠지만 그 도화선에 불을 붙인 건 파생상품이었다. 원래 미래의 위험을 헤지하기 위한 목적으로 만들어진 파생상품은 소액의 증거금으로 큰 거래를 성립시키기 때문에 위험을 헤지하기도 하지만 위험을 증폭시키기도 한다. 잘 쓰면 약이요 잘못 쓰면 독인 것이다. 그럼 파생상품의 역사와 파생상품이 불러온 서브프라임 사태에 대해서 좀 더 자세히 살펴보자.

JP모건의 블라이드 마스터스가 1995년 발명한 신용부도스와프, 곧 CDS는 금융시장 지형을 바꿔놓았다. 그녀는 영국 케임브리지대학 경제학과를 장학생으로 졸업하고 1991년 JP모건에 입사했다. 마스터스가 개발한 CDS는 금융시장의 가장 원초적인 공포, 곧 돈 떼이는 두려움을 해소시킨 획기적 발명품이었다.

원리는 간단하다. 예를 들어 한 금융사가 기업 회사채를 구입한다고 치자. 문제는 리스크다. 기업이 망하기라도 하면 금융사는 막대한 손실을 본다. 이럴 때 보험료를 받고 원금을 보장해주는 상품이 바로 CDS다. CDS는 금융사와 보험사(또는 헤지펀드) 사이의 계약이다. 기업에 돈을 빌려준 금융사는 일정기간마다 일정금액(보험료)을 보험사에 주는 대신 기업이 돈을 갚지 못하면 원리금을 보험사로부터 받게 된다.

CDS 개발자인 마스터스는 일약 스타로 떠올랐다. 그녀는 28세의 나이에 상무이사로 승진한 후 요직을 두루 거쳤다. 훗날 서브프라임 사태를 증폭시킨 CDO도 사실 그녀의 머리에서 나왔다. 그래서 마스터스는 '20세기 후반 최고의 금융상품'을 낳은 어머니로 불렸다. 앨런 그린스펀도 이 상품을 극찬했다.

기본적으로 CDS 시장은 각국 정부의 감시·감독 영역 밖에 머물러 있다. 다시 말해 CDS는 장외거래 상품이고, CDS 시장은 은행 등이 보험사와 계약서를 쓰고 보험료만 지불하면 되는 시장이다. 금융상품 세일즈맨들은 돈을 빌려준 금융사의 원초적인 두려움에 호소해 CDS를

잡지의 블록체인 특집 편에 나온 블라이드 마스터

팔았다. '돈 떼이면 우리가 해결해준다'는 게 그들의 판매 전략이었다. 보험사, 헤지펀드 등 이른바 보장을 판매하는 쪽도 부담 없이 팔았다. 한동안 유동성 풍년으로 기업들의 파산 비율이 역사상 가장 낮은 수준으로 떨어졌기 때문이다.[9]

재미있는 점은 그녀가 지금은 암호화폐와 블록체인 기술에 푹 빠져 있다는 사실이다. 그녀는 블록체인 신생기업 디지털에셋홀딩스를 2014년에 설립해 운영하고 있다. 세계 최고의 금융전문가들이 모여 설립한 분산원장기술 회사다. 은행의 실시간 청산과 결제를 위한 분산원장기술을 통해 기존 금융을 혁신해 효율성, 보안, 규제준수, 결제속도 등을 확보하는 것이 목표다. JP모건, 씨티은행, 골드만삭스, 오버스톡 등 13개 금융기관과 IBM이 이 회사에 투자하고 있다.

## 걸출한 발명품이 된 CDS

CDS는 금융위기 전까지만 해도 21세기 금융시장 최고의 발명품으로 대우를 받았다. 이유는 경기 사이클의 침체기를 획기적으로 줄여주었기 때문이다. 보통 시장이 침체기로 전환될 조짐이 보이면 은행은 곧바로 대출부터 줄인다. 침체기에 부도위험이 커지기 때문이다. 대출이 줄어든다는 것은 시장의 유동성이 줄어든다는 뜻이다. 이는 침체기를 더욱 오래 가게 만든다.

하지만 CDS 출현 이후 상황이 바뀌었다. CDS라고 하는 걸출한 발명품 덕분에 위험을 대신해서 사줄 이른바 '위험매수자'가 생김으로써 은행은 리스크를 보험사 또는 타인에게 전가할 수 있게 되었다. 곧 시장의 리스크가 아무리 커져도 그 위험을 책임져줄 위험매수자가 생기면서 은행은 약간의 보험비용만 추가로 지불하면 대출을 줄이지 않아도 됐다.

은행들의 대출이 경기침체기에도 줄어들지 않아 경기침체기가 평균 6개월에서 10개월로 짧아졌다. 이는 오로지 CDS 출현 이후 나타난 독특한 현상이었다. 사람들은 이 시기를 골디록스라 부르며, 이제 더 이상의 불경기는 없다고 즐겼다.[10]

## 급격한 금리인상이 화 불러

CDO는 애당초 탄생되어서는 안 되는 금융상품이었다. 합법적으로 CDO에는 이미 부도가 나서 받을 수 없는 회사채도 포함할 수 있다는 규정 때문에 은행들은 받기 어려운 악성채권을 담아서 팔았다. 이론적으로는 안전채권과 위험채권을 한 상품으로 묶어서 위험을 확률 범위 안에서 상쇄시키는 것이다.

호황기에 CDO가 잘 팔린 이유가 있었다. 고위험 고수익을 추구하며 비교적 낮은 금리로 자금을 빌릴 수 있는 투기 성향의 헤지펀드들은 경기확장기인 유동성 장세에서는 주로 고위험 유가증권에 투자한다. 수익이 높기 때문이다. 이 유가증권들은 시장의 유동성이 보장되는 한 쉽게 되팔 수 있기에 많은 수익을 낼 수 있는 자산으로 여겨진다. 엄청난 수익 마진 덕에 저등급 CDO마저도 황금으로 간주되었다. 그리고 이러한 큰 이윤이 객관적 위험을 은폐했다. 최대한 오랫동안 시장의 상승세가 유지되어야 했기 때문이다.

서브프라임 대출은 2000년 초 전체 모기지 대출의 2% 수준에서 2003년 8.3%로 늘어났고, 2007년에는 21.1%로 껑충 뛰었다. 줄곧 오르기만 했던 주택가격은 그 뒤 시중에 너무 많은 돈이 풀렸다고 판단한 연준의 급격한 계단식 금리인상으로 꺾이기 시작했다. 그러자 서브프라임 대출에서부터 문제가 생겼다. 서브프라임 대출자들 가운데에서 이자와 원금을 못 갚는 사람이 늘면서 이를 담보로 만들어진 증권도 부실화되었다. CDO와 관련된 은행, 증권, 보증기관은 물론 이 채권을 사들인 펀드까지 부실의 늪에 빠져들었다. 이게 바로 서브프라임 모기지 사태다.

급격한 경사의 계단은 위험하다. 금리인상 가속페달은 '화폐의 공급을 줄이는 것'이고 금리인하 브레이크는 '화폐의 공급을 늘이는 것'인데, 역사적으로 보면 이를 선제적으로 시행하지 못하고 급하게 쫓겨

범위: 0%~1.25%, 최소 0.75%

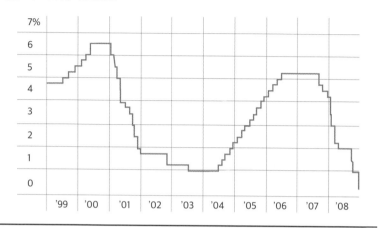

서 하다 항상 탈이 났다. 사전에 금리를 선제적으로 조심스럽게 제어
하지 못하고 상황에 쫓겨 밟은 급격한 가속페달이나 브레이크는 언제
나 문제였다. 반작용이 너무 컸던 것이다.

### 문제는 신용부도스와프에서 터졌다

CDO는 하위등급일수록 많은 위험에 노출되는 대신 기대수익률이 높
아 헤지펀드들의 투자비중이 높았다. 따라서 제일 먼저 타격을 받은
건 헤지펀드들이었다. 이들은 고율의 레버리지를 사용하거나 저등급

CDO에 집중투자하다가 가장 먼저 위기에 봉착했다.

문제는 이러한 저등급 CDO의 위험을 줄이기 위해 들었던 보험인 CDS에서 터졌다. CDS는 신용위험을 다른 사람에게 전가하는 일종의 보험이다. CDS를 판 사람이 평소에 보험료(프리미엄)를 챙기다가 사고가 터지면 보험금을 지급해야 하는 것이다.

그런데 신용경색으로 부도위험이 높아지자 신용리스크를 판 헤지펀드 등이 먼저 파산 위기에 몰렸다. 헤지펀드들은 부도를 막기 위해 갖고 있던 유가증권들을 헐값에 내던졌고, 매도는 매도를 불러 폭락 사태가 이어졌다. 다른 금융기관들도 매도행렬에 참가했다. 호황기 때 막대한 레버리지를 일으켜 모기지 파생상품에 투자했던 금융회사들은 부도를 피하기 위해 자신들이 보유하고 있던 주식과 채권을 서둘러 팔아대기 시작했다.

그런데 대부분 파생상품이 장외거래로 팔려 누가 얼마만큼의 부실을 갖고 있는지 파악하기 힘들었다. 이것이 신용경색을 불러온 주 이유였다. 은행이 은행을 믿지 못해 시중에는 돈이 돌지 않았고, 이는 결국 여러 금융기관의 부실과 파산으로 이어졌다.

## 대마불사 베어스턴스

본격적인 서브프라임 모기지 사태는 2007년 6월 26일 미국의 5대 투자은행의 하나인 베어스턴스가 자회사인 헤지펀드 두 곳에 16억 달러

# BEAR STEARNS

연방준비은행의 구제금융을 받은 베어스턴스의 로고

의 구제금융을 투입하기로 결정하면서 시작되었다.

이들 헤지펀드는 서브프라임 모기지를 근거로 발행된 CDO를 중심으로 200억 달러에 이르는 자산을 운용하다 큰 손실을 보고 청산위기에 몰렸다.

결국 2008년 3월 4일 베어스턴스가 13조 4000억 달러 상당의 파생상품 거래를 포기하고 파산신청을 했다. 이는 당시 미국의 국내총생산을 넘어서는 현기증 나는 액수였다.

심각한 고민에 빠진 연준과 재무부는 마침내 3월 11일 결단을 내렸다. 연준은 대공황 이후 처음으로 베어스턴스를 비롯한 투자은행에 구제금융을 지원하기로 결정했다.

이는 사실 기존에는 예금은행들에게만 허용되었던 권리였다. 이들 투자은행들은 미국증권거래위원회의 감독을 받는 기관들로서, 연준과는 아무런 관련이 없기 때문에 연준의 구제금융 지원대상이 아니었다. 하지만 연준은 3월 14일 도산위기에 처한 베어스턴스에 대해 300억 달러의 구제금융을 제공했다.

큰 집은 결국 살길이 생겨 쉽게 죽지 않는다는 뜻의 '대마불사<sup>大馬不死</sup>'라는 바둑 용어는 큰 기업은 좀처럼 망하지 않는다는 뜻으로도 쓰인다. 베어스턴스의 구제금융 제공을 두고 월가 안팎에서는 역시 대마불사의 원칙은 깨지지 않는다는 말이 나왔다.

그러고 나서 언론과 여론에 된통 당했다. 영국 《파이낸셜타임스》의 마틴 울프는 이번 금융위기는 시장주의의 파산이라며 다음과 같이 주장했다. "2008년 3월 14일 금요일을 기억하라. 자유시장 자본주의의 꿈이 사망한 날이다. 30년 동안 우리는 시장 주도의 금융 시스템을 추구해왔다. 베어스턴스를 구제하기로 결정함으로써 미국 통화정책 책임기관이자 시장자율의 선전가인 연준은 이 시대의 종결을 선언했다."

미국정부는 이들에 대한 구제금융이 도덕적 해이를 확산시킬 것이라는 비판에 맞서, 도산을 방치할 경우 금융 시스템의 근간이 흔들릴수 있다고 반박했다.

구제금융 지원이 결정되고 나서 불과 이틀 뒤인 3월 16일에 베어스턴스는 JP모건체이스에게 헐값에 팔렸다. 베어스턴스의 파산을 막기위한 부득이한 조치였다고 하지만 이로써 JP모건체이스의 제이미 다이먼 회장은 월가의 강력한 실세로 떠올랐다. 그는 그 뒤에도 정부로부터 워싱턴뮤추얼을 싼값에 사들이는 경영수완을 발휘했다.

서브프라임 사태가 터지자 가장 먼저 타격을 받은 곳은 MBS를 발행하던 패니메이와 프레디맥이었다. 두 업체는 미국정부가 주택시장 활성화를 위해 설립했다 후에 민영화한 기업들이다. 이 두 업체는 미국 전체 주택담보시장 12조 달러의 절반 가까운 5조 3000억 달러의 주택담보대출 보증을 바탕으로 채권과 증권을 발행했다.

우리는 숫자가 너무 커지면 그때부터 숫자 감각을 잃는다. 1달러당 1000원으로 계산하면 5조 3000억 달러는 우리 돈으로 약 5300조 원이다. 우리나라 전 국민이 5년 동안 일해서 버는 돈을 하나도 쓰지 않고 모아도 불가능한 정도의 엄청난 금액이다.

패니메이와 프레디맥이 망하면 미국 주택시장은 붕괴될 수밖에 없었다. 더불어 두 회사로부터 각국 중앙은행이나 금융기관들이 사들인 1조 5000억 달러 규모의 채권 역시 휴지조각이 된다. 당시 우리 한국은행도 패니메이와 프레디맥이 발행한 채권을 380억 달러어치나 보유하고 있었다. 따라서 미국 경제는 물론 세계 경제가 파산할 위험성이 있었다. 미국정부는 공적자금을 투입해서라도 이 두 회사를 살릴 수밖에 없었다.

그들은 서브프라임 사태 후 5000억 달러가 넘는 손실을 기록했다. 2008년 9월 7일 미국 재무부는 역사상 최대 규모인 1530억 달러를 투입해 두 회사를 국유화했다.

이에 대한 반작용으로 2008년 9월 15일 깜짝 놀라는 사건이 터진

프레디맥은 모기지 대출을 주로 했던 금융회사다.

다. 바로 2000억 달러가 넘는 자산 규모의 투자은행인 리먼브라더스가 파산한 것이다.

당시만 해도 연준과 재무부는 파생상품의 심각성을 미처 깨닫지 못했다. 그래서 언론으로부터 호되게 질타당한 베어스턴스와 패니메이, 프레디맥의 전철을 밟지 않으려고 미국 4위 투자은행 리먼브라더스의 파산을 보란 듯이 방치했다. 베어스턴스보다 더 큰 투자은행이었는데도 말이다. 연준과 재무부는 이번 기회에 국민들과 금융계에게 정부가 시장에 반하면서까지 부실기업을 구하는 것은 아니라는 점을 보여주려 했다.

하지만 결과적으로 대실수였다. 9월 15일 파산한 리먼브라더스의 폭발력은 가히 메가톤급이었다. 당시 리먼브라더스와 계약을 맺고 있었던 CDS의 규모는 8000억 달러에 이르렀다. 채권시장은 단숨에 공포의 도가니에 빠졌다. 기네스북에 세계 최대규모 파산(6700억 달러)으로 등재된 리먼브라더스 파산으로 CDS 시장의 경색은 극에 달했다. 가뜩이나 위축된 자금조달 시장에 직격탄을 날렸다. 이로써 전 세계적으로 신용경색이 호되게 몰아쳤다.[11]

CDS 거래 잔액 규모는 2008년 초에 62조 달러에 이르렀다. 보험 대상인 CDO 전체 발행 물량의 열 배 이상이었다. 또한 당시 미국과 유로 지역, 일본의 총 통화량이 25조 달러 정도였으니 이는 전 세계 주요 선진국 통화량의 두 배가 넘는 엄청난 양이었다.

"이번 신용위기의 교훈은 시장엔 자율조정기능이 없다는 것이다. 적절한 규제를 하지 않으면 늘 선을 넘어서기 일쑤다. 2009년만 해도 우린 애덤 스미스의 '보이지 않는 손'이 왜 종종 보이지 않는 건지 다시금 알게 되었다. 그 손이 거기에 없고 금융세력의 탐욕이 거기 있기 때문이다. 금융가들의 사리사욕 추구는 사회 전체의 이익으로 이어지지 않는다. 금융기관 주주들에게조차 도움이 안 된다." 노벨경제학상 수상자이자 세계은행 부총재를 지냈던 컬럼비아대학 교수 조지프 스티글리츠의 말이다.

## 금융자본의 탐욕이 금융위기 수습을 방해

우리는 모든 권력의 최정점에 정치권력이 있고, 그 정상에 대통령이 있다고 생각한다. 하지만 아니었다. 현대의 세계에서, 아니 최소한 현대의 미국에서는 정치권력을 움직이는 큰손들이 있다. 돈줄과 언론을 장악하고 있는 세력이 바로 그들이다.

2008년 글로벌 금융위기는 그 전개 과정에서 자본의 탐욕으로 태어난 파생상품의 남발과 범람을 제어하지 못한 잘못이 크다. 그러나 그보다 더 나쁜 것은 금융위기 이후 금융계의 대처 방식이었다.

2008년 늦가을 신용위기가 발생하자 미국정부는 부실을 따로 모아 '배드뱅크'를 만든 뒤 여기에 공적자금을 집중 투입해 부실을 처리하려 했다. 대공황 때 프랭클린 루스벨트 대통령이 썼던 특효 처방이다. 그러한 목적으로 의회를 설득해 긴급자금도 마련했다. 그렇게 했으면 조기에 신뢰를 회복할 수 있었다. 그러나 결국 실행하지 못했다. 월가의 큰손들이 극구 반대했기 때문이다. 버티다 보면 자기들이 소유하고 있는 부실채권들의 가격이 회복되리라고 믿은 것이다.

그 뒤 미국정부는 차선으로 은행의 임시 국유화를 추진했다. 그러나 그마저도 제대로 진행할 수 없었다. 월가가 주식을 담보로 자금을 지원하고 취득한 주식은 비의결권으로 보유만 하겠다는 정부의 말을 믿지 못하고 국유화를 겁낸 것이다.

그 뒤 차차선으로 미국정부는 채권의 시가평가제를 추진했다. 부실채권을 시가로 평가해 은행의 신뢰를 회복하자는 정부의 복안이었다. 결국 그것도 월가의 반대로 추진하지 못했다.

이로써 금융위기는 조기에 수습되지 못하고 전 세계로 퍼져나가면서 장기화되었다. 결국 미국정부는 부실에 집중적으로 공적자금을 투입해 처리하지 못하고 돈을 헬리콥터에서 무차별 살포하듯 전 방위로 뿌려 불을 끄려 했다. 때문에 죄 없는 다른 나라들이 오랫동안 고생했다. 부실을 파악해 조기에 수습했으면 제로금리나 양적완화정책까지 가지 않을 수 있었음에도 말이다.

## 우려되는 인플레이션 쓰나미

경제학에서 변하지 않는 한 가지 진리가 있다. 바로 "대량으로 발행되는 화폐는 가치가 떨어진다"는 것이다.

강성했던 고대 제국들이 몰락한 원인은 여러 각도에서 조명될 수 있겠지만 그 가운데 가장 중요한 원인이 대량으로 발행된 화폐로 인한 인플레이션이다.

밀턴 프리드먼은 긴 화폐의 역사에서 정부가 재정적자를 손쉽게 메우는 수단으로 화폐 발행량 증가를 선택하는 경우엔 인플레이션이라는 재앙을 불러오게 된다는 주장을 여러 측면에서 반복했다. 그가 거듭 강조하는 "인플레이션은 언제 어디서나 화폐적 현상이다"라는 말은 언제나 진리다. 인플레이션으로 인해 통화가 붕괴되고 시장이 마비되면 국가마저 멸망하는 역사적 사례는 많았다. 이것이 우리가 인플레이션, 그리고 인플레이션 인자를 본질적으로 지니고 있는 화폐를 두려워해야 하는 이유다.

글로벌 금융위기 와중에 선진국은 천문학적 규모로 통화량을 증가

통화량 증가는 인플레이션 쓰나미를 부를 수 있다.

시켰다. 또한 각국 금리도 사상 최저수준이었다. 그렇게 많은 돈이 풀렸음에도 물가는 안정적이었고, 일본과 유럽은 오히려 디플레이션을 걱정했다.

미국 경제학자 어빙 피셔는 '화폐 수량설'로 물가 변동을 명쾌하게 설명했다. 물가 수준은 결국 화폐량과 유통속도에 달렸다는 이야기다. 생산품 가격을 P, 생산품 거래총량을 T, 화폐량을 M, 화폐유통 속도를 V라고 한다면, 'MV=PT'라는 것이다.

지금은 투자 대상을 찾지 못한 돈이 은행에서 잠자고 있다. 하지만 경기가 본격적으로 좋아지면 문제는 달라진다. 잠자고 있는 돈들이 투자처를 찾아 나오면 통화량의 유통 속도가 빨라질 것이고, 그러면 시중 유동성이 급격하게 증가하면서 인플레이션이 발생할 것이기 때문이다. 여기에 놀란 중앙은행이 급격한 계단식 금리인상을 서두르면 큰 탈이 난다. 그때는 시장이 망가지거나 아니면 인플레이션 쓰나미가 밀려올 가능성이 크다.

## 급격하게 팽창하는 금융자산

미국인들은 신자유주의가 본격화된 1980년대 이후 소득불평등이 급증하는 상황에서도 그것을 개인의 능력 탓이라고 여겼다. 하지만 아니었다. 소득불평등은 돈이 돈을 버는 금융산업의 속성이었다. 글로벌 금융위기에 이르기까지 세계 경제성장률이 연평균 3~4%인 데 반해 세계 금융자산 증가율은 연 15% 내외였다. 땀 흘려 일하는 근로소득(세계총생산) 대비 돈이 돈을 불려주는 불로소득(금융자산소득)이 서너 배 더 빨리 성장한 것이다.

1970년까지만 해도 세계 금융자산 규모는 세계총생산GDP 규모의 절반에 불과했다. 1971년 닉슨쇼크 이후 달러가 근원인플레이션이 허용되는 한도 내에서 제약 없이 발행되자 이때부터 세계 금융자산의 증가속도가 빨라졌다. 그 뒤 10년 만인 1980년에 이르러 세계 금융자산 규모는 두 배 이상 커져 세계총생산 규모를 넘어서기 시작했다. 금융자산을 GDP로 나눈 '자본집적도'가 109%였다. 이후 미국에서는 신자유주의가 극성을 부리기 시작해 부자들의 부는 급속도로 불어났다.

10년 후 1990년 자본집적도 비중은 무려 263%가 되었다. 불과 20년 만에 GDP 대비 금융자산의 규모가 50%에서 263%로 다섯 배 이상 커진 것이다.

그 뒤 미국은 다른 나라에도 신자유주의를 강하게 밀어붙였다. 이른바 '워싱턴 컨센서스'는 미국식 시장경제 체제와 금융 시스템의 대외확산전략을 말한다. '세계화'와 '자유화'라는 용어가 이때 만들어졌다. 이후 미국은 자신의 패권적 지위를 이용해 강제로 남의 나라 외환시장 빗장을 열어젖힐 정도로 자본수출에 광분했다. 그 뒤 세계 각국의 외국인투자 자본의 3분의 2는 미국자본으로 채워졌다.

이 통에 우리도 IMF 사태를 당했다. 이때 우리 주요 은행들의 주식 60% 이상이 그들 손에 들어갔고, 은행 세 개는 아예 통째로 넘어갔다. 대기업 주식도 절반가량 외국인에게 넘어가기는 마찬가지였다. 이로써 글로벌 금융자본은 우리 주식시장의 3분의 1 이상을 장악했다.

2000년 세계 자본집적도는 3.10배였는데, 2004년에 3.34배로 증가했다. 금융자산의 증가속도가 GDP 증가속도에 비해 서너 배 이상 빨랐다. 2008년 초에 발표된 맥킨지 보고서를 보면, 2006년도 전 세계 금융자산 총액은 167조 달러에 이르러 전년대비 17.6%나 늘어나 지나치게 금융시장이 팽창하고 있음을 알 수 있다. 자본집적도는 글로벌 금융위기 직전인 2007년에는 355% 증가했다. 당시 선진국 평균은 417%였고 신흥국 평균은 199%였다. 금융버블이 선진국에서 유래되었음을 알 수 있다.

자본집적도의 급격한 증가는 사실 큰 문제점을 안고 있다. 밀턴 프리드먼이 그토록 주장했던 'k% 준칙', 곧 화폐 발행량은 경제성장률을 조금 상회하는 수준이어야 된다는 것은 위배되었다. 그뿐 아니라 정부가 금리를 이용한 통화정책도 방만하게 운영한 탓에 시중은행들의 신용창출도 대폭 늘어났다. 그로 인해 유동성이 넘쳐나 근로소득 증가에 비해 지나치게 금융자산 증가속도가 빨라졌고, 이는 결국 금융자본가들의 소득과 부를 늘려주었다.

또 신자유주의 이후 등장한 주주 이익을 극대화하는 주주자본주의는 부의 분배가 노동자에게서 주주 등 금융자본가에게로 쏠리게 했다. 대기업의 이윤은 날로 커졌지만 임금이 차지하는 비중은 줄어들었다. 이에 따라 소득불평등도 커졌다. 소득불평등 심화는 단순한 최상위 집단으로의 소득집중뿐 아니라 중산층의 몰락을 가속화시키고 있다.

**자본주의 체제를 위협하는 상위 10%의 독식**

게다가 1980년대 레이건 정권 때부터 시행한 부자감세정책은 심각한 소득불평등을 불러와 상위 10%가 전체소득의 거의 50%를 독식하는 체제를 만들었다. 문제는 이로 인해 사회의 소비수요가 팍 줄어든다는 것이다. 중산층과 서민들은 사실 버는 대로 소비할 수밖에 없는 처지다. 그러나 소득과 부가 상위 극소수계층으로 몰리면 그들은 소비하는 데 한계가 있다. 사회 전체적으로 봤을 때 소비가 크게 줄어

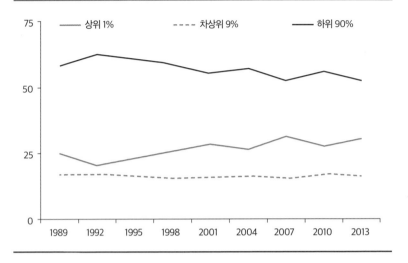

드는 것이다. 이로 인해 생산성의 향상으로 상품은 넘쳐나는데 수요 부족으로 소비가 크게 줄어 터진 게 대공황이다.

이는 열 명이 사는 사회를 가정했을 때, 돈 잘 버는 한 명이 나머지 아홉 명과 소득이 같아지거나 더 많아짐을 의미한다. 이렇게 되면 사회 전체 절반 가까이의 소득이 사회로 흘러나오지 못하고 그들의 곳간에 축적된다. 곧 사회 전체소득의 절반이 소비력을 잃어버리는 사회는 수요부족으로 공황을 맞을 수밖에 없다. 또한 이는 국민의 90%가 중산층에서 차츰 하류로 추락하고 있음을 뜻한다. 이는 자본주의 체제에 대한 심각한 위협이다. 더 큰 문제는 이러한 소득불평등이 앞으로 개선될 가능성 없이 더 심화되고 있다는 점이다.

연준은 2014년에 소득불평등 자료를 발표하면서 '소득불평등의 이유
는 주로 주식투자로부터 기인한다'고 친절하게 덧붙였다. 금융자산의
팽창이 그들의 소득을 높인다는 것이다. 당시 연준 의장이었던 재닛
옐런은 이 자료를 발표하고 미국의 소득불평등 문제의 심각성을 공개
적으로 비판했다.

2007년 신용위기가 들이닥치자 자산 디레버리지가 시작되면서 다
우지수는 고점대비 54%나 폭락했다. 2007년 10월 11일 1만 4198

**차입투자가 끌어올린 미국 주식시장**

뉴욕증권거래소와 S&P 500 마진 대출,
1995년 이후 실질성장

■ 불황   ●— 뉴욕증권거래소 마진 대출 실질성장   ●— S&P 500 실질성장

2017년 10월까지의 마진 데이터

에서 2009년 3월 9일 6547로 급락한 것이다. 이때 다른 자산가격도 40% 이상 떨어졌는데 주택가격은 30% 정도 떨어졌다. 그 뒤 연준의 제로금리와 3차에 걸친 양적완화정책으로 무제한의 유동성을 공급해 주식시장은 금융위기 이전의 고점을 회복함은 물론 실물경제 성장속도를 훨씬 상회하는 버블이 끼기 시작했다. 다우지수는 2018년 4월 12일 현재 2만 4483으로 2009년 3월에 비해 네 배 가까이 폭등했는데, 이는 2007년 10월 고점에 비해서도 72%나 급등한 수치다.

이는 무제한의 유동성과 차입투자로 부풀린 금융자산 팽창 덕분이다. 이렇듯 주식시장과 자산시장 가격의 급등이 상위 1%에게 소득과 부를 몰아주고 있다. 현대 금융자본주의의 자본집적도의 팽창이 제어되고 부자증세가 이뤄져야 하는 이유다.

───────── **날로 더 심각해지는 소득불평등, 상위 1% 독식체제**

불과 3년 사이에 소득불평등 문제는 더 심각해졌다. 2017년에 발표한 연준 자료를 보면 상태가 더욱 악화됨을 알 수 있다. 그래프에서 보듯 이제 소득이 늘어나는 계층은 상위 1%밖에 없다. 2016년에 상위 1%가 미국 전체소득의 23%가량을 가져갔다. 이 비율은 24%로 정점을 찍었던 1929년 세계대공황 이래 최고수준이다. 차상위 9%가 전체소득의 25%가량을 가져갔는데 이들은 소득정체 현상을 보이고 있다. 이 둘을 합하면 상위 10%가 미국 전체소득의 절반을 가져가는 상황이다.

《21세기의 자본》으로 유명한 피케티 교수와 공동작업을 통해 불평등 연구에 기여한 에마뉘엘 사에즈 버클리대학 교수는 상위 10%의 2015년 실질소득이 전체소득에서 차지하는 비중이 50.5%로 커졌다고 주장했다. 그는 특히 상위 1%의 소득 회복속도가 가팔랐는데 글로벌 금융위기 이후 6년간 37%의 증가율을 보여, 이 기간 미국에서 늘어난 소득의 52%를 차지했다고 주장했다.

이런 현상은 세계적으로 확산되었다. 국제구호개발기구 옥스팜이 2018년 1월 발표한 〈부가 아닌 노동에 보상하라〉는 보고서를 보면, 2016년 6월부터 1년간 증가한 세계 부의 82%를 상위 1%가 독식한 것으로 나타났다.

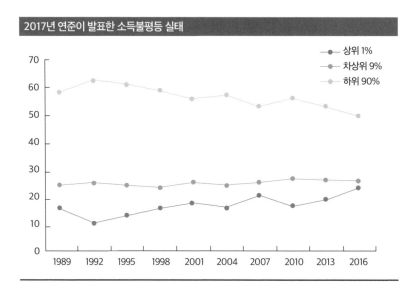

다음 그래프에서 보듯, 상위 10%의 소득이 전체소득의 50%에 육박하면서 1929년 대공황이 터졌고, 2007년 다시 이 비율이 50%에 달하면서 글로벌 금융위기가 발발했다. 이렇듯 소득불평등이 극도로 심해지면 수요부족으로 대공황을 맞는 것이다.

이 그래프는 대공황 때 당선된 프랭클린 루스벨트 대통령의 부자증세로 부의 재분배가 이루어져 상위 10%의 소득이 30% 초반대로 떨어졌으나, 1980년대 레이건 대통령 이후 부자감세의 지속적 추진으로 다시 상위 10%의 소득이 전체소득의 50%대로 육박하고 있음을 보여준다.

미국 상위 10%의 소득점유율 추이

부의 편중 문제는 소득불평등 문제보다 더 심각하다. 미국이 가진 부의 대략 40%를 상위 1%가 갖고 있다. 미국 내 금융자산의 절반가량 역시 그들 소유다. 미국 400대 부자가 미국 인구의 절반이 넘는 1억 5000만 명보다 더 많은 부를 소유하고 있다. 문제는 그들의 부의 증가 속도가 가파르게 우상향하면서 부의 독점화 현상이 더 심해지고 있다는 점이다.

차상위 9%도 현재는 그 정도의 부를 소유하고 있다. 곧 상위 10%가 미국 부의 80% 가까이를 소유한 셈이다. 나머지 미국 국민 90%의 자

**2017년 연준이 발표한 부의 편중 실태**

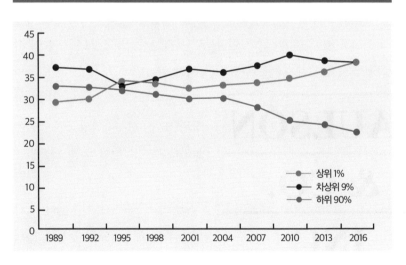

산은 비중이 줄어들면서 현재 20% 초반대에 간신히 턱걸이하고 있는데 상황이 점점 안 좋아지고 있다.

자본집적도 비중의 증가, 곧 금융자산의 팽창과 부자감세로 인해 부익부 빈익빈 현상이 극도로 심화되고 있다. 있는 자들은 더 많은 부를 움켜쥐고, 중산층들은 붕괴되어 빈곤층으로 내몰리고 있는 것이다. 이런 추세가 날이 갈수록 더 심해진다면 과연 사회가 버텨낼 수 있을까?

## 소득불평등과 부익부 빈익빈의 원흉

미국 부자들은 골드만삭스 같은 투자은행의 뮤추얼펀드를 통해 부를 늘리지만 상위 1%는 헤지펀드를 통해 부를 늘린다. 헤지펀드는 비공개 펀드로 최소 100만 달러 이상부터 투자할 수 있다. 21세기 들어 급증하기 시작한 헤지펀드 수는 미국에만 약 1만여 개가 있다. 그들의 연평균 수익률은 5% 남짓이지만 상위 30개 정도의 연평균 수익률은 놀라울 정도로 높아서 연 30%에 가깝다.

글로벌 금융위기 이후 금융위기의 원흉인 헤지펀드의 정보공개 요구가 빗발쳐 정부는 투자자 100명

# PAULSON
# & CO.
# INC.

헤지펀드 1위인 폴슨앤코의 로고

이상의 펀드는 정보공개를 의무화했다. 그러자 상위 헤지펀드들은 운영 펀드의 회원을 99명 이하로 제한하는 수법으로 법망을 피해갔다. 조지 소로스의 경우는 아예 고객 돈을 다 돌려주고 자기 돈만으로 펀드를 운영했다. 그래서 상위 그룹의 영업정보는 공개되지 않고 있다.

이러한 헤지펀드들의 수익은 대형 상업은행과 투자은행을 앞서기 시작했다. 일례로 2010년 하반기 경우, 상위 열 개 헤지펀드의 수익은 6대 은행 수익보다 높았다. 헤지펀드 1~2위인 폴슨앤코와 퀀텀펀드가 수수료를 떼고 순수하게 고객들에게 돌려준 수익은 각각 58억 달러와 30억 달러였다. 특히 120명을 고용하고 있는 폴슨앤코가 3만 2500명이 일하는 골드만삭스의 순수익 43억 달러를 훨씬 능가한 점이 눈에 띈다. 100여 명의 인력으로 운영되는 헤지펀드 수익이 수만 명의 엘리트 인력을 고용하고 있는 일류 투자은행보다도 컸으니 말이다.

## 금권정치의 폐해

소득불평등 문제에 대한 미국인들의 인식을 불러일으키는 최초의 계기는 2008년 전 세계를 휩쓴 글로벌 금융위기였다. 2011년 가을 "우리는 99%다"라는 구호를 앞세운 월가 점령시위가 벌어지면서 비로소 공론화되었다. 그리고 버니 샌더스가 2016년 이를 대선 어젠다로 삼으면서 미국인들은 이 문제의 심각성을 느꼈다.

미국 사회 1%는 어떤 사람들로 이루어져 있을까. 상위 1%의 평균

"우리는 99%다"라는 구호를 외치고 있는 시민들

소득은 연간 150만 달러다. 상위 1%와 나머지 99% 사이의 소득격차
만이 문제의 전부는 아니다. 더 큰 문제는 이들 1% 가운데 공정한 게
임의 규칙을 조작하려는 세력이 있다는 사실이다. 이들은 막대한 자
금력을 동원해 정치, 언론, 관가에 영향력을 행사하고 있다. 부자증세
반대, 더 나아가 법인세와 소득세 인하, 상속세 철폐, 환경규제 완화,
최고 소득세율 삭감 등이 그것이다. 따라서 서민복지 확대, 교육기회
의 평등, 일자리 창출, 실업 지원 등 서민들을 위한 경제민주화정책은
정치영역에서 상대적으로 소외된다.

특히 상위 1%들이 슈퍼팩을 통한 대규모 정치후원금을 무기로 대선과 총선에 막강한 영향력을 행사하고 있다. 대선의 경우, 지난 10여 년간 유력 대선후보들은 슈퍼팩을 통해 10억 달러 이상의 후원금을 모았다. 그들이 대통령이 된 후 과연 그 돈으로부터 자유로울 수 있을까? 3차 화폐혁명은 이런 금융자본 세력에 대한 사람들의 분노를 배경으로 서서히 그 모습을 드러내기 시작했다.

# PART 4

## 3차 화폐혁명(신뢰화폐)
### 암호화폐의 탄생

# 암호화폐, 혁명의 새로운 불씨를 피우다

## 01

### 기존 화폐와는 다른 신개념 화폐

암호화폐는 탈중앙화 방식으로 생성되고 운영되는 신개념 화폐다. 거래장부가 은행이라는 중앙 서버에 저장되는 게 아니라 다수의 컴퓨터에 분산되어 저장된다는 뜻이다. 따라서 암호화폐는 특정 주인이 없으며 동시에 사용하는 모든 사람들이 주인인 화폐다. 어느 특정국가에도 속박받지 않고, 누구도 임의로 화폐량을 늘리거나 줄일 수 없다. 컴퓨터와 인터넷만 있으면 누구나 어디서든지 활용할 수 있다.

이 단순한 차이가 시사하는 바는 크다. 정부의 통제가 없기 때문에, 2013년 키프로스 사태처럼 정부가 국민의 은행계좌를 마음대로 동결할 수 없다. 다시 말해 암호화폐는 정부가 손댈 수 없는 자산이다. 키

프로스는 금융위기 여파로 국민들이 자신의 계좌에서 예금을 전부 인출하는 뱅크런 사태를 우려해 모든 계좌를 동결시켰다. 가장 안전하다고 믿었던 정부와 은행이 언제든 내가 가진 돈을 가져갈 수 있음을 보여주는 사례였다. 그해 초 20달러 수준이었던 비트코인 가격은 키프로스 조치가 있던 4월 266달러로 열세 배나 뛰어올랐다.

또한 암호화폐는 개인과 개인이 직접 연결되는 P2P망을 이용하여 사용자 사이에서 직접 거래되기 때문에 은행 등의 중개금융기관을 거치지 않아도 된다. 따라서 수수료가 낮고, 국제 간 송금도 며칠씩 기다릴 필요 없이 몇 분이면 완료된다.

파키스탄 사람들은 90% 이상이 은행계좌가 없다. 아프가니스탄에서는 여성들이 은행계좌를 개설할 수 없다. 그러나 암호화폐는 누구나 사전 준비서류 없이 컴퓨터 앞에 앉아서 성별이나 사회적 지위, 과거의 이력과 상관없이 바로 계좌(지갑)를 만들 수 있다.

암호화폐 창시자들이 이루고자 하는 목표는 대단히 큰 그림이다. 암호화폐는 화폐량을 사전에 정해진 법칙에 따라 늘리게 되어 있어 중간에 임의적인 화폐 발행량 증감이 불가능하다. 따라서 금처럼 인플레이션 위험이 없는 화폐다.

또한 은행처럼 부분준비지급제도를 이용해 고객의 예금을 다른 고객에게 대출해주면서 없는 돈을 만들어내는 '신용창출'이 불가능하다는 것도 암호화폐의 장점이다. 이는 곧 현대사회가 안고 있는 초인플레이션 위험에서 벗어나는 해결책이 될 수 있다. 더불어 달러가 기축통화 역할을 하면서 가졌던 특권을 위협할 수 있는 화폐로마저 언급되고 있다.

거기에 더해 암호화폐의 핵심기술인 블록체인은 인터넷의 발명 이래 가장 혁신적인 기술이라 불리고 있다. 세계 경제포럼wEF의 연구에 따르면 2027년에는 세계 GDP의 10%가 블록체인으로 보관될 것이라 한다.

하지만 암호화폐의 의미를 제대로 이해하기 위해서는 먼저 암호화폐가 무엇인지부터 알아야 한다.

## 가상화폐와 암호화폐의 차이

우리가 흔히 혼용해 쓰고 있는 가상화폐와 암호화폐 사이에는 본질적인 차이가 있다. 가상화폐virtual currency는 인터넷 등 가상공간에서 통용되는 디지털화폐를 말한다.

리니지의 아데나는 지금도 현실 화폐로 거래되고 있다

가상화폐는 온라인 게임에서 먼저 발전하기 시작했다. 우리나라가 이를 가장 먼저 사용한 국가들 중 하나다. 1997년 한국에서는 '리니지'라는 게임에서 '아데나'라는 게임머니를 썼으며, 이 게임머니를 이용해 현실세계에서 상품을 사기도 하면서 현실화폐와 교환 가능한 가상화폐가 되었다. 심지어 게임머니로 자동차나 집을 산 사람도 있다. 싸이월드에서 배경음악과 꾸미기 아이템을 살 때 썼던 도토리 또한 가상화폐다. 2012년 당시 놀랍게도 이런 가상화폐의 시장규모는 약 1조 5000억 원으로 추정되었다.

2007년 케냐에서 대학생이 개발한 엠페사M-Pesa는 모바일로 송금, 저금, 결제가 가능한 가상화폐로서 은행계좌가 없는 아프리카 사람들 사이에 급속도로 보급되었다. 영국의 보다폰은 이 가상화폐에 주목해 케냐 이동통신업체와 손잡고 엠페사를 사업화했다. 여기에 IBM이 합세해 엠페사의 사용자는 2017년 기준 케냐 1700만 명, 탄자니아 700만 명 등 아프리카 전체로 확산 중이다.

미국에서는 벤모라는 스마트폰 애플리케이션이 인기를 끌고 있다. 대학생이 개발한 벤모는 한마디로 미국판 엠페사다. 가상화폐의 일종인 벤모는 친구끼리 밥값을 나눌 때라든가 비용을 분담할 때 유용한 결제 시스템이다.

사실 암호화폐도 가상화폐의 일종이다. 하지만 특정 게임이나 SNS에 국한되지 않고 기존 종이화폐처럼 범사회적으로 사용되도록 만든 특수한 형태의 가상화폐다. 특히 암호화폐는 블록체인이라는 기술을 이용해 거래내역의 조작을 방지한다. '암호'화폐라 불리는 이유는 블록체인 기술에 해시함수, 전자서명 등 암호화 기술들이 사용되기 때문이다.

　용어 사용은 국가별로 다르다. 우리나라에서는 '가상화폐'라는 단어를 많이 사용하고 있다. 암호화폐는 한 종류의 가상화폐이며, 암호화 기술은 이를 구현하기 위해 사용된 기술에 불과하기 때문에 암호화폐를 가상화폐라고 볼 수도 있다. 미국 재무부 산하 금융범죄단속반에서도 규제대상을 '가상화폐'라고 규정짓고 있다. 그러나 세계적으로 주로 쓰이는 영어 단어는 'Cryptocurrency', 곧 암호화폐다. 이전의 가상화폐들과 다르게 비트코인 등을 포함한 최근의 암호화폐들은 실제 범용화폐로 사용될 수 있는 수준으로 화폐의 기능을 충족시키고 있다. 그래서 이 책에서도 가상화폐가 아닌 암호화폐라는 용어로 사용하려 한다.


## 암호화폐 구조의 핵심, 블록체인

블록체인 시스템에 참여하는 A와 B는 직접 돈을 주고받을 수 있다. 그러나 중간에 은행이라는 매개체가 없다 보니 이후에 돈을 받았느니 안 받았느니 하는 분쟁이 발생할 수 있다. 따라서 돈 거래가 완결되기 전에 A와 B 간의 거래내역을 시스템 내 다른 사용자들이 공유한 뒤 이를 검증하는 작업을 거쳐 신뢰성을 확보해야 한다. 이런 점에서 블록체인은 모든 거래자들의 거래장부를 공유해서 거래를 안전하게 만

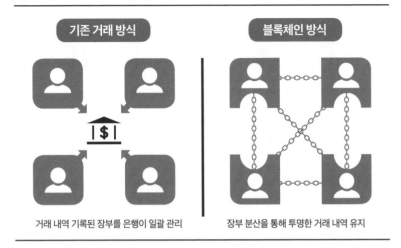

| 기존 거래 방식 | 블록체인 방식 |
|---|---|
| 거래 내역 기록된 장부를 은행이 일괄 관리 | 장부 분산을 통해 투명한 거래 내역 유지 |

들어주는 보안기술이다.

우선 기존 화폐와의 차이점을 보자. 기존 화폐로 A가 B에게 x원을 송금 신청하면, 은행은 자신이 관리하는 '원장'이라 부르는 전산장부의 A의 계좌에서 x원을 차감하고 B의 계좌에 x원을 추가한다. 만약 해당 은행이 해킹당하면 A와 B를 포함해 모두의 계좌에서 돈이 빠져나갈 위험이 있다. 중앙에서 일괄관리하는 시스템이기 때문에 그 시스템의 보안이 뚫리면 모두의 계좌가 위험에 노출되는 구조다.

반면 A가 B에게 암호화폐로 송금한다고 치자. A가 B에게 암호화폐를 보내면 그 거래기록이 어느 중앙관리 주체에 전달되지 않고, 해당 암호화폐를 사용하는 사람들 가운데 거래의 검증에 참여하기로 자원한 수많은 검증자들에게 모두 전달된다. 이같이 별도의 중개자 없이 화폐 이용자들이 서로 협동하며 직접 거래를 운영하는 방식을 'P2P'라 부른다.

해당 검증자들은 모든 거래내역이 담긴 장부를 하나씩 갖고 있고, 이번 거래내역을 모두가 동일하게 각자의 장부에 반영한다. 이를 '분산원장Distributed Ledger'이라 부른다. 또한 기존 은행들과 달리, 각 검증자가 소지한 장부에는 여태까지 있었던 모든 거래내역이 다 공개되기 때문에 블록체인은 '공개원장Public Ledger'이라고도 불린다. 계좌가 익명으로 처리되긴 하지만, 거래일시와 금액은 누구나 볼 수 있도록 공개되어 있다.

공개된 분산원장에는 여러 혁신적인 요인들이 있다. 우선 은행 등 중간매개자 없이 거래가 가능하다. 따라서 은행에서처럼 거래를 거절한다거나 계좌를 동결한다거나 하는 일들이 일어날 수 없다. 또한 이전의 거래내역을 해킹 등으로 조작하려면 한 곳만 공격해서는 안 되고 암호화폐 네트워크상에 있는 모든 검증자들의 장부를 다 바꿔야 한다. 따라서 현실적으로는 조작이 불가능한 구조다.

이처럼 조작이 불가능한 구조의 암호화폐는 온라인상에서 만들어진 것이기 때문에 기존 화폐로는 가능하지 않았던 새로운 '탈중앙' 구조를 구현할 수 있게 했다.

## 블록체인 기술을 가능하게 한 암호화 기술

은행과 같은 중앙 일괄관리 시스템에서는 사람들이 그 은행을 신뢰할 수 있어야한다. 자신의 돈을 함부로 빼앗지 않고 거래 시 조작 없이 거래를 이행해줄 것이라 믿어야 은행을 이용할 수 있기 때문이다. 하지만 분산원장 시스템에서는 수많은 자원자들이 블록체인 장부를 관리하기 때문에 이들을 모두 신뢰할 수는 없다. 따라서 해당구조가 잘 작동하려면 사람을 신뢰하지 않고도 전체 시스템이 잘 돌아갈 수 있도록 설계해야 한다. 곧 주체를 신뢰하지 않고 시스템을 신뢰하는 것이다.

이를 구현하기 위해 블록체인에서는 암호화 기술을 사용한다. 블록체인에서 사용하는 암호화 기술을 이해하기 위해서 가장 기본적인 암호화부터 알아보자. 가장 기본적인 암호화에서는 특정 '키'를 이용해 메시지를 암호화하고, 동일한 '키'를 이용해 복호화(복원)할 수 있다.

블록체인에서는 여기에서 변형되어 나온 두 가지 암호화 기법인 '해시 함수'와 '비대칭 암호화'를 사용한다. 첫 번째가 '해시함수' 암호화다. 해시함수 암호화에서는 '키'가 필요 없으며 복호화가 불가능하다.

두 번째가 '비대칭 암호화'다. 비대칭 암호화에서는 암호화를 할 때 사용하는 '키'와 복호화를 할 때 사용하는 '키'가 서로 다르다.

블록체인은 이 두 가지 암호학적 도구를 사용한다. 해시함수는 거래 시 거래내역이 변조되지 않았음을 보장하는 데 사용하며, 비대칭 암호화는 거래 시 거래를 요청한 사용자의 신원을 보장하는 데 사용한다. 이를 더 자세히 알아보자.

## 해시함수의 이해

해시함수란 평문을 해시 알고리즘을 통해 해시값으로 출력하는 것

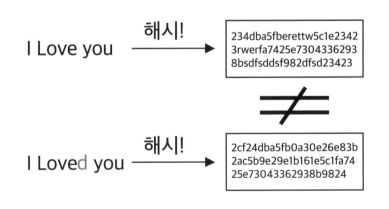

문장이 조금만 변해도 달라지는 해시값

을 말한다. A라는 메시지를 암호화해 B라는 암호화된 결과값을 얻는 기술인데, 이 결과값을 '해시값'이라 부른다. 단, 암호화된 B를 이용해 역으로 원본 메시지 A를 구할 수는 없다. '일방향'의 암호화다. 해시함수를 이용하면 메시지 내용을 확인하지 않고도 데이터에 조작이 있었는지를 검증할 수 있다. 가령 A라는 메시지를 누군가에게 보내고 싶을 때, A를 해시함수로 암호화해 얻은 해시값 B를 A와 함께 보낸다.

메시지 A와 해시값 B를 함께 받은 사람은, 메시지 A를 해시함수로 암호화했을 때 B와 동일한 해시값이 나오는지 확인한다. 만약 해시값이 같으면 조작이 없었던 것이고, 다르면 메시지가 조작된 것이다.

## 비대칭 암호화

이번에는 일방향이 아닌 쌍방향 암호화 기술인 비대칭 암호화에 대해 알아보자. 이는 전자서명에 사용되는 암호기술이다.

비대칭 암호화는 A라는 메시지를 암호화할 수 있는 비밀키private key와, 암호화된 값을 다시 복호화할 수 있는 공개키public key가 존재하는 '쌍방향' 암호화 기술이다. 공개키를 갖고 있는 사람은 누구든지 암호화된 메시지를 복호화해서 원본 메시지를 읽을 수 있다. 하지만 메시지를 암호화하는 것은 비밀키를 갖고 있는 사람만 할 수 있다.

비대칭 암호화를 이용하면 메시지를 보낸 사람의 진위 여부를 검증할 수 있다. 메시지를 보내는 사람이 자신의 비밀키를 이용해 메시지를 암호화해서 보내면, 받는 사람은 보낸 사람의 공개키를 이용해 메시지가 복호화되는지 확인함으로써 보낸 사람의 신원을 검증하는 것이다.

-------- **'전자서명과 검증', 암호화 기술을 활용한 안전거래**

블록체인에서는 거래의 진위성을 보장하기 위해 해시함수와 비대칭

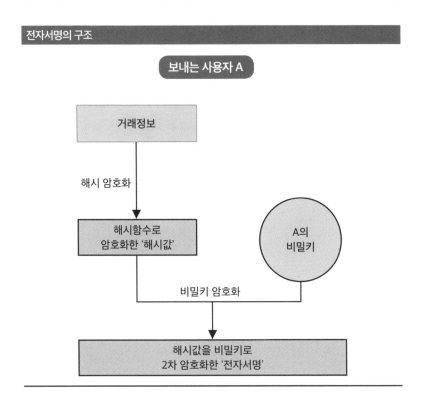

전자서명의 구조

암호화를 함께 복합적으로 활용한 '전자서명' 기술을 활용한다.

가령 B에게 송금을 하려면 A는 해당 거래정보를 해시함수로 암호화하고, 이를 통해 얻은 해시값을 다시 자신의 비밀키를 이용해 2차 암호화한다. 이렇게 해시함수와 비대칭 암호화를 중복 적용해서 '거래내역'과 '보낸 사람의 신원' 양쪽의 조작을 모두 방지한다. 이러한 보안수단을 전자서명이라 부른다.

송금자 A는 검증을 받기 위해 블록체인 네트워크에 세 가지 정보를 보낸다. '거래정보', 'A의 공개키', 그리고 '전자서명'이 그것이다. 검증자들은 이 세 가지 정보를 갖고 거래요청의 진위를 파악한다. 서명값을 A의 공개키를 이용해 복호화하면 해시값이 나오는데, 검증자들은

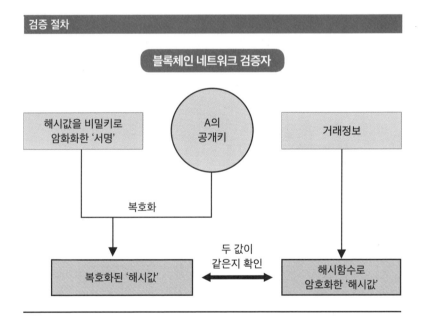

검증 절차

이와 별도로 거래정보를 해시함수로 암호화해 해시값을 얻는다. 이 두 해시값이 같은지를 확인하는 것을 검증이라 한다.

블록체인 기술은 은행과 달리 모든 이용자의 과반수 합의에 기초한다. 비트코인을 전송하면 그 사실이 모든 이용자에게 공개되고, 그 거래가 맞다고 과반수의 사람들이 검증해주면 그 사실은 영구적으로 변경 불가능하게 확정된다.

이 같은 방법으로 개별 거래들은 블록체인 네트워크상의 참가자들을 통해 검증된다. 그런데 그 거래가 맞다고 확인해주는 사람들은 무슨 이득이 있어서 그 거래를 검증하는 것일까? 이 검증 과정이 채굴이다. 그들은 수고에 대한 대가로 비트코인을 얻는 것이다. 채굴자들은 새로 발행되는 비트코인을 얻기 위해 자발적으로 시스템의 검증자로 활동한다.

## 여러 거래정보들의 묶음, 블록

채굴자는 여러 거래정보들을 묶어서 하나의 블록을 만든다. 한 블록 안에는 몇 십 개에서 몇 천 개의 거래가 들어 있다. 하나의 블록이 완성되면, 채굴자는 그 블록 전체를 해시함수로 암호화해서 그 블록에 대한 해시값을 구한다. 그 블록 속의 어느 한 거래의 정보가 변형되어도 그 해시값이 변하기 때문에 해시값으로 조작 여부를 알 수 있다.

다음 채굴자는 블록을 만들 때, 직전 블록의 해시값을 새로운 거래정보들에 포함해 해시함수를 암호화한다. 이와 같이 매 블록들의 해

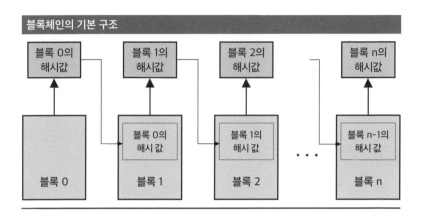

블록체인의 기본 구조

시값이 다음 블록의 해시값에 직접적으로 영향을 미치기 때문에 블록 '체인'이 되는 것이다.

이렇게 각 블록의 해시값들이 연결되어 있어서, 만약 중간에 한 블록의 정보를 수정하면 해당 블록뿐 아니라 그 뒤 모든 블록들의 해시값이 변경되어 정보 조작이 불가능해진다. 이처럼 개별거래에 '전자서명' 암호화를 이용하고 각 블록 단위로 '해시함수' 암호화를 이용함으로써 블록체인 기술은 조작이 불가능한, 디지털 장부를 관리할 수 있는 방법이 되었다.

## 블록체인 기술의 활용

블록체인 기술은 앞으로 여러 영역에서 활용될 것이다. 특히 기록 저장의 중요성이 부각되는 분야는 대부분 블록체인 기술을 도입할 가능성이 크다. 블록체인 기술은 금융. 유통, 물류 산업, 보안 산업, 사물인터넷, 계약과 기록보존, 선거나 여론조사, 세금과 예산관리, 에너지, 정보와 데이터 보호 등 다방면에 일대 혁신을 가져올 것이다.

일례로 한때 IT 거인이었으나 지금은 구글, 애플, 아마존 등에 주도권을 내준 IBM, 오라클, 월마트 등도 블록체인 기술을 통해 전세 역전을 시도하고 있다. 월마트는 IBM과 손잡고 블록체인 기술을 적용해 식품 이력추적 시스템을 개발했다. 결과는 놀라웠다. 문제 있는 식품이 어떤 경로를 통해 납품됐는지 확인하는 데 이전에는 일주일 이상 걸렸지만 이제는 3초면 충분하다. 식품 이외의 모든 상품에도 활용 가능해 품질관리에서 혁명적 변화가 일어날 것으로 예상된다.

블록체인 기술은 특히 금융 분야에서 많이 사용될 것이다. 미국의 컨설팅회사 액센츄어는 대형 투자은행들이 블록체인 기술로 어음 교환과 정산의 효율성을 향상시킨다면 연간 약 100억 달러의 비용을 절약할 수 있다고 추정했다. 최초로 암호화폐 리플을 자사 송금시스템에 도입한 스페인 산탄데르 은행은 금융업계가 블록체인 기술을 적용할 경우 2022년까지 연간 200억 달러를 절감할 수 있을 것이라고 분석했다. 골드만삭스는 2015년에 이미 블록체인 기술 관련 특허를 신청했고, 뱅크오브아메리카도 20개가 넘는 관련 특허를 신청했다.

세계 최대 금융상품 거래정보 저장소인 DTCC<sub>Depository Trust & Clearing Corporation</sub>는 2017년 1월 금융상품 거래정보 모두를 블록체인 기술을 이용해 저장하고 관리하겠다고 밝혔다. DTCC가 관리하는 금융상품의

블록체인 기술을 이미 적용 중인 월마트

총액은 11조에 달한다. 이뿐 아니라 호주증권거래소 역시 블록체인 기술을 주식거래 결제와 정산에 이용할 계획이며, 미국 대형 투자은행도 주식 스와프에 블록체인 기술을 이용하는 것을 시험해왔다. 이외에도 이미 다수의 금융기관들이 독자적으로 또는 위탁을 통해 블록체인 관련 연구를 진행하고 있다.

다이아몬드 업계도 이미 블록체인 품질보증 시스템을 개발 중이다. 이 시스템을 통하면 이 다이아몬드가 언제 어느 광산에서 채굴되어 어디서 가공되고 어느 감정사가 어떤 등급을 주었는지 모두 기록되어 한눈에 알 수 있다. 비단 보석업계뿐 아니라 기록과 저장이 필요한 모든 상품에는 블록체인 기술이 적용될 수 있다.

정부와 대기업들 역시 블록체인 비즈니스에 앞다퉈 나서고 있다. 미국 행정부는 2017년 말 블록체인 기반 사이버 보안연구가 포함된 약 7000억 달러 규모의 군사비지출 법안을 승인했다. 블록체인으로 IT와 사이버 보안 시스템을 현대화하기 위해서다. 두바이는 2020년까지 전체 정부를 블록체인으로 운영하고, 에스토니아는 세계 최초로 블록체인 기반 주민등록제도와 전자투표를 시행하려 준비 중이다.[12]

현재 블록체인 적용 분야가 늘고 일상화되는 상황에서 앞서 예상한 기술들은 향후 1~2년 사이에 모두 상용화될 가능성이 크다. 블록체인 데이터의 전체 공유에 따르는 프라이버시 문제를 해결하기 위한 '영 지식증명Zero Knowledge Proof' 기술이 도입될 것이다. 참고로 영 지식증명은 어떤 내용도 노출하지 않고 해당 정보를 알고 있다는 것을 증명하는 방법을 말한다. 실제 내용을 공개하지 않고도 그 진위를 확인함으로써 프라이버시를 지킬 수 있다.


## 블록체인 적용분야 확대방향

한국정보화진흥원은 2018년 4월 〈지능형 정부 추진을 위한 블록체인 동향분석 및 시사점〉이란 보고서를 발표했다. 내용 중에 블록체인의 단계별 발전 방향에 대한 일목요연한 그래프가 있어 눈길을 끌었다. 보고서에서는 블록체인 기술의 발전 과정을 네 단계로 나누어 설명하고 있다.

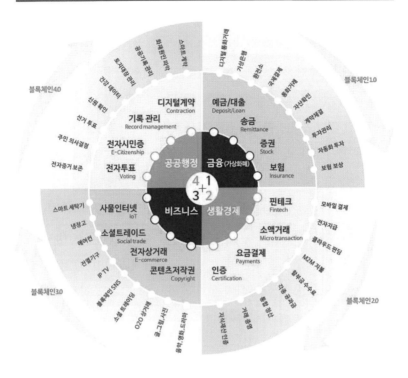

　도입기에는 블록체인 기술이 주로 송금 등 금융 분야에 치중되어 발전하지만 이후 발전기에는 모바일 결제, 거래증명 등 생활경제 분야로 확대된다고 한다. 그리고 확산기에는 사물인터넷, 콘텐츠저작권 등 산업 간 융합 등 비즈니스 분야에 널리 적용되고, 마지막 정착기에는 전자투표 등 정부서비스 기반에 접목되어 국가 인프라로 자리 잡는다는 내용이다.

비트코인은 블록체인 기술을 활용한 세계 최초의 암호화폐라고 볼 수 있다. 그 전에 해시캐시, 디지캐시, 비머니 등의 시도가 있었으나 이들은 모두 사람들을 모으는 데 실패했다. 매 시도에서마다 조금씩 더 암호화폐의 실현에 가까워졌지만, 이를 하나의 작동하는 시스템으로 실행하기가 어려웠다. 그래서 많은 사람들은 암호화폐를 만들려는 시도를 불가능한 일이라고 치부했다.

하지만 모든 것은 2008년 9월 사토시 나카모토가 비트코인 관련 백서 〈비트코인: 일대일 전자화폐 시스템〉을 등록하면서부터 달라졌다. 그는 이전 암호화폐 선구자들의 개념 가운데 전자서명과 작업검증 등을 차용해 공개원장으로 운영하고, P2P로 탈중앙화해 인플레이션을 원천적으로 차단하는 방법을 고안해 실세계에서 작동 가능한 암호화폐를 만들었다.

출시한 지 8년도 안 되어 비트코인의 시가총액은 140조 원에 이르렀으며, 2017년 12월에는 400조 원에까지 다다르기도 했다. 비트코인은 이로써 암호화폐들이 세상의 주목을 받게 해주었고, 현재도 암호화폐 중 영향력이 가장 크다.

비트코인은 블록체인의 구현에 있어서 고유한 기술적 특징들을 갖는다. 비트코인의 블록체인은 한 블록의 크기가 1MB을 넘지 못하고 10분에 한 블록이 추가되도록 설계되어 있다. 블록이 추가될 때마다 그 블록을 추가한 채굴자에게 비트코인을 보상으로 준다. 현재 존재하는 약

1700만 개의 비트코인이 모두 다 이러한 방식으로 생성되었다. 차후에 생겨난 암호화폐들은 이러한 특징들에서 비트코인과 차별점이 있다.

다음 블록을 만들 권리를 얻기 위해서 채굴자들은 거래의 검증이 완료되면 '작업증명'이라는 작업을 해야 한다. 작업증명은 수학 문제를 푸는 거라고 생각하면 된다. 이를 위해 해시퍼즐을 풀어야 하는데 이 해시퍼즐의 정답을 논스Nonce라 부른다. 곧 블록 만들기는 논스를 찾는 과정이라 할 수 있다.

이러한 작업증명 과정을 통해 새로운 블록을 만들 채굴자가 정해진다. 이런 작업을 시키는 이유는, 그래야 이 10분의 시간 동안 여러 채굴자들이 각자 개별적으로 최신 거래들을 검증할 시간을 벌 수 있기 때문이다. 만약 허위 거래를 시도한 사람이 있다면, 이 10분 사이에 네트워크의 여러 채굴자들에 의해 발견된다.

블록당 채굴 보상은 최초 50BTC(비트코인)으로 시작하고 21만 개의 블록이 생성될 때마다 25BTC, 12.5BTC, 6.25BTC 등 절반으로 줄어들게 설계되어 있다. 약 10분에 한 블록이 추가되기 때문에 21만 블록은 약 4년마다 생성되고, 따라서 채굴의 보상도 4년마다 절반이 된다. 이를 '채굴반감기'라 한다. 2018년 현재 블록당 보상은 12.5BTC다.

------------------------------

**비트코인이 해결해야 할 문제들**

오픈소스 구조, 제한된 공급량, 분산화된 원장관리 등으로 비트코인

초당 1000~2000건의 거래를 수행하는 비자의 카드

은 혁신적인 가능성들을 제시하고 있다. 하지만 아직 비트코인이 해결해야 할 문제점들이 많다. 이 가운데 가장 큰 문제점은 비트코인의 확장성이다.

만약 전 세계 사람들이 비트코인을 오늘날의 신용카드처럼 사용하려 한다면 현재의 비트코인으로는 기술적으로 이를 감당하지 못한다. 비트코인은 10분에 한 블록만 생성되며, 이 블록의 크기는 1MB를 넘지 못하기 때문에 여기에 담을 수 있는 거래의 수가 한정되어 있다. 현재 비트코인은 평균 초당 세 건의 거래를 처리하고, 현 구조상 최대 일곱 건의 거래를 넘기기 힘들다. 이는 비트코인 대중화에 큰 걸림돌이다.

참고로 이더리움은 평균 15초에 하나씩 블록이 생성되고, 리플은 4초, 대시는 거의 실시간으로 거래내역을 처리한다. 카드회사인 비자 VISA는 현재 초당 1000~2000건의 거래를 수행하고 있는데, 이론적으로는 1초에 56000개까지 처리가능하다.[13]

비트코인의 문제를 해결하기 위해 그간 여러 방안이 나왔다. 채굴 단계에서 거래검증 방법을 더 쉽게 바꾸는 방안, 한 블록에 들어가는 개별 거래의 정보량을 줄이는 방안(Segwit), 한 블록의 크기 제한을 더 키우는 방안(2x) 등이 있다.

비트코인은 오픈소스로 운영되기 때문에 이러한 새로운 변화를 시행하려면 커뮤니티에서 과반의 동의가 있어야 한다. 하지만 현재 각 제안 사항들이 이해관계의 상충으로 인해 과반의 지지를 받지 못하고 있다.

결국 이러한 변화의 어려움 때문에 아예 비트코인 전체 시스템을 복제해 원하는 변경사항을 반영하는 하드포크Hard Fork를 통해 새로운 암호화폐가 비트코인으로부터 갈라져 나왔다. 비트코인캐시Bitcoin Cash 와 비트코인골드Bitcoin Gold가 바로 그것이다.

하지만 이러한 기술적 관문이 남아 있음에도 비트코인이 성장을 멈추지는 않았다. 2009년 1BTC은 약 50원에 거래가 되었다. 2011년에 1000원, 2012년에 1만 원, 2013년에 10만 원, 2017년에 100만 원을 넘었다. 그 뒤 2000만 원까지 치솟았다가 2018년 4월 현재 800만 원 내외에서 등락을 거듭하고 있다. 비트코인이 이렇게 성장하는 이유는 암호화폐에 대한 본질적인 믿음이 사람들에게 있기 때문이다.

# 다양해지는 암호화폐들

## 02

### 한 단계 더 나아가는 암호화폐

비트코인이 세상에 나온 이후로 수많은 후발주자 암호화폐들이 생겨났다. 이들을 통틀어서 '알트코인Altcoin'이라 부른다. 알트코인들은 크게 두 분류로 나뉜다. 비트코인 코드에서부터 파생된 '비트코인 기반 암호화폐'와 자체적으로 처음부터 새롭게 개발된 '네이티브 암호화폐'다.

비트코인 기반 암호화폐는 비트코인의 기존 코드에 자신이 원하는 수정사항만을 반영해 새롭게 출시한 암호화폐다. 이는 비트코인이 오픈소스이기 때문에 가능하다.

비트코인 내에서는 자체적인 시스템을 변경하려면 과반의 동의가 필요한데, 과반의 동의를 구하기가 힘든 경우가 많다. 그러자 과반의 동의를 구할 필요 없이 현재의 비트코인을 통째로 복사해 새로운 암호화폐를 만들어 수정사항을 반영하기 시작한 것이다.

## 비트코인 기반 암호화폐들

비트코인에서 파생된 암호화폐 가운데 거의 처음으로 나온 것이 라이트코인Litecoin이다. 라이트코인은 비트코인의 핵심 구동코드인 '비트코인 코어'를 토대로 만들어져서 2011년 10월에 출시됐다. 라이트코인은 거래를 비트코인보다 빠르게 처리하는 것을 주 목적으로 해, 한 블록의 생성 시간을 10분에서 2.5분으로 단축했다. 다시 말해 채굴자들이 블록 생성자로 채택되기 위해 풀어야 하는 문제의 난이도를 평균 2.5분 걸리도록 낮춘 것이다. 또 하나의 차이점은 최대 발행할 코인 수를 2100만에서 8400만으로 네 배 늘린 것이다.

블록생성 시간은 4분의 1로 줄이고, 화폐량은 네 배로 늘린 목적은 비트코인보다 실생활에서 화폐로 사용하기 더욱 적합하게 만들기 위함이다. 이것이 라이트코인을 만든 찰리 리의 의도다. 중국계 미국인인 찰리 리는 MIT에서 컴퓨터공학 학사와 석사 과정을 마치고 구글에서 개발자로 일한 후, 미국의 첫 암호화

비트코인에서 파생된 첫 번째 암호화폐 라이트코인

페 거래소인 코인베이스Coinbase의 개
발총괄을 맡았다.

찰리 리는 라이트코인을 만들며
"비트코인이 금이라면, 라이트코인
은 은과 같다"고 비유했다. 비트코인
보다 유동성이 높고 일상 거래에 사
용하기 더 편하도록 만들었기 때문
이다. 라이트코인은 2018년 3월 현재 시가총액이 10조 원으로 세계에
서 다섯 번째로 시장가치가 큰 암호화폐다.

2014년에는 대시Dash라는 암호화폐가 나왔다. 대시는 비트코인보다
더 사용자 친화적이며, 화폐가 자체적으로 운영될 수 있는 추가 기획
들이 도입되었다.

주요 차이점은 수수료를 더 내면 즉각적인 이체가 가능한 인스턴트
거래, 기존 거래보다 더욱 익명성을 높여서 누구한테 얼마를 보내는
지를 알 수 없게 만드는 프라이빗 거래가 있다는 것이다. 그리고 암호
화폐의 주요 안건들을 화폐소유자 대표들이 정하는 '마스터노드Master
Nodes' 개념을 도입했다.

하지만 비트코인 기반 암호화폐들이 다 잘된 건 아니다. 2015년에
출범한 두 개의 암호화폐 비트코인엑스터Bitcoin XT와 비트코인 언리미티
드Bitcoin Unlimited도 각자 비트코인을 개선시키려 했지만 사용자들의 지
지를 얻지 못해 결국 거의 사용되지 않고 있다.

비트코인에서 또다른 종류의 암호화폐를 파생시키는 방법 중에는 비트코인의 핵심코드만 사용하는 것이 아니라 비트코인의 모든 것을 통째로 복사하여 사용하면서 일부 규칙만 개정한 하드포크가 있다. 비트코인에서 하드포크를 통해 파생된 암호화폐는 하드포크 이전까지의 모든 정보가 동일하다. 따라서 비트코인을 소유하고 있는 사람은 동일한 액수의, 새롭게 하드포크된 코인인 비트코인캐시도 소유하게 된다.

하드포크에서의 '포크'는 음식을 찍어 먹는 포크의 모양이 여러 갈래로 갈라져 있는 모습에서 따온 것이다. 규칙을 개정해 원래의 암호화폐에서 영원히 분리되는 것을 하드포크로 부르고, 보안상의 결함 등 기존 규칙의 약점을 개선하는 것을 소프트포크라 부른다. 2018년 3월 현재 비트코인은 세 차례에 걸친 소프트포크가 있었다.

2017년 비트코인에는 두 번의 하드포크가 있었다. 이 가운데 하나는 8월에 나온 비트코인캐시다. 비트코인 사용자가 기하급수적으로 늘어나면서 블록크기가 1MB로 제한되어 있던 비트코인 기술에 병목현상이 발생하기 시작했다. 트랜잭션(거래) 처리속도가 느려지고 수수료가 치솟자 이를 해결하기 위한 방안들이 나

하드포크를 통해 만들어진 비트코인캐시

오기 시작했다.

처음에는 비트코인 개발자그룹에서 제안한 세그윗이 논의되었다. 기존 프로토콜의 서명 부분을 줄여서 블록 사이즈를 기존 사이즈(1MB)로 유지하면서도 더 많은 트랜잭션을 담을 수 있는 방법이었다. 마치 블록을 4MB로 확장한 것과 같은 효과를 낼 수 있다. 하지만 채굴업체들과 이해관계에 부딪혀 난항을 겪었다.

세계 최대 채굴업체 앤트풀antpool 대표이자 고성능 채굴기 제작유통사인 비트메인Bitmain 대표 우지한과 그의 추종세력들은 전송처리 능력을 높이는 손쉬운 방법은 비트코인의 블록 크기를 증가시키는 것이라고 주장했다. 블록의 용량이 작아 기다리는 손님이 많다면 블록을 좀더 크게 만들면 된다는 논리다. 여기에 비트코인닷컴 설립자 로저 버가 가세했다. 그러나 비트코인의 코어 개발자들은 '블록 크기의 증가는 채굴자들의 힘을 지나치게 강화시켜 사토시 나카모토가 주장한 탈중앙화 정신을 거스른다'고 반박했다. 이 두 그룹은 결국 타협을 이루지 못해 결별의 수순을 밟았다.

그 뒤 비트코인캐시는 비트코인의 확장성 문제를 해결하기 위해 블록당 1MB의 크기 제한을 8MB로 높였다. 1MB에 담을 수 있는 트랜잭션의 수가 최대 3000개에 불과해 이를 여덟 배로 늘린 것이다. 결과적으로 거래처리 속도가 빨라졌고 수수료가 낮아졌다.

현재 비트코인의 블록당 수수료는 5BTC를 넘는 경우가 드물다. 점점 채굴 보상금이 줄어들고 있어 전기료에도 못 미치면 향후 비트코인 시스템 존립 자체를 위협할 수도 있다. 이를 개선한 게 비트코인캐

채굴이 쉽도록 만든 비트코인골드

시다. 2018년 3월 현재 비트코인캐시는 시가총액이 20조 원으로 네 번째로 시장가치가 큰 암호화폐다.

두 번째는 10월에 나온 비트코인골드다. 비트코인골드는 채굴 부분을 바꿨다. 비트코인에서는 코인을 채굴하기 위한 논스를 찾는 난이도가 너무 높아져, 경쟁력을 갖기 위해서는 한 대당 몇 백만 원 하는 채굴전용 하드웨어인 ASIC을 구매해야 했다. 이를 해소하기 위해 비트코인골드에서는 일반 하드웨어로도 비슷한 성능으로 채굴을 할 수 있도록 했다. 몇몇 전문채굴 집단들만이 아니라 일반인들도 채굴을 할 수 있도록 수정한 것이다. 최대한 분산화되어 채굴하는 것이 더 안전하고 건강한 생태계를 만든다는 생각에서였다.

비트코인을 기반으로 파생한 암호화폐들은 모두 비트코인처럼 '오픈소스'로 운영된다. 비트코인과 같은 이념으로 어느 누구의 소유가 아닌, 사용자 전체에 의해서 운영된다는 것이다.

### 네이티브 암호화폐들

비트코인에서 파생된 것이 아닌, 아예 새롭게 만든 암호화폐도 있다.

이들은 자체적으로 처음부터 코드를 모두 새로 작성해서 고유의 독자적인 화폐를 만들었다고 해 네이티브 암호화폐라 불린다.

이들은 본질적인 부분들에서 비트코인과 차이를 두고 있다. 이들의 블록체인은 개념마저 변형되어 흔히 블록체인의 기본이라고 생각하는 요소들을 갖추지 않은 경우도 있다.

특히나 기존 블록체인과 개념이 다른 암호화폐가 2012년에 출시된 리플Ripple이다. 리플은 국제송금을 위한 플랫폼으로 만들어졌다. 기존의 화폐들을 대체하려는 것이 아니라, 기존 화폐들끼리의 국제송금을 더욱 빠르고 저렴하게 하기 위해 탄생한 것이다.

리플은 다른 암호화폐와 마찬가지로 리플의 자체 화폐인 'XRP'코인으로 송금할 수 있지만, 이 외에 'IOU'라는 차용증으로도 송금할 수 있다. 이 IOU는 어음의 개념으로, 보내는 사람이 해당하는 금액만큼을 지급하겠다는 일종의 약속이다.

리플이 기존 암호화폐와 다른 또 한 가지 큰 차이점은 거래를 검증하기 위해 누구나 검증자로 참여 가능한 분산화된 구조가 아니라 몇몇의 사전 검증된 주체들만 검증자로 허용되는 구조를 택했다는 것이다. 따라서 탈중앙 분산화의 이념에는 해당되지 않는 암호화폐다.

마지막 차이점은 리플은 주식회사 형태로 운영되는 영리기업이라는 것이다. 비트코인, 라이트코인, 비트코인캐시 등의 암호화폐들은 모두 오픈소스로 운영되며 영리기업이 아닌 반면 리플은 미국의 주식회사이며 영리를 목표로 운영된다. 이러한 구조로 인해 리플은 9300만 달러 투자를 유치할 수 있었다. 투자자 중에는 구글벤처스와 최초의 인터넷브라우저 넷스케이프 창시자가 세운 앤드리슨호로위츠도 있다.

리플을 처음 구상한 사람은 라이언 푸거로 2004년에 안전한 결제 시스템인 '리플페이닷컴RipplePay.com'을 개발했다. 하지만 이 시도는 큰 관심을 받지 못했으며, 리플을 현재의 암호화폐로 새롭게 탄생시킨 실제 주인공은 제드 맥케일럽이다. 맥케일럽은 2000년도에 P2P 파일 교류 프로그램 이돈키eDonkey를 만들었으나, 당시 대표적인 P2P 프로그램 냅스터와 함께 음악업계로부터 소송을 당해 사업을 중단해야 했다.

이후 2006년에 맥케일럽은 첫 암호화폐 거래소인 마운트곡스Mt.Gox

를 개발했다. 처음에 그는 판타지 게임카드 거래 사이트로 마운트곡스를 만들었으나, 2010년에 암호화폐에 관심을 갖게 되면서 암호화폐 거래소로 탈바꿈시켰다. 취미로 시작했던 사이트가 너무 빨리 커지자 맥케일럽은 2011년 마운트곡스 사이트를 마크 카펠레스에게 팔았다. 마운트곡스는 이후 세계 최대의 암호화폐 거래소가 되었다가 해킹으로 85만 비트코인을 도난당해 결국 파산했다.

이후 제드 맥케일럽은 리플을 만들기 위해 현 리플 암호화총괄자인 데이비드 슈워츠와 이사회의장 크리스 라슨 등을 영입했다. 2013년에 리플의 경영 방향에서 의견 충돌이 생기자 결국 회사를 떠난 맥케일럽은 현재 스텔라 재단 최고기술책임자cto로 일하고 있다.

제드 맥케일럽을 포함해 리플의 초기 창업자들은 많은 리플 코인 XRP를 갖고 있어 벼락부자가 되었다. 그중 약 52억 XRP를 보유한 크리스 라슨은 세계 최대 암호화폐 부호가 되었으며, 2018년 1월 리플 가격이 치솟으면서 한때 자산액이 마크 저커버그를 능가하기도 했다.

2018년 3월 시가총액 30조 원에 도달한 리플은 세 번째로 시장가치가 큰 암호화폐로 아메리칸익스프레스, 크레디아그리꼴, 스탠다드차타드 은행 등을 포함해 100개가 넘는 은행들과 업무협약을 맺었다. 그 가운데 스페인 최대은행 산탄데르는 리플과 손잡고 최초로 블록체인을 기반으로 한 외환 결제서비스를 2018년 4월 출시했다. 이로써 산탄데르는 블록체인 기술을 자사 결제 시스템에 적용한 유럽 최초의 은행이 됐다. 이로써 무엇보다 평균 3~5일 걸리던 외화 송금 시간이

리플과 손잡고 외환 결제서비스를 시작한 스페인의 산탄데르 은행

하루 만에 가능해졌다.

### 누구나 암호화폐를 만들 수 있게 한 이더리움

비트코인이 암호화폐라는 혁명적 화폐를 세상에 처음 선보였다면 이더리움Ethereum은 암호화폐를 널리 확산시킨 일등공신이다. 비트코인이 최초이자 최대의 암호화폐지만, 비트코인 이후로 가장 주목을 받고 있는 것은 단연 이더리움이다. 이더리움은 2018년 3월 현재 약 55조

원의 시가총액으로 비트코인 다음으로 가치가 크다.

이더리움을 창시한 러시안계 캐나다인 비탈릭 부테린은 모스크바 인근 콜롬나에서 1994년에 태어났지만, 5세 때인 1999년 캐나다 토론토로 이사했다. 비탈릭은 4세 때 PC로 엑셀 작업을 했고 7세 때는 '토끼 백과사전'이라는 복잡한 문서를 만들었으며, 10세 때 이미 게임 코딩을 독학으로 배워 직접 온라인 게임을 만들 정도로 프로그래밍에 소질을 보였다. 초등학교 3학년 때 영재반에 뽑힌 그는 이를 계기로 수학과 경제학에 관심을 두기 시작했고 프로그래밍에 빠져 지냈다.

이후 비탈릭은 17세 때 IT사업을 하는 아버지 드미트리 부테린으로부터 비트코인 이야기를 듣고 처음에는 반신반의했으나, 얼마 지나지 않아 이에 매료되어 대학도 들어가기 전인 18세 때 《비트코인 매거진》이라는 비트코인 전문잡지를 창간했다. 이 잡지는 이듬해부터 인쇄판으로 발행되기 시작했는데, 암호화폐 관련 전문 간행지로는 최초였다. 이후 BTC미디어에서 《비트코인 매거진》을 인수했다.

비탈릭은 2012년 워털루대학 컴퓨터공학과를 들어갔으나 공부보다는 여행을 더 많이 다녔다. 그는 이스라엘 등 여러 나라를 여행하며 《비트코인 매거진》에 글을 쓰고 다양한 암호해독 프로젝트를 진행했다. 이스라엘에서 '컬러드코인즈'라는 비트코인 관련 프로젝트에 참여하기도 했다.

비탈릭은 2013년 5월 캘리포니아 산호세에서 열린 비트코인 컨퍼런스에 참가하면서 암호화폐 분야로 뛰어들어야겠다는 생각을 했다. 이후 비트코인 개발팀에 합류한 비탈릭은 누구보다 비트코인의 잠재력을 믿는 개발자였지만, 비트코인의 문제점은 반드시 수정해야 한다고 봤다.

암호화폐를 만들고자 하는 후발주자들은 매번 별도의 블록체인을 다시 만들어야 했는데, 그는 이것이 비효율적이라고 생각했다. 또한 블록체인 위에서 돌아가는 애플리케이션들을 개발할 수 있어야 비트코인의 사용성을 확장할 수 있다고 믿었다.

이를 위해 그는 비트코인 고유의 스크립트언어 개발을 제안했지만 비트코인 커뮤니티의 지지를 받지 못했다. 비탈릭은 그때 비트코인 코어 개발팀 중 상당수가 비트코인을 화폐 이외의 용도에 사용하는 것을 굉장히 꺼린다는 사실을 알게 됐다. 개발팀이 싫어하는 이유는 또 있었다. 지불과 상관없는 불필요한 데이터가 들어가면 블록이 처리하는 거래 수가 적어지기 때문에 비지불 데이터의 한도를 40바이트로 제한했던 것이다.

그래서 비탈릭은 아예 독립적인 플랫폼 이더리움을 만들기로 결심하고, 창업하기 위해 학교 자퇴에 대해 아버지와 의논했다. 컴퓨터 공

이더리움을 만든 비탈릭 부테린

학을 전공한 아버지 드미트리 부테린은 2000년부터 소프트웨어 회사 보나소스 Bonasource를 창업해 운영하고 있었기에 창업에 대해 긍정적인 답변을 주었다. 그때 그는 아들에게 "학교를 계속 다니면 애플이나 구글 같은 안정된 직장에 갈 수 있고 아마도 연간 10만 달러를 벌 수 있지만,

학교를 그만두면 훨씬 더 많은 것을 배울 수 있고 도전적인 인생을 살 수 있다"고 조언했다.

2013년 10월 토론토로 돌아온 비탈릭은 한 달간 연구에 집중한 끝에 새로운 개념의 암호화폐 '이더리움'에 대한 서른여섯 장짜리 백서를 펴냈다. 그는 〈차세대 스마트 계약 & 분산 응용애플리케이션 플랫폼〉이라는 이 백서를 토대로 페이팔의 창업자 피터 틸이 운영하는 '틸 펠로십' 프로그램에서 10만 달러를 지원받았다.

이를 계기로 비탈릭은 몇 주 후 창립팀을 구성하고, 2014년 초부터 이더리움 개발을 시작했다. 그의 나이 20세 때였다. 비탈릭은 이더리움 개발자금을 모으기 위해 획기적인 발상을 했다. 앞으로 이더리움에서 사용하게 될 화폐인 이더Ether를 미리 대량 생성한 후, 이를 비트코인으로 살 수 있도록 한 것이다. 이더리움의 가능성을 믿는 사람들은 싼 가격으로 이더를 살 수 있고, 창립팀은 그렇게 마련한 비트코인을 자본금으로 쓸 수 있었다.

비탈릭은 이를 위해 2014년 7월 스위스에서 이더리움 재단이라는 비영리단체를 설립하고, 7월부터 9월까지 석 달 동안 이더를 공개적으로 팔았다. 이로써 첫 공개적 암호화폐 판매, 곧 새로운 암호화폐를 만들기 위해 불특정 다수의 투자자들로부터 초기 개발자금을 모집하는 ICOInitial Coin Offering가 시작되었다.

이더리움 재단은 42일간 열린 ICO를 통해 약 3만 1500BTC를 모았다. 당시 가치로는 150억 원이었으나, 현재 시세로는 2500억 원이 넘는 규모다. 이를 바탕으로 연구개발에 매진한 비탈릭은 마침내 2015

비트코인보다 발전한 암호화폐 이더리움

년 7월 30일 공식적으로 이더리움 시스템을 공개했다.

이더리움은 블록체인 기반 암호화폐지만 비트코인보다 범용성과 확장성, 호환성이 뛰어나다. 이더리움은 스마트 계약 기능 덕분에 거래기록뿐 아니라 계약서, 유통과 게임, 미디어, 에너지, SNS, 이메일, 전자투표 등 다양한 산업분야와 애플리케이션에서 쉽게 사용할 수 있다.

이더리움의 확장성은 개발언어에서도 나타난다. 이더리움은 C++, 자바 등 대부분의 주요 프로그래밍 언어를 지원한다. 이더리움의 또다른 특징은 빠른 개발시간은 물론 다른 애플리케이션과의 호환성이다. 이와 같은 다양한 장점으로 이더리움은 암호화폐 시장진출 2년 만에 세계 2위로 도약했다.

이더리움을 기술적인 면에서 좀 더 자세히 살펴보자. 이더리움은 1MB로 블록 크기가 고정되어 있는 비트코인과 달리 블록 크기 제한을 두지 않았다. 또한 블록 생성주기를 10분에 하나씩 만들어내는 비트코인에 비해 12초까지 줄여 훨씬 더 빠른 데이터 검증을 가능케 했다. 비트코인은 주목적이 '디지털 화폐 플랫폼'이라면, 이더리움의 주목적은 그보다 더 큰 범주인 '디지털 거래 플랫폼'이다.

이더리움과 비트코인의 핵심적인 차이는 세 가지다.

첫 번째는 '스마트 계약 기능'이다. 스마트 계약은 사전에 컴퓨터 코드로 설정한 조건이 충족되면 자동적으로 계약이 이행되도록 하는 프로그램이다. 일종의 조건부 합의 프로세스다.

예를 들어 A가 B에게 집을 팔려고 할 때, A가 B에게 집 양도계약서를 넘기면 B의 계좌에서 이더가 자동으로 출금되어 A에게 전달되는 방식이다. 이러한 스마트 계약은 특정 조건이 충족되면 스스로 이행될 수 있기에 제3자의 관여 없이 신뢰할 수 있는 거래를 만들어낸다. 제3자의 관여가 필요 없기 때문에 거래비용 또한 절감된다. 또한 거래내역은 거래 당사자들끼리만 공유되어 보안성도 높다.

두 번째로, 이더리움에는 스마트 계약보다도 더 용도가 많은 분산형 애플리케이션 댑DApp, Decentralized Application 기능이 있다. 스마트 계약을 다양한 산업분야에 적용해 만든 프로그램이 바로 댑이다.

'디앱'이라고도 부르는 '댑'은 이더리움의 블록체인 위에서 돌아가는 프로그램이다. 그런데 이는 어느 한 컴퓨터에서가 아니라 전체 블록체인 네트워크에서 분산화된 구조로 돌아간다. 따라서 댑은 해킹이

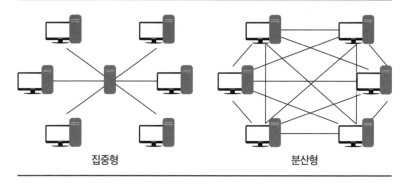

집중형                    분산형

불가능한 프로그램이다.

이더리움 채굴자들의 컴퓨팅 파워를 이용해서 돌아가는 댑으로는 계약서뿐 아니라 더 다양한 형태의 컴퓨터 프로그램들이 구동될 수 있다. 댑을 이용해 어떠한 블록체인 기반 프로그램이 개발될지는 앞으로 개발자들의 창의력에 달려 있다.

세 번째로, 이더리움의 차별화된 기능은 토큰Token이다. 토큰은 이더리움의 오픈소스 플랫폼을 바탕으로 누구나 쉽게 만들 수 있는 코인이다. 토큰과 코인의 가장 주된 차이점은 코인은 자체적인 프로토콜을 사용하는 데 비해 토큰은 이미 만들어진 플랫폼 위에서 간소한 수정작업으로 만들어진다는 점이다.

코인의 가장 대표적인 예는 비트코인과 이더리움의 이더다. 이 코인들은 자체적인 프로토콜로 만들어졌다. 아예 바닥서부터 자체적인 컴퓨터 프로그래밍 코드로 만들어진 이 코인들은 모든 기능 하나 하나가 다 새로운 코드로 짜여졌다.

반면 토큰은 그렇지 않다. 토큰은 가장 기본적인 사양만 정해서 기계를 이용해 코인을 찍어낸다. 그러므로 토큰들은 코인에 비해 만들기가 훨씬 쉽다. 비유하자면 코인이 웹사이트를 처음부터 HTML와 CSS로 코딩해서 만든 것이라면, 토큰은 워드프레스WordPress나 윅스Wix처럼 웹프로그래밍을 몰라도 손쉽게 웹사이트를 만들어주는 플랫폼을 이용해 만든 것과 비슷하다.

이더리움은 ERC-20이라는 프로토콜을 통해 누구나 자신만의 고유 토큰을 쉽게 만들 수 있는 플랫폼을 2015년에 공개했다. 이를 통해 누구나 ERC-20 프로토콜을 기반으로 한 자신만의 코인을 생성할 수 있다. 실제 기본적인 프로그래밍 지식이 있으면 20분 만에 새로운 토큰을 만들 수 있다.

새로운 토큰을 아무것도 없는 상태에서부터 어렵게 만들 필요 없이 이더리움을 활용해 쉽게 만들 수 있게 되면서부터 수많은 토큰들이 시장에 쏟아져 나오기 시작했다. 그 결과 현재 5만 개가 넘는 ERC-20 기반 토큰들이 생겨났다. 그 가운데 유명한 것은 이오스EOS, 트론Tron, 퀀텀Qtum, 오미세고OmiseGo, 아이콘ICON 등이다.

----

**우리나라 사람들이 만든 토큰들**

ERC-20 기반 토큰 중 아이콘은 우리나라 사람이 만든 것이다. 이 외에도 한국인이 만든 토큰들로는 보스코인BOScoin, BOS, 메디블록Medibloc, MED, 플러스코인PlusCoin, PLC, 링커코인Linker coin, LNC, 하이코인Hycoin , HYCOI, 에이치닥HDAC, 베리드코인Berith coin, 애스톤Aston, 퓨즈엑스Fuze X 등이 있다.

업비트와 빗썸 등에 상장된 아이콘은, 다양한 블록체인 커뮤니티를 단일 정보채널로 통합해 연결해주는 것을 목표로 더루프Theloop라는 한국 회사가 개발했다. 아이콘 프로젝트의 암호화폐 아이콘ICX은 2017년 스위스에서 약 500억 원 규모의 ICO에 성공하고 홍콩의 바이낸스 등 외국거래소에도 상장됐다. 2018년 4월 7일 현재 코인마켓캡 기준 시가총액 24위다. 메디블록은 각각의 의료기관에 분산돼 있는 개인의 의료정보를 통합하는 의료정보 공유 플랫폼이다. 자체 암호화폐 메디토큰MED을 가지고 스페인 소재 영국령 지브롤터에서 22017년 12월 ICO를 진행, 약 300억 원의 자금을 조달했다. 메디토큰은 한때 시가총액이 9억 달러대까지 치솟았으나 2018년 4월 7일 현재 코인마켓캡 기준 172위다.

## 암호화폐의 재빠른 진화와 ICO 열풍

이더리움으로부터 파생된 암호화폐의 확산은 암호화폐의 성격을 다양화시켰다. 가치이전 용도인 지불형payment 암호화폐 이외에도 계약 기능 또는 특정 서비스를 강조하는 기능형utility 암호화폐들이 대거 출현했다.

메디블록의 홈페이지

   기능형 암호화폐는 블록체인 기반으로 만들어진 애플리케이션이나 서비스를 이용할 때 사용되는 토큰을 지칭한다. 투자 목적이 아닌 서비스 사용 수단으로 존재하기 때문에 게임머니와 동일한 개념으로 볼 수 있다. 암호화폐 시장에서는 이런 산업에 속하는 사업을 통틀어 'DoS Decentralization of Services'라고 칭한다. DoS란 블록체인 기술을 활용한 탈중앙화 서비스로, 중개인이 없는 서비스 플랫폼을 말한다. 지금 우리가 알고 있는 P2P 기반 사업 모델은 사실 진정한 공유경제가 아니며 우버와 에어비앤비 같은 중앙화된 기업에게 막대한 이득이 가는 구조다. 기능형 암호화폐가 보편화된다면 진정한 공유경제가 가능해지고 더 저렴한 가격에 서비스를 이용할 수 있게 될 것이다.[14]

   또 하나의 큰 변화는 기업들이 '주식공개IPO' 대신 투자금 모집에 유리한 '암호화폐공개ICO'를 택하면서 자산형asset 암호화폐들이 쏟아져 나오는 것이다. 자산형 암호화폐는 사실상 주식, 증서, 계약 등과 같다. 암호화폐 보유자에게 수익분배나 이자지급을 하기 때문에 유가증권으로 분류된다.

새로운 토큰을 만드는 개발자들은 이를 대중에게 판매하는 ICO를 통해 큰돈을 모을 수 있게 되었다. 사람들에게 자신들의 새로운 토큰을 비트코인과 이더 같은 기존 코인들로 교환하게 했고, 이렇게 해서 모은 비트코인과 이더의 가치가 급상승하자 개발자들은 엄청난 금액의 암호화폐 자산을 갖게 되었다.

2017년에는 테조스Tezos, 방코르Bancor, 스테이터스Status 등 ICO를 통해 1억 달러 이상의 큰 금액의 펀딩을 모은 곳들이 나타나기 시작했다. 요즘은 ICO 형태의 공개판매 전에 투자기관들을 대상으로 사전판매Presale도 하기 시작했다. 2억 명의 사용자를 둔 모바일 메신저 텔레그램은 사전판매를 통해 17억 달러를 모았다. 1차 사전판매에 실리콘밸리 유명 벤처캐피털인 세쿼이아캐피털과 벤치마크 등 81개 공인 투자기관이, 2차에 94명의 투자가들이 참여해 화제를 모았다. 그만큼 투자기관들도 암호화폐에 대한 관심이 높다는 반증이다.

텔레그램의 ICO는 기존 메신저 플랫폼에 블록체인을 적용한다는 점에서 시사하는 바가 크다. 동사는 이번 ICO로 확보한 자금을 분산 파일 스토리지 시스템, 탈중앙화된 가상사설망VPN 서비스를 위한 프록시 서비스, 블록체인 기반 보안 브라우징 환경, 탈중앙화 앱과 스마트 컨트랙트 관련 서비스, 소액결제, P2P 기술개발 등 블록체인 기술에 집중 투자할 것으로 알려졌다.

또 텔레그램의 ICO는 기존사업에 암호화폐를 더하는 '리버스 ICO'의 대표적 성공사례다. 텔레그램의 성공은 카카오, 라인 등 다른 메신저 플랫폼에 영향을 주어 카카오도 암호화폐 발행을 추진하고 있는 것으로 알려졌다.

ICO가 급증하고 있다. 2015년에 4000만 달러에도 못 미쳤던 세계 누적 ICO 규모가 불과 2년 만인 2017년에는 57억 달러를 돌파했다. 증가세가 몹시 가파르다. 2017년 글로벌 투자시장에서 ICO를 통해 조달된 자금은 37억 달러로 뉴욕증시의 IPO 규모 356억 달러의 10분의 1을 넘어섰다. 이제 ICO를 통한 자금조달이 금융제도권 안으로 성큼 들어오는 모양새다.

유망한 아이디어나 기술력을 보유한 벤처기업이 IPO 대신 ICO로 자금을 먼저 조달받아 서비스를 시장에 선보이는 시대가 열리고 있다. 예전에는 창업하려면 조직을 먼저 구성하고 법인을 설립하여 상품이나 서비스를 선보인 후 IPO를 통해 자금을 조달하는 단계를 거쳤다. 그런데 이제는 ICO를 통해 벤처기업이 필요한 자금을 먼저 모은 후 제품을 개발하는 체제가 도래하고 있다.

다만 이 과정에서 과거 IT벤처 붐 시대처럼 자금만 조달받고 '먹튀'하는 사기성 기업들을 조심해야 한다. ICO 시장에 대한 세부적 규제가 필요한 이유다. 규제 가이드라인만 명확하다면 우리나라도 ICO 금지를 재검토해야 한다. 벤처기업뿐 아니라 텔레그램의 예에서 보았듯이 기존 기업들도 주식증자 대신 자체코인 발행을 통해 자금을 조달하는 '리버스 ICO' 현상도 일반화될 것으로 보인다. 이제 자금조달 방식이 바뀌고 있는 것이다.

ICO가 화폐 시스템의 변화는 물론 기업과 창업자들의 숨통도 터줄 것으로 보인다. 사기와 부실 등 각종 부작용이 나타날 수도 있다. 하지만 이를 막기보다 부작용을 최소화할 수 있는 제도 구상이 더 필요하다. 미국 실리콘밸리에서 유대계 벤처창업자들이 투자받을 확률은 97%다. 그런데 한국의 벤처창업자들이 투자받을 확률은 고작 1.5%라고 한다. ICO가 활발해지면 이런 상황을 극복할 수 있어 우리 기업과 창업자들에게 더 폭넓은 기회가 생길 것이다.

# 암호화폐가 화폐로서 갖는 의의

## 03

---

### 화폐의 진화

원시인류는 부의 획득을 위해 약탈과 정복전쟁의 과정을 거쳐 물물교환을 시작했다. 그 뒤 인류는 가죽, 조개, 동물이빨, 흑요석 등 그들이 생각하는 희귀한 귀중품을 물물화폐로 만들어 교환의 매개체로 사용했다. 신석기시대부터 목축과 농사가 시작되면서부터는 가축과 밀 다발 등이 교환의 매체가 되었다.

이후 인류는 청동기시대로 접어들면서 청동을, 철기시대에는 철전으로 시작해 금과 은 등을 금속화폐로 사용했다. 이후 금속화폐는 일정한 중량과 각인을 갖춘 주조화폐로 진화했다. 그러나 무거운 주조화폐를 지니고 먼 거리 교역을 하기엔 불편이 많았다. 그래서 귀금속을 담보로 하는 어음과 지폐가 등장했다. 이어 은행이 보증하는 수표가 나와 상업과 국제 무역을 발전시켰다.

1950년에는 신용카드가 개발되어 지폐 대신 사용되기 시작했다. 신용카드와 인터넷 이체는 금전 거래의 대부분을 차지하며 지폐의 종말을 예고하고 있다. 이미 일부 국가에서는 향후 지폐를 발행치 않고 모든 거래를 디지털로 하겠다고 발표하기도 했다. 화폐가 인터넷 시대를 맞아 디지털 화폐로 진화하는 것은 피할 수 없는 운명이다.

## 신용카드의 문제

문제는 신용카드의 경우 불법도용 사례가 많고, 또 카드 분실로 인한 손해도 많아 이미 거래액의 1% 이상이 범죄에 노출되고 있다는 것이다. 국제 거래에서는 그 비중이 2%로 더욱 높다.

비트페이 CEO 앤서니 갤리피의 이야기를 들어보자. "신용카드는 '당기기' 방식이다. 고객이 신용카드 번호를 제공하면 회사는 그 계좌에서 돈을 빼간다. 문제는 그 신용카드 번호를 가진 누구든 돈을 빼갈 수 있다는 사실이다. 바로 이 문제 때문에 '명의 차용'을 이용한 사기죄가 생겨난다. 신용카드 사기를 방지하기 위해 쓰는 돈은 엄청나다. 비자에서 사기 검출에 쓰는 돈이 무려 2000억 원 이상이다. 반면 비트코인은 '밀기' 방식이다. 내가 누구에게 돈을 보내고 싶다면 딱 그만큼의 돈만 보낼 수 있다. 받는 사람은 내 정보를 가지고 있지 않고 내

계좌정보도 모르므로 내게서 절대로 돈을 더 빼갈 수 없다. 오직 나만 돈을 보낼 수 있다."

게다가 신용카드는 수수료가 비싼 편이다. 신용카드는 수수료가 최저 3%에서부터 많게는 6%에 달하는 경우도 있다. 전자결제 대행업체에 내는 월 이용료도 만만치 않다. 또 판매대금이 입금되는 기간도 일주일에서 길게는 한 달까지도 걸린다.

암호화폐 거래는 이런 신용카드 거래나 핀테크 결제와 달리 안전한 P2P 직접 송금방식이라 송금과 결제 시스템에 일대 혁명을 불러올 것이다.

## 국제송금 시간의 단축과 수수료의 혁명

현재 은행들은 국제송금 시 1970년대에 개발된 'SWIFT'라는 방식을 이용한다. SWIFT 방식은 여러 중개은행들을 거치며 각 은행마다 수수료를 떼어간다. 소요기간도 영업일로 2~3일이 걸린다. 반면 암호화폐는 즉각적인 이체가 가능하고 수수료도 훨씬 적다.

보통 국제송금 수수료는 5~10%인데, 일일 평균 외환거래액이 5조 3000억 달러이므로 매일 발생하는 송금수수료만 2650~5300억 달러에 달한다. 암호화폐는 이를 대폭 낮추어 나중에는 제로 수준으로 수렴될 것으로 보인다. 그리고 암호화폐는 중개은행들이 전혀 필요 없이 당사자 간 일대일로 송금되어, 송금시간도 거의 소요되지 않는 즉

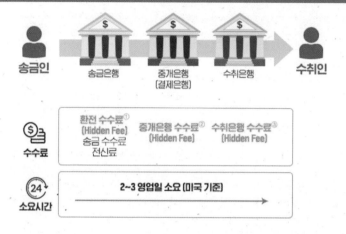

국제송금 시 SWIFT 방식과 암호화폐 방식의 차이

송금인 · 송금은행 · 중개은행(결제은행) · 수취은행 · 수취인

수수료
환전 수수료①
(Hidden Fee)
송금 수수료
전신료

중개은행 수수료②
(Hidden Fee)

수취은행 수수료③
(Hidden Fee)

소요시간
2~3 영업일 소요 (미국 기준)

시 이체가 가능하다.

### 인플레이션과 디플레이션에 휘둘리지 않는 화폐

사토시 나카모토는 비트코인에서 생성될 수 있는 총 코인의 수를
2100만 개로 한정 지어 설계했다. 이와 같이 총 비트코인 수를 한정
짓는 이유는 공급을 통제하기 위해서다. 금과 같이 수량이 정해진 화
폐는 기존 신용화폐가 갖는 인플레이션의 위험이 없다. 이것이 암호
화폐가 현대사회의 인플레이션 화폐에 대한 대안이 될 수 있는 이유

다. 참고로 2100만 개라는 숫자가 적게 보일는지 모르지만, 1BTC는 다시 사토시라는 단위로 쪼개진다. 1BTC는 1억 사토시다.

한정된 공급 수량 외에도 비트코인이 기존 화폐와 다른 점이 있다. 비트코인은 어느 누구도 주인이 없으며 민주적으로 운영된다. 비트코인을 구현한 컴퓨터 코드는 누구든지 볼 수 있도록 공개되어 있고, 더 나아가 누구든지 수정을 제안할 수 있다. 실제로 어느 수정을 받아들일지는 어느 한 사람이 정하지 않고, 비트코인을 개발하고 있는 개발자그룹 커뮤니티가 협의를 통해 결정한다. 설사 비트코인을 창시한 사토시 나카모토가 나타나더라도 커뮤니티의 동의 없이는 그 어떠한 권한도 가지지 못한다.

이렇게 암호화폐는 발행량이 사전에 프로그램되어 있어 인위적인 통화량 증가나 감소 없이 운영되는 게 장점이다. 곧 인플레이션이나 디플레이션이 없는 화폐다.

단, 지금 암호화폐들은 가격 변동폭이 크고 불안한데 나중에 화폐로 자리 잡아 대규모로 거래되기 시작하면 현재 외환시장에서의 화폐 수준으로 안정될 것으로 보인다.

_____

**기존 화폐에 비해 장점 많아**

금융거래에 있어 프라이버시 보호는 계좌추적이나 음성거래에 대한 문제 정도로 치부되나 근본적인 대책이 필요하다. 카드회사는 물론 여타 사이트 등을 통해 외부로 유출되는 개인정보 실태를 보면 잘 알수 있다. 그러나 암호화폐를 쓸 경우엔 비교적 기존 화폐 시스템에 비해 프라이버시 보호가 상대적으로 잘된다.

또 은행구좌 없는 사람들도 거래할 수 있다. 앞서 말했듯 파키스탄은 은행계좌를 갖고 있는 사람이 10% 미만이다. 다행스럽게 상대 파키스탄인이 은행계좌를 갖고 있어서 은행을 통한 송금이 가능한 경우라도 송금 수수료 비용이 10%쯤 될 것이다. 암호화폐를 쓰면 은행계좌가 없어도 거래가 가능하다. 개인의 신용도와 같은 개인 정보가 필요 없다는 의미다.

법정화폐는 국가가 법적으로 강제로 신뢰를 부여한 반면, 암호화폐는 사용자끼리의 합의에 의한 신뢰를 기반으로 하고 있다. 따라서 암호화폐는 정부나 은행 등 중앙기관에 의해 함부로 구좌가 동결되거나 압류당하지 않는다.

# 암호화폐에 대한 오해와 진실

## 04

많은 사람들이 블록체인의 잠재력을 높게 평가하지만 현재 시점에서 블록체인은 잠재력만큼 한계 또한 많은 것이 현실이다. 이는 블록체인을 기반으로 하는 암호화폐도 마찬가지다. 여기서는 현재 암호화폐에 대해 대중이 바라보고 있는 시선과 반대되는 입장을 여럿 언급할 것이다. 자칫 내가 암호화폐 반대론자인 것처럼 보일 수도 있지만 절대 그렇지 않다.

장기적으로는 암호화폐와 블록체인이 사회에 본질적인 혁신을 일으킬 것이다. 하지만 그렇다고 해서 암호화폐가 만능 해결사는 아니며 모든 부분에 적용할 수 있는 것은 더더욱 아니다. 따라서 현재 거론되고 있지 않는 부분들까지 다룸으로써 암호화폐에 대해 좀 더 객관적인 관점을 유지하고자 한다.

우리는 암호화폐가 익명성이 보장되어 추적이 불가능한 것으로 알고 있다. 그래서 암호화폐가 테러자금, 돈세탁, 환치기, 불법송금, 지하경제 등 불법과 음성거래에 사용되기 때문에 규제해야 한다는 논리가 타당한 것처럼 보인다.

그런데 2016년 7월 흥미로운 사건이 하나 있었다. 미국 비밀수사국이 코인베이스라는 암호화폐 거래소 사이트에서 리처드 언더우드라는 남성이 갖고 있던 25BTC를 압수한 사건이 있었다. 여기서 미국 비밀수사국이 보유한 기술을 사용하면, 익명거래를 해도 마치 은행 계좌를 추적하듯 누가 어떤 거래를 했는지 모두 알 수 있다는 사실이 밝혀졌다.

**거래 추적 시스템**

| 안정성 | 익명성 | 변동성 |
|---|---|---|
| 블록체인 | 거래소 지갑 거래소 정보 | 지급준비율 변동성 조절 많은 사용자 |

| 거래소 | |
|---|---|
| 구매 (전송) | 판매 (수신) |

유저 → 환전 플랫폼 → (API 키) API → 거래정보

비트코인은 공개원장으로 사용자의 지갑주소가 공개되어 있어 필요 시 자금의 이동을 추적할 수 있다. 곧 지갑주소만 알면 'https://blockchain.info'에서 모든 거래내역을 조회할 수 있는 것이다. 현재 암호화폐 지갑주소와 실제 인물을 연결하는 매핑 작업을 위해 암호화폐 거래소와 정부기관이 협력하고 있다. 또 거래소를 이용할 때 쓰는 API 키를 추적하는 시스템도 있다.

소프트웨어 개발 및 공급 기업 인섹시큐리티가 해당 추적프로그램 '리액터REACTOR'를 국내에도 소개했다. 리액터는 비트코인 지갑주소를 기반으로 한 입출금 트랜잭션 분석 솔루션으로, 지갑주소를 넣으면 자동으로 해당 지갑의 모든 트랜잭션을 손쉽게 분석할 수 있다. 리액터는 아직 비트코인만 추적이 가능하나 2018년 안에 30여 개의 가상화폐를 추가로 추적할 수 있을 것이라고 밝혔다.

하지만 이것도 단정적으로 이야기할 수 없다. 암호화폐 지갑만 잘 생성하고 간수하면 노출을 피할 수 있을 뿐 아니라 최근에는 추적 불가능한 시스템으로 설계된 암호화폐들도 나오고 있기 때문이다.

## 블록체인 기술은 어디든 쓰일 수 있다

블록체인 기술은 자유화를 향한 혁신이다. 첫 블록체인 거래에서부터 지금까지 있어온 모든 거래가 변경될 수 없는 구조이기에 조작으로부터 자유로워졌다. 여기에 분산원장의 개념을 도입해 중앙통제로부터도 자유로워졌다. 사토시 나카모토는 이러한 혁신적인 방법으로 정부로부터 자유로운 화폐를 만들고자 비트코인을 창안했다.

블록체인의 가치가 세계적으로 주목을 받자, 많은 사람들이 블록체인 기술의 더욱 넓은 활용 가능성을 주장했고 블록체인이 세상을 모두 바꿀 수 있다는 환상이 퍼지기 시작했다. 심지어 회사 이름에 블록체인이라는 단어만 들어가면 주가가 폭등하기도 했다. 실제로 2017년 12월 20일 나스닥에서 거래되고 있던 '롱아일랜드 아이스드티 코퍼레이션'이라는 회사의 주가는 이튿날 무려 271%가 폭등했다. 이유는 황당했다. 회사가 이름을 '블록체인 코퍼레이션'으로 바꾸겠다고 발표한 것이 전부였다. 그 뒤에도 이 회사의 주가는 비교적 높은 가격에서 유지되고 있다.

블록체인을 적용하고자 할 때 단골로 이야기하는 게 다양한 업종에서 존재하는 수많은 중간업자들을 대체할 수 있다는 것이다. 이 가운데 가장 많이 접할 수 있는 예가 음악 스트리밍 서비스, 부동산, 은행이다. 블록체인은 마치 이들이 챙기던 부조리한 수수료를 없앨 수 있는 정의의 기술로 묘사되는 경우가 많다. 하지만 여기에는 몇 가지 오해가 있다. 이들을 하나씩 살펴보자.

---

**대체할 필요가 없는 분야**

첫 번째 오해는 블록체인 기술을 아무 곳에나 갖다 붙일 수 있다는 주

주차관리는 블록체인 기술이 필요없는 분야다.

장이다.

비트코인 관련 토론 프로그램에서 비트코인의 활용분야에 대한 논의가 있었다. 그 중 한 사람이 블록체인을 '공공 주차관리 시스템'으로 활용하는 예시를 들었다. 공공 주차관리 시스템을 블록체인으로 구현하면 중앙주체 없이도 분산관리가 될 수 있다는 주장이었다.

하지만 주차관리 시스템이 근본적으로 분산관리가 필요한 시스템인가? 중앙 데이터베이스로 주차관리 시스템을 운영하는 것에는 특별한 문제점이 존재하지 않는다. 더욱이 블록체인의 구동 방식에 따르면 분산화된 원장들을 '채굴자'들이 운영해야 한다. 그러나 주차관리 시스템은 채굴자들에게 어떠한 이득이 없기 때문에 지속적인 운영이 불가능하다.

이와 같이 분산관리가 필요 없는 분야가 오히려 더 많다. 또한 분산 관리를 위해서는 블록체인 운영과 신규 데이터 검증이 자발적으로 이뤄질 수 있는 이익 구조가 형성되어야 하는데, 화폐 외의 분야에서는 이를 제공하기가 사실상 힘들다. 블록체인이 모든 산업에 적용될 필요성이나 가능성은 그리 크지 않다. 필요하고 운영 가능한 업계들에 한해 블록체인의 미래가 있는 것이다.

### 현존하는 중간매개 서비스들의 가치에 대한 과소평가

두 번째 오해는 블록체인이 현존하는 중간매개 서비스들을 모두 대체할 수 있다는 주장이다.

음악 스트리밍 서비스들의 대체가 대표적인 예다. 지금은 음악을 듣기 위해 노래를 한 곡 구매하더라도 실제 가수에게 가는 돈이 15% 밖에 안 된다. 이유는 그 사이에서 음악 스트리밍 서비스회사, 유통회사, 홍보회사 등이 많은 수수료를 떼기 때문이다. 따라서 가수와 소비자를 연결해주는 서비스를 블록체인으로 구현하면 이 수수료를 없앨 수 있고, 소비자가 지불하는 돈 전액을 가수가 받을 수 있다고 생각한다. 이러한 블록체인을 만들려고 하는 곳이 MUSE다. 스마트 계약을 통해 소비자가 곡을 구매하면 90% 이상이 아티스트한테 가는 구조다.

하지만 이러한 구조의 직접 결제는 블록체인 없이도 이미 가능하다. 실제로 가수가 소비자에게 직접 돈을 받기 위해 계좌번호 하나만 공유하면 된다. 그럼에도 사람들이 가수에게서 음악을 직접 구매하지 않는 이유가 무엇일까?

음악 스트리밍 사이트에서 제공하는 가치를 보자. 그들은 전 세계 가수들의 노래를 모두 제공하고 있고, 다운로드 없이 스트리밍으로만 노래를 들을 수 있으며, 플레이 리스트를 만들거나 추천해준다. 또한 잘 알려지지 않은 좋은 아티스트들을 엄선해서 소개하고, 계절에 맞는 노래들을 추천하기도 한다. 이러한 모든 서비스의 제공에는 비용이 든다.

특히 음악 스트리밍 서비스를 개발하고 유지하는 데는 많은 사람의 시간과 자원이 들어간다. 플랫폼 개발과 유지보수 비용, 서비스 콘텐츠 관리 비용, 음악을 저장하고 스트리밍할 서버 비용 등 많은 비용과 서비스 개발자, UX 및 UI 기획자, 디자이너, 서버 관리자, 큐레이팅을 할 음악 전문가, 고객 담당자 등 다양한 인력이 필요하다. 이때 필요한 비용을 충당해주는 것이 바로 스트리밍 수수료다. 수수료 없이는 이러한 서비스가 제대로 돌아갈 수 없다. 플랫폼만 존재한다면 소비자들이 수많은 음악들 중 어떤 것을 골라야 할지 몰라 그곳을 이용하지 않을 것이다.

혹자는 직원들을 위해 해당 블록체인 자체의 암호화폐를 발행해 비용을 충당하는 방법을 제시하기도 한다. 그러나 그렇게 임의로 발행하는 화폐는 암호화폐의 본래 목적에서 멀어진 것이며, 직원들은 해당 화폐가 고평가되는 것을 기대할 수밖에 없다. 화폐 가치의 고평가에 의존하는 것을 장기적으로 운용 가능한 구조라고 보기는 힘들다.

음악 스트리밍 서비스뿐만 아니라 많은 중개업자들도 마찬가지다. 은행에서는 국제송금뿐 아니라 대출, 자산관리, 펀드운용 등 다양한 서비스를 제공한다. 부동산에서는 현재 시장에 나와 있는 집들을 모아놓는 것만이 아니라 그 집의 실물을 잠재적 고객에게 보여주기도 하고 다양한 상황에 맞춰 거래를 중개해준다.

《블록체인 혁명》의 저자 돈 탭스콧은 "왜 우버라는 60조 원짜리 회사가 필요한가? 블록체인상의 분산앱으로 진짜 공유경제를 만들 수 있다"며 우버와 애어비앤비 또한 블록체인으로 대체가능하다고 주장한다. 하지만 우버와 에어비앤비 같은 회사들의 가치가 수십조 원인 이유는 단순히 사이트 하나에 직원 몇 명만으로는 이 서비스의 운영이 가능하지 않기 때문이다.

현재 이와 비슷한 서비스를 시도하는 블록체인 업체들이 많이 생겨나고 있다. 하지만 우버와 에어비앤비 같은 규모의 기업들과 경쟁하

우버의 홈페이지

기는 쉽지 않을 것이다.

이더리움의 창업자 비탈릭 부테린은 이더리움 플랫폼 위에 새로운 코인을 만들고자 하는 창업자들에게 "이더리움 블록체인을 사용하는 것이 그냥 엑셀을 사용하는 것보다 나은 이유가 뭐죠?"라고 자주 묻는다고 한다. 실제로 엑셀을 사용하는 것이 더 나은 경우가 많기 때문이다.

또 블록체인을 이용하는 게 더 나은 경우더라도, 이미 존재하는 화폐를 이용하기보다 정말로 별도의 새로운 코인을 만드는 것이 필수적인가도 생각해봐야 한다. 또한 이론적으로 탈중앙화와 가상화를 통해 더 나은 가치를 제공할 수 있다 하더라도, 해당 블록체인을 운영할 수 있는 인센티브 구조가 가능한지에 대해서도 마찬가지다. 마지막으로, 블록체인을 도입하려는 분야의 기존 업체들과 비교해 경쟁력이 있는지가 중요하다. 이 모든 요건을 갖춰야 성공이 가능하기 때문에 그 확률은 낮을 수밖에 없다.


## 암호화폐가 특정 서비스에만 연동될 수 있을까?

이 외에 새로운 사회적 실험들을 시도하고 있는 암호화폐들도 있다. 그중 하나가 암호화폐와 특정한 서비스를 연동 지으려는 노력이다.

그러한 예로 '스팀Steem'이라는 암호화폐를 들 수 있다. 이 암호화폐는 스팀잇Steemit이라는 SNS와 연동된다. 작가가 스팀잇에서 글을 쓰면

콘텐츠 생성과 연계된 암호화폐 스팀

독자들은 페이스북과 같이 '좋아요'를 표시할 수 있다. 하지만 이 '좋아요'는 그 이상의 의미가 있다. '좋아요'가 스팀 암호화폐로 전환되기 때문이다. SNS에서의 활동이 금전적 보상이 된다는 뜻이다.

스팀잇에서는 콘텐츠를 생성한 사람에게 '좋아요'를 받은 만큼 암호화폐를 발행해 지급한다. 이 암호화폐를 사용하는 사람들 사이에서 그렇게 하자는 동의를 받고 시작하는 것이기 때문에 가능한 시스템이다. 사용자가 '좋아요'를 누르는 것만으로 돈을 벌 수 있다는 콘셉트는 언뜻 보기에 굉장히 좋은 것 같다. 하지만 이렇게 받은 암호화폐가 가치 있으려면 여기에서 받은 암호화폐를 다른 곳에서 내가 필요한 어떤 것으로 바꿔 쓸 수 있어야 한다. 하지만 이렇게 특정 서비스 내에서 특정한 내용에 대해서만 인위적으로 보상하는 것은 화폐의 범용성을 매우 제한하는 조치다.

누군가에게는 SNS가 매우 중요한 것이라고 판단할 수 있지만, 반대로 누군가에게는 SNS가 아무 의미도 없을 수 있다. 그러나 스팀잇에서는 SNS에서 '좋아요'를 받는 매우 국한된 특정한 액션에 대해서만 보상을 해준다. 그 행동을 절대적으로 중요한 행동이라고 임의로 정해놓은 것이다.

이는 소비자가 생산자에게 직접 보상하는 개념과는 다르다. 현실 세계에 빗대어 생각해보자. 만약 어느 나라에서, 특정 공연장에서 공연자가 박수를 받는 경우에만 중앙은행에서 추가적으로 화폐를 발행해 공연자에게 준다면 그것을 사회에서 일반화폐로 인정할 수 있을까? 왜 세상에 존재하는 수없이 많은 중요한 일들 중에서 특정한 공간, 특정한 행동에 대해서만 개인 간의 거래를 넘어선 공적인 보상을 하느냐는 항의가 뒤따를 것이다. 이것이 특정 사이트 내에서 화폐로 쓰일 수 있어도 세계적인 범용화폐로 쓰이기는 힘든 이유다.

결국 화폐라는 것은 전체 사회에서 분야, 직종, 계층과 상관없이 사용되는 범용성이 있어야 한다. 특정한 행동이 정말 중요하다고 해도, 화폐가 특정한 행동이나 서비스에 연동해 인위적인 편향을 제공하는 것은 그 화폐의 범용성을 제한하는 결과를 낳게 된다. 현재는 이러한 특정 서비스와 행동에 연동된 개념이 매우 새로워서 관심을 받고 있지만, 장기적으로 범용화폐로 커나가기는 힘들 것이라 생각한다.

---

**투명성에 대한 오해**

블록체인상에서의 거래는 모든 블록체인 원장에 공유되기 때문에 거래 관련 기록이 투명하게 남는다.

'https://blockchain.info' 사이트를 방문하면 최근 비트코인 거래들을 볼 수 있다. 계정들이 해시값으로 표시되어 있긴 하지만 누가 누구한테 몇 개의 비트코인을 언제 보냈는지 모두 볼 수 있다. 이러한 공개되고 수정이 불가능한 거래내역의 성격 때문에 블록체인이 투명한 사회를 만드는 데 도움이 될 것이라고 주장하는 사람들이 많다.

블록체인의 이점으로 대표적인 것이 정부와 기업들의 이중장부 운영을 막을 수 있어 부정부패가 사라진다는 생각이다. 하지만 안타깝게도 블록체인은 이러한 문제를 해결하지 못할 가능성이 더 높다.

블록체인상에서의 모든 거래가 기록되고 변경이 불가능한 것과 마찬가지로, 은행들은 이미 모든 거래내역을 명확히 기록하고 있다. 인터넷뱅킹을 통해서 온라인으로 모든 거래내역이 투명하게 확인 가능하며, 이를 은행에서 관리하기 때문에 기업이 임의로 수정하지 못한다. 하지만 이러한 상황에서도 기업들이 이중장부를 운영하고, 횡령 등의 부정이 이뤄지는 이유는 이러한 기록이 남지 않는 다른 수단을 이용하기 때문이다. 마찬가지로 기업들이 모든 거래를 암호화폐로만 해야 하는 세상이 오기 전까지는 원하는 거래만 블록체인을 통해서 하고 기록하지 않고 싶은 거래는 여전히 다른 수단으로 할 것이다.

반면 블록체인이 실제 투명성을 제공할 수 있는 분야가 있다. 바로 라이센싱 분야다. 지적재산, 상표권, 특허 등에 대한 저작권료를 지불하는 데 있어서는 현재보다 높은 투명성을 제공할 가능성이 있다. 현재 책을 출판하거나 음원을 출원할 경우, 서점과 스트리밍 사이트에서 얼마만큼의 판매가 발생했는지는 저자나 가수 등의 저작권자가 알 방법이 없다. 그저 서점과 스트리밍 사이트를 일방적으로 신뢰해야 하는 상황이다.

그러나 이러한 판매를 암호화폐로 하고 결제하는 암호화폐 계좌를 저작권자와 공유하면, 저작권자는 언제든지 결제가 얼마만큼 이뤄졌는지 확인할 수 있다. 더 나아가 저작권료도 분기나 월 단위가 아니라 즉각적으로 받을 수 있다. 이러한 의미의 투명한 결제 공유는 앞으로 발전할 여지가 많다.

## 개인정보는 항상 보호되어야만 하는가?

정보의 공개와 확산 못지않게 중요한 것이 정보의 보호다. 특히 개인정보의 보호는 어느 나라에서나 중요한 문제로 인식되고 있다. 하지만 정보가 항상 보호돼야만 하는가에 답하는 시스템들이 등장했다. 그간의 무단수집과 공개수집과 달리 개인정보의 정당한 가치를 인정하고 그것을 사겠다는 시도들이다.

경제적인 측면에서 개인정보는 21세기의 석유라 불릴 정도로 가치가 높다. 디지털 경제의 핵심자원으로서 개인정보의 활용은 점차 증가하고 있다. 특히 기업의 마케팅 초점이 맞춤형 광고와 맞춤형 서비스 제공으로 옮겨가면서 개인의 취향 파악이 더 중요해졌다. 그렇다 보니 우리가 자주 애용하는 웹사이트에 무단으로 개인정보를 수집하는 불법 스파이 웹들이 활개를치고 있다.

이러한 폐단을 줄이고 양성화하기 위해 개인정보를 사고파는 은행과 암호화폐가 등장했다. 개인에게서 직접 개인정보를 사서 기업에 파는 것이다. 개인정보를 특정인임을 알아보기 어렵게 바꿔 특정 플랫폼 기반 서비스업체에 합법적으로 팔 수 있는 개인정보은행 설립이 추진되고 있으며, 또 이러한 목적의 암호화폐들이 등장하고 있다. 개인은 대가를 받고 맞춤형 서비스를 누리는 것이 가능하고 기업은 개인정보를 합법적으로 사업에 활용할 기회를 얻는 것이다.

이 방면에서 주목받는 것이 일본 후지쓰의 시범사업이다. 후지쓰는 2017년 8월부터 10월까지 개인이 자신의 정보를 제공하면 매장에서 물건을 살 수 있는 암호화폐를 지급했다. 사용자가 자신의 나이와 주소, 가족구성 등 기본 정보를 비롯해 매일의 기분이나 건강상태 등을 자발적으로 기록하면 이 내용은 익명처리돼 '정보은행' 역할을 하는 후지쓰 서버에 모인다. 후지쓰는 이를 바탕으로 개인의 행동과 취미, 성향에 맞춘 서비스를 제공했다. 예를 들어 아침에 운동을 나가는 사용자에게는 미리 날씨를 알려주고 저녁마다 먹거리를 사러 마트에 가는 사용자에게는 할인쿠폰을 제공하는 등의 방식이었다.[16]

## 넘쳐나는 ICO들의 위험

최근 암호화폐 토큰이 시장에 많이 나오고 있기 때문에 토큰에 대해 올바로 이해하는 것이 중요하다. 토큰은 코인과 분명히 기술적으로 다르다. 하지만 구현 방법의 기술적 차이에도 불구하고 개념적인 측면에서는 토큰도 코인과 마찬가지로 암호화폐의 한 종류다.

토큰이 가치를 가지려면 다른 화폐로의 환전이 필요하다. 토큰으로 옷을 사려면 옷가게가 받는 화폐, 곧 원화나 달러, 비트코인 등으로 환전해야 한다. 토큰의 환율이 그 토큰의 가치를 결정지으며, 수요가 있어야만 그 토큰이 가치를 갖게 된다. 토큰의 존재만으로 가치가 되는 것이 아니라, 사람들이 다른 무언가와 교환을 할 의향이 있어야 가치가 생긴다. 이것이 바로 토큰도 코인과 마찬가지로 화폐인 이유다.

이미 코인과 토큰을 모두 포함하면 세계적으로 거래되는 암호화폐는 1500개가 넘는다. 여기에 더해 앞으로는 각 기업 혹은 개개인마다 자신만의 토큰을 발행하게 될 것이라는 의견도 있다. 그렇게 되면 세상에는 수백만, 수천만 개의 암호화폐가 존재할 수도 있다. 각 기업마다 자신의 토큰을 발행해 그 토큰으로 직원들 월급을 주고, 거래를 하고, 투자를 받게 된다는 뜻이다.

이는 마치 주식을 연상시킨다. 기업들은 주식을 팔아서 투자를 받고, 직원들에게 스톡옵션을 나눠주는 방식으로 동기부여를 한다. 거기에 기업이 상장하면 주식을 많이 갖고 있는 창업자들은 큰 자산을 갖게 된다. 하지만 주식과 토큰은 근본적인 차이가 있다.

첫째는 가치측정의 문제다. 주식시장에서의 주식들은 해당 기업의 주인이 되는 개념이다. 주주총회에 참석해 지분율만큼 경영에 참여할 수 있다. 또한 해당 기업들은 이미 많은 매출을 올리고 있기 때문에 기업가치 환산을 통해 그 주식의 가치를 판단할 수 있다. 반면 토큰은 그 기업의 주인이 되는 것과 연관이 없다. 그저 그 기업에서 임의로 만들어낸 무언가일 뿐이다. 사람들이 인정해주는 가치만이 기업발행

토큰의 유일한 기능이 된다. 이 차이 때문에 토큰은 주식에 비해 훨씬 가치평가가 어렵다.

우리나라의 사업체 수 400만 개 중 10%가 토큰을 발행한다고 가정하면 40만 개의 암호화폐가 존재하게 된다. 대부분의 기업이 비상장사며 재무공개의 의무가 없기 때문에 매출현황도 알기 힘들다. 한 기업에서 암호화폐를 열 개, 백 개를 만들 수도 있고, 또한 하루아침에 그 암호화폐를 버릴 수도 있다. 이러한 임의적인 암호화폐는 가치평가가 어렵다. 가치평가가 제대로 이뤄지지 않으면 대부분의 암호화폐들은 수요 부족으로 저평가된다. 따라서 굳이 기업들이 토큰을 만들 필요가 없다.

둘째는 변동성의 문제다. 기업의 토큰은 주식보다도 더욱 큰 변동성을 가질 수밖에 없다. 토큰은 오로지 신뢰에 기반한 의미부여를 통해 가치를 갖게 된다. 만약 기업의 성과가 나빠지면 토큰의 가치는 급락할 수밖에 없다. 주식은 최소한 회사를 청산할 때 회사의 총 자산 중 지분율만큼의 재산에 대한 권리가 있다. 하지만 이것마저도 없는 토큰은 수요가 바닥을 치면 그 어떤 가치도 갖지 못하게 된다. 또한 주식시장은 가격제한폭을 통해 하루 동안 개별종목의 주가가 오르내릴 수 있는 한계를 정해놓지만 암호화폐는 그러한 제한마저 없다. 물론 반대로 토큰의 수요가 많으면 가치가 급상승할 수도 있다. 변동성이 아주 크다는 의미다. 변동성이 클수록 리스크 지수가 높은 상품이 되기에 구매자들이 위험에 빠질 가능성도 커질 수밖에 없다.

셋째는 이익집단의 문제다. 원래 사토시 나카모토나 사이퍼펑크 운동가들은 암호화폐를 구상할 때 특수 이익집단이 존재하는 구조로 생각하지 않았다. 그래서 비트코인을 오픈소스 프로젝트로 운영하며 누구든지 비트코인의 코드를 수정할 수 있게 했다. 비트코인은 주인 없이 의견의 일치를 통해 운영된다. 반면 최근에 ICO를 하는 코인들은 이와 반대다.

요즘은 기업들이 영리목적으로 자신들만의 토큰을 발행한다. 영리법인이 토큰을 발행하고, 여기에 돈이 몰리면 기업들은 이를 통해 최대한의 이익을 챙기려 한다. 주식시장에서 역시 기업이 자사의 주가 조작을 통해 투자자들로부터 엄청난 액수를 챙기는 일은 불법임에도 빈번히 발생한다. 하지만 이 둘은 차이가 있다. 주식시장에는 불법거래를 막는 최소한의 장치와 규제가 있는 반면 암호화폐에는 현재 그것을 막을 수 있는 어떠한 법규나 제재도 없다. 암호화폐가 만들어진 계기를 생각하면, 종이화폐를 발행하는 정부보다도 훨씬 특수한 이익집단인 기업들이 암호화폐를 발행한다는 것은 정말 아이러닉한 현상이다.

개중에는 채굴이라는 경쟁 시스템 자체가 없는 암호화폐도 있는가 하면 탄생과 동시에 모든 화폐를 발행하고 자신들이 모두 소유하는 것도 있다. 심지어 ICO를 통해 암호화폐 백서를 발표하면서 실현 불가능한 암호화폐 계획을 그럴듯하게 각색해서 돈을 긁어모으는 사기꾼들도 존재한다.

최근 과열된 ICO 시장의 이러한 부분들을 생각해볼 필요가 있다. 이러한 문제들은 암호화폐의 발전과 진화 과정에서 거쳐야만 하는 관문이다. 많은 암호화폐들이 새롭게 탄생하고 치열한 경쟁을 통해 성장해나가겠지만, 여기에는 암호화폐에 투자한 많은 사람들의 손실이 뒤따를 것이다.

----------------- **규제의 길라잡이, 스위스의 가이드라인**

2017년 9월 스위스 금융시장감독위원회는 국가기관으로는 처음으로 ICO에 대해 자국의 금융시장 법규가 어떻게 적용되는지를 설명하는 가이드라인을 발표했다. ICO와 가장 관련이 깊은 법률분야는 자금세탁방지법과 증권규제다. 스위스 금융시장감독위원회는 토큰을 특성에 따라 다음과 같은 세 가지 유형으로 분류했다.

- **지불형 토큰:** 상품 또는 서비스를 구매하기 위한 지불 수단 또는 가치를 이전하는 데 사용되는 토큰이다. 지불형 토큰은 증권으로 취급되지는 않고 자금세탁방지법의 준수가 요구된다.
- **기능형 토큰:** 블록체인 기술 기반의 인프라를 통해 애플리케이션 또는 서비스에 대한 디지털 접근을 가능하게 하는 토큰이다. 경제적 측면의 투자로서 기능하지 않는다면 기능형 토큰 역시 증권으로 취급되지 않는다. 또한 발행된 목적이 비금융 분야의 기술 애플리케이션에 대한 접근 권한을 제공하는 경우라면 자금세탁방지법 규제대상에도 해당되지 않는다. 하지만 경제적인

측면에서 투자의 기능을 수행한다면 증권으로 여겨져 증권규정이 적용된다.

- **자산형 토큰:** 발행자에게 권리를 주장할 수 있는 채무증권이나 지분증권과 같이, 자산의 성격을 갖는 토큰이다. 경제적 기능으로 인해 주식, 채권 또는 파생상품과 유사하다. 자산형 토큰은 일반적으로 증권으로 간주되며 증권규정이 적용된다.

하나의 암호화폐는 이 가운데 두 개 이상의 성격을 가질 수 있으므로 법규 또한 그에 상응해서 지켜야 한다.

스위스 금융당국은 "ICO 장소로 스위스를 택하는 프로젝트가 계속 증가하는 추세에 있는데 지금까진 이들이 따라야 할 규제가 명확하지 않았다"며 "이에 대한 투명성을 확보하는 것이 중요하다"고 가이드라인 제정 배경을 설명했다. 그리고 가이드라인 제정이 '규제'에 초점이 맞춰진 것이 아니라, 블록체인 산업의 '진흥'을 위한 조치임을 분명히 했다. 명확한 규정이 없어 발생하는 혼란과 불확실성을 제거해 산업을 진흥하겠다는 전략이다.

### 암호화폐와 ICO 투자 시 유의사항

증권거래소에 상장하려는 주식은 엄격한 사전 심사를 거친다. 주식은 일정 규모 이상의 자본력과 지난 3년간의 실적, 경영성과 등 여러 요건을 충족해야 비로소 상장될 수 있다. 그런데 암호화폐는 그런 규정 자체가 없다. 결국 암호화폐 구매자가 스스로 해당 암호화폐에 대한 정보를 찾아서 공부해가며 그 화폐의 장단점과 확장성을 토대로 수익성을 잘 판단해야 한다. 마찬가지로 ICO에 투자하려는 사람들도 다음의 네 가지를 중점적으로 봐야 한다.

첫째, 해당 암호화폐가 합리적이고 타당한 목표를 설정하고 있는가를 잘 살펴야 한다.

둘째, 암호화폐가 추구하는 목표를 실행하는 과정에서 스위스 금융시장감독위원회가 제시한 가이드라인인 자금세탁방지법과 증권규제 등 기존 법규에 위배되는 요인은 없는지 살펴야 한다. 이에 저촉되어 사라지는 코인들도 많다.

셋째, 백서의 내용이 충분히 실현 가능한 기술이자 사업인지의 여부를 잘 판단해야 한다. 백서는 어디까지나 계획이다. 때문에 그것이 실제로 실현될 수 있는지는 미지수다. 이를 판단하기 위해서는 개발자의 능력과 경력은 어떤지, 팀원들이 협력한 기간은 얼마인지, 외부의 평가는 어떤지 등을 고려해야 한다.

넷째, 마지막으로 가장 중요한 성장성과 수익성을 따져봐야 한다. 해당 암호화폐가 관련 상품과 네트워크를 갖고 있는지, 지금 없더라도 미래에 갖출 가능성은 어느 정도인지를 헤아려보고 그 성장 가능성과 수익성을 대충이나마 가늠할 수 있어야 한다.

그런데 이러한 요건을 모두 갖추고 있는 ICO는 실제로 그리 많지 않다. 리플의 CEO 브래드 갈링하우스는 어느 한 방송국과의 인터뷰

에서 "많은 ICO는 다 사기다. 결국 없어질 것이다. 다수의 투자가들
이 현재 법적인 절차를 밟고 있다"고 밝혀 ICO 투자가들에게 경종을
울렸다.

# PART5

암호화폐를 둘러싼 전쟁

# 유대금융자본과 암호화폐 세력 간의 세계대전

## 01

이스라엘의 암호화폐

중국과 아프리카 등지에서 송아지, 소금, 조개껍데기 등을 화폐로 쓸 때 유대인들은 벌써 금괴와 은괴를 사용하고 금괴의 단위도 만들었다. 그 단위 가운데 하나가 세겔이다. 이스라엘은 지금도 화폐 단위로 세겔을 쓰고 있다. 세겔은 인류 최초의 화폐 단위이자 가장 오래 쓰고 있는 화폐 단위다.

그런데 이번에는 이스라엘이 국가 차원의 암호화폐 '디지털 세겔' 발행을 고려하고 있다고 한다. 《더 예루살렘 포스트》는 2017년 12월 24일 이스라엘 중앙은행이 법정통화 세겔의 가치와 일치하는 디지털 세겔 발행을 고려 중이라고 보도했다.

이스라엘은 암호화폐인 디지털 세겔의 발행을 고려 중이다.

　이스라엘이 현금에 대한 의존도를 줄이고, 보다 빠른 결제 시스템을 만들기 위해 자체적인 국가 암호화폐 도입을 검토 중이라고 발표했지만 사실 주된 목적은 거대해진 암시장과 이에 따른 탈세를 단속하기 위해서다. 이스라엘 암시장의 규모는 GDP의 22%에 이르는 것으로 알려져 있다. 탈세로 이어지는 암시장 거래를 양지로 끌어올리기 위한 특단의 대책으로 국가 차원의 암호화폐가 등장한 것이다.

　중국 등 다른 나라들은 암호화폐가 지하경제에 사용되거나 국부의 밀반출에 사용될까봐 불법으로 규정하는 것과 비교하면 이스라엘 유대인들의 발상은 이채롭다. 이들은 아예 국가가 추적 가능한 암호화폐를 만들어 법정통화로 사용함으로써 추적 불가능한 익명성 프라이버시 코인들을 불법으로 규정하고 이를 원천봉쇄할 작정이다.

실제로 《더 예루살렘 포스트》와 익명으로 인터뷰한 어느 재정관리 공무원은 디지털 세겔로 이뤄지는 모든 거래는 휴대전화에 기록돼 탈세가 어렵다고 강조했다.

디지털 지갑이 이스라엘 중앙은행 계좌에 위치하게 될지 혹은 개개인의 휴대전화에 위치하게 될지에 대해서는 아직 확실히 알려진 바가 없다. 다만 이스라엘의 블록체인 지갑 애플리케이션 기업인 콜루가 정부의 디지털 세겔 구상을 함께하고 있다. 콜루의 부사장은 인터뷰에서 "이스라엘 당국은 오랫동안 디지털 화폐를 고려해왔고 우리는 관련 대화들에 함께해왔다"고 말했다.

디지털 세겔은 현재 아이디어 단계다. 이스라엘 중앙은행이 검토 후 긍정적인 결과를 내놓으면, 이스라엘 정부는 2019년 예산에 관련 내용을 포함시킬 준비가 되어 있는 것으로 알려졌다. 이스라엘 국회가 암시장 거래를 막기 위해 현금 사용을 줄이는 방안을 조사했다는 것으로 미루어 조만간 관련 법적 틀을 마련하기 위한 정치권의 움직임이 나타날 것으로 보인다. 국가 암호화폐는 비트코인 등 일반적인 암호화폐와 다르게 중앙화되고 자금 관련법을 준수하도록 설계될 예정이다.[17]

한편 에스토니아도 2017년 8월에 ICO를 거쳐 에스트코인Estcoin이라는 자체 코인을 출시하겠단 계획을 발표한 바 있다.

그러자 2017년 9월 17일 중앙은행들의 중앙은행으로 불리는 국제

결제은행BIS이 나섰다. 최근의 암호화폐 열기를 중앙은행들이 지켜보기만 해서는 안 된다는 권고를 낸 것이다. 암호화폐 시장의 급성장이 금융 시스템의 안정을 해칠 위험이 있기 때문에 중앙은행들이 적극적인 역할을 해야 한다는 주문이다. "세계 각국의 중앙은행들은 암호화폐의 성장세를 더 이상 무시해서는 안 된다"며 "디지털 화폐의 특성을 파악하고 직접 발행할지를 결정할 필요가 있다"고 밝혔다.

주요국 중앙은행 가운데 암호화폐 발행에 가장 근접한 곳은 중국 인민은행이다. 《블룸버그》는 "인민은행은 암호화폐 초기형을 제작해 시범운영까지 마쳤다"고 전했다. 일본 중앙은행과 유럽 중앙은행은 블록체인 기술의 활용 가능성에 관한 공동연구를 진행 중이다. 네덜란드 중앙은행은 비록 내부 전용이긴 하지만 고유의 가상화폐를 직접 만들어 사용하고 있다. 암호화폐와 블록체인 기술에 대한 이해도를 높이기 위한 차원에서다.[18]

---

## 유대금융자본에게 암호화폐란?

이스라엘 유대인들이 구상하는 디지털 세겔은 암호화폐의 원래 목표인 탈중앙화 화폐가 아니라 기존 체제의 답습인 중앙집중 화폐다. 한 마디로 익명성 암호화폐를 깨기 위한 맞불 작전이다. 과연 이것이 성공할 수 있을지는 불투명하다. 하지만 이는 암호화폐 시장에 막대한 타격을 입힐 공산이 크다. 여기서 우리는 이스라엘 유대인들이 아닌

월가의 유대금융자본이 암호화폐에
대해 갖고 있는 생각이 궁금해진다.

기실 세계 금융 시스템과 기축통화
달러의 운용을 주도하는 유대금융자
본에게 있어 달러에 도전하는 암호화
폐는 한마디로 깨부숴야 할 대상이다.
그들은 역사적으로 달러에 대한 도전
을 용서한 적이 없다. 그러나 그것이
만약 기술적으로 여의치 않다면 그들
은 또 어떤 복안을 갖고 있을까?

벤 버냉키 전 연준의장

이에 대한 유대금융인들 속내를 조금 엿볼 수 있는 기회가 있었다.
바로 전 연준의장 벤 버냉키가 그 속내의 일단을 밝힌 '블록체인과 뱅
킹' 컨퍼런스가 2017년 10월 토론토에서 열렸다. 버냉키는 주로 통화
정책에 대해 발표했지만 질의응답 시간에 블록체인 기술과 암호화폐
에 대한 질문을 피해 갈 수는 없었다. 질문에 답하는 내용에서 그의
생각을 엿볼 수 있었다.

암호화폐와 블록체인 기술에 대해 버냉키가 내놓은 답변은 딱히 새
로울 것이 없었으나 비트코인의 '익명성과 안정성'에 대해서는 심히
부정적이었다. "비트코인은 법정화폐를 대체하고 정부규제와 간섭을
피하려는 시도를 의미한다. 하지만 정부는 그러한 시도를 허용하지
않을 것이기 때문에, 법정화폐를 대체하려는 그러한 시도는 성공하지
못할 것"이라고 말했다. 비트코인이 법정화폐의 지위를 위협할 경우,

미국정부는 비트코인을 분쇄하기 위해 온갖 노력을 다할 것이기 때문에 비트코인이 법정화폐를 대체하지는 못할 것이라고 자신의 생각을 분명히 했다.

그러나 블록체인 기술에 대해서는 긍정적이었다. 금융거래에 분명히 이득이 되는 기술이고, 각국 은행들도 많은 관심을 가지고 있다는 것이다. 버냉키는 현재의 지불결제 시스템은 매우 느리고 비용이 비싸다고 평가했다. 2008년 금융위기 당시 독일에 있는 은행이 미국 은행에 돈을 보내는 과정이 얼마나 복잡했는지를 예로 들면서 "블록체인과 가상화폐 기술이 이러한 복잡한 절차를 개선시킬 수 있는 기술이라는 점은 명백하다"고 말했다.

이와 관련해 버냉키는 리플이 현재 하고 있는 사업에 대해 알아보았다고 밝히면서 비용절감, 정확도와 속도, 신뢰성 향상, 세계 경제 통합 등을 위한 리플의 모든 노력이 훌륭하다고 평했다. 참고로 이 컨퍼런스는 리플이 주최한 것이다.

버냉키는 비트코인과 달리 지불 시스템을 혁신할 수 있는 블록체인 기술은 더욱더 추진력을 얻을 것이라고 주장했다. 싱가포르, 영국, 유럽을 포함한 세계 각국 중앙은행들은 블록체인 기술에 관심이 많으며, 기존 시스템 안에서 블록체인 기술로 효율성을 증가시킬 방법에 대한 연구를 하고 있다는 것이다.

하지만 암호화폐와 블록체인 기술이 통화정책에 영향을 미칠 것이냐는 질문에 그러한 일은 발생하지 않을 것이라고 대답했다. 그는 "상상력이 부족하다고 말할 수 있겠지만, 통화정책은 그렇게 많이 변하진 않을 것으로 본다. 중앙은행은 결제 시스템을 개선할 수 있는 블록체인과 같은 기술에 대해 우호적이지만, 그렇다고 해서 블록체인이 연준의 능력에 영향을 미치지는 못할 것이다"라고 주장했다.

암호화폐에 관한 각국 재무부 관료와 중앙은행 고위인사들의 의견은 엇갈리지만 의외로 옹호론자들이 제법 있다. IMF 총재 크리스틴 라가르드도 비트코인 옹호론자다. 영국 중앙은행의 마크 카니 총재는 암호화폐를 "미래 금융 부문의 잠재적 혁명"이라고 추켜세웠다.

라가르드 총재는 자신의 블로그를 통해 이제는 규제당국이나 금융기관들이 암호화폐에 대해 열린 마음으로 접근해야 할 때라고 말했다. 그녀는 분산 시스템을 구현하는 암호화폐의 속성을 전제로 탈중앙화는 금융 산업의 효율성과 보안성을 강화시킬 것이라는 의견을 내놓았다. 그녀의 이런 '열린 마음론'은 암호화폐를 부정적으로 보는 월가 은

암호화폐에 대한 태도가 달라진 JP모건체이스의 제이미 다이먼 회장

행가들과 세계 금융관료들이 긍정적으로 재검토하기를 바라는 일종의 권고다.

또 그간 암호화폐에 대해 적대적이었던 미국 최대은행 JP모건체이스의 제이미 다이먼 회장도 태도가 변했다. 그는 한 인터뷰에서 "블록체인은 현실이며 암호화된 가상달러화 등도 가능하다"며 "'비트코인은 사기'라고 말했던 걸 후회한다"고 자신의 과거 발언을 철회했다.

미국의 전 재무장관 로렌스 서머스도 암호화폐 옹호론자로 "기본적으로 경제는 수많은 거래의 집합이다. 그리고 모든 거래는 항상 신용의 문제를 안고 있다. 이 거래를 낮은 비용에 효율적으로 도와주는 암호화폐는 경제에 유용한 도구가 될 수 있다. 이는 그간 거래에서 배제되었던 사람들의 국내 거래는 물론 국제 거래에서도 유효하다"고 말했다. 여기서 '거래에서 배제되었던 사람들'은 여러 이유로 은행을 사용할 수 없는 25억 명을 지칭한다.


## 헤지펀드들, 암호화폐 투자 본격화에 나서다

헤지펀드들이 암호화폐 투자에 나서고 있다. 이는 상당히 중요하고도 민감한 문제다. 왜냐하면 헤지펀드가 이제는 미국 금융산업의 한 섹터가 아니라 주력부대이자 핵심세력이기 때문이다. 그들이 움직인다는 의미는 유대금융의 핵심세력이 암호화폐의 미래에 대해 일면 긍정적으로 보고 있다는 뜻이다.

금융조사기관 '오토너머스넥스트Autonomous Next'에 의하면 2017년 한 해에만 암호화폐 자산에 중점을 둔 90개 이상의 펀드가 조성되어 암호화폐펀드의 총 개수가 124개에 달했다. 2018년 들어 펀드 수가 급격히 늘어나면서 2018년 3월 기준 226개에, 운용자금은 약 35억 달러 규모가 되었다. 하지만 이는 헤지펀드 업계 총 보유자금 3.15조 달러에 비하면 아주 미미한 수준이다.

그런데 2018년 4월에는 헤지펀드업계 큰손의 움직임이 포착되었다. 암호화폐에 거품이 끼었다고 폄하하는 발언을 하면서도 비교적 우호적인 입장을 보였던 '헤지펀드의 귀재' 조지 소로스가 암호화폐 직접투자에 나섰다. 소로스는 이미 암호화폐에 간접 투자한 바 있다. 2018년 2월 비트코인을 결제수단으로 도입한 온라인 소매업체 오버스톡Overstock에 투자한 그는 3대 주주로 부상했다. 소로스펀드 같은 세계적 금융자본이 공식적으로 시장에 뛰어든다는 것은 상당한 의미가 있다. 다른 헤지펀드들이 뒤따를 공산이 커 암호화폐 시장에 많은 영향을 줄 것으로 보인다.

헤지펀드의 귀재 소로스

이밖에도 월가 최대 투자은행인 골드만삭스가 암호화폐 시장에 뛰어들기 위해 암호화폐 운영부를 설치했다. 골드만삭스는 암호화폐를 직접 거래하지는 않고 암호화폐 파생상품에 투자하기로 했다. 시카고상품거래소CME 등에 상장돼 있는 비트코인 선물에 우선 투자할 계획이다. 이는 비트코인에 대한 수요를 증가시킬 것이라고 전문가들은 보고 있다.

# 기득권 세력의 대응 전략

## 02

### 탈중앙화와 중앙집권 암호화폐

암호화폐의 본질은 탈중앙화와 자유다. 암호화폐는 은행을 이용하지 못하는 사람들과 기존 금융 시스템에 반감을 갖고 있는 사람들을 위해 태어났다. 민간이 암호화폐를 발행해 유통하게 되면서 화폐 발행이라는 중앙은행 고유 권한은 크게 침해당했다. 이렇게 암호화폐는 탄생부터 기존 금융권에 대한 도전으로 시작되었다.

그런데 암호화폐 가운데 기존 금융권을 위해 탄생된 것이 있다. 바로 리플이다. 앞서 이야기한 것처럼 기존 금융권의 송금 신속화와 수수료 절감을 위해 고안된 리플의 가치가 급상승하면서 암호화폐의 본질인 '탈중앙화'가 무색해지고 있다.

결국 '탈중앙화 암호화폐'와 '중앙집권 암호화폐'가 공존하는 시나리오로 흘러갈 공산이 크다. 리플을 본떠 송금에 특화된 제2, 제3의 암호화폐들이 속속 등장하고 있다.

기축통화 달러와 세계 금융권을 주도하는 기존 금융자본은 암호화폐에 어떻게 대응할까? 금융권과 국가 차원에서 볼 때 암호화폐의 달러에 대한 도전은 결코 용서할 수 없지만, 그들은 아이러니하게도 암호화폐 기술만큼은 자신들에게도 매우 유용함을 알아차렸다.

## 국가발행 암호화폐 등장 예고

리플 등 기존 암호화폐를 송금방식에 활용하고자 하는 은행들이 있다. HSBC와 도이체방크 등 전 세계 90여 개 은행이 블록체인의 잠재력을 탐구하고 있다. 은행들은 신기술을 이용해 거래와 회계의 속도와 효율성을 높이면 2022년에는 연간 최대 200억 달러를 절감할 수 있다고 추산한다.

그러나 중앙은행들은 이미 만들어진 것보다는 새로운 국가발행 암호화폐를 만들어 쓰고자 하는 욕구가 더 큰 것 같다. 이와 관련해 2017년 9월 중앙은행들의 중앙은행으로 불리는 국제결제은행은 디지털 화폐에 대해 검토할 것을 권고했다. 국제결제은행이 이렇게 권고한 이유는 기술혁신의 대세를 거역할 수 없다고 봤기 때문이다.

스위스에 있는 국제결제은행 건물

### 연준, 디지털 화폐 연구 중

윌리엄 더들리 뉴욕 연방준비은행 총재 역시 2017년 11월 29일 뉴저지 러트거스대학 연설에서 "비트코인을 어떻게 생각하느냐"는 질문에 "투기활동에 가깝다. 화폐로서 필수적인 요소인 '가치 안정성'이 없다"고 답변하면서 "다만 비트코인 기술에는 흥미로운 부분이 있고 관심을 가질 필요가 있다. 지금 단계에서 말하기는 너무 이르지만 연준도 디지털 화폐를 제공하는 방안을 생각하기 시작했다"고 말했다.

사실 연준의 '연방코인'의 아이디어는 상당히 오래전부터 있었다. 이는 연준이 기존 비트코인과 같은 프로토콜을 개량해 직접 만드는 암호화폐를 뜻한다. 유럽에서도 그리스 금융 사태를 계기로 '유로코인'과 같은 아이디어가 탄력을 받고 있다.

특히 영국 중앙은행이 적극적이다. 마크 카니 영란은행 총재는 "암호화폐는 미래 금융부문의 잠재적 혁명"이라고 평가했다. 영란은행은 2015년 중앙은행의 암호화폐 발행을 중요한 연구과제로 설정하고 지속적으로 연구결과를 발표하고 있다. 라가르드 IMF 총재도 영란은행 컨퍼런스에서 앞으로 법정화폐는 암호화폐로 가야 한다고 주장했다.

노벨경제학상 수상자인 조지프 스티글리츠는 2018년 초 "미국이 물리적인 화폐를 폐지하고 디지털 화폐로 전환할 것이고 해야만 한다"고 말했다. 그는 비트코인의 주된 용도는 세금과 규제의 회피라고 보면서도 정부의 디지털 화폐 발행에 긍정적이다.

## 국가 암호화폐는 가능한가?

캠벨 하비 듀크대학 교수는 "비트코인 기술은 우리가 생각하는 돈의 개념을 완전히 뒤바꿀 것이며 종이화폐가 사라지는 건 시간문제"라고 말했다. 그는 모든 거래내역이 정부의 블록체인에 기록될 수 있기 때문에 범죄자들이 돈을 숨기거나 세탁하는 게 어려워지는 것이야말로 국가 암호화폐가 갖는 장점이라고 주장했다. 현금의 익명성을 없애려는 요구가 연방코인의 등장을 촉진한다는 것이다. 반면 그는 미래에 연방코인 같은 디지털 경제가 도래하더라도 프라이버시를 제공하는 알트코인들은 여전히 존재할 것이라고 주장했다.

캠벨 하비 듀크대학 교수

하비 교수는 비트코인이 불법 자금거래 용도로 사용된다는 부정적인 언론이 지배적이나 사실 비트코인은 익명성이 없으며 범죄자들은 자신들의 자금거래가 추적당할 수 있음을 이해하지 못하고 있다고 했다. 비트코인의 주소가 명확히 사용자와 연계되지 않는 건 사실이나 블록체인 네트워크 분석으로 사용자를 얼마든지 추적할 수 있다는 것이다. 체이널리시스Chainalysis나 엘립틱Elliptic 같은 회사들은 이미 고도의 블록체인 네트워크 분석도구와 거래내역 추적을 통한 사용자 신원확인 기술을 제공하는 식으로 수사당국에 협조하고 있다.

그는 연방코인을 "연방정부가 모든 거래내역을 들여다볼 수 있는 디지털 화폐"라고 정의하면서 초기에 자유주의자들이 정부통제를 벗어날 수단으로 생각했던 블록체인 기술이 국민들에 대한 완벽한 통제를 가능하게 하는 정부의 '킬러 앱'이 될 수 있다고 주장했다. 그는 결국 현금은 점차 사라져 종국엔 약간의 지폐와 코인들만 유통될 것이며 정

종이화폐의 폐지를 주장한 케네스 로고프

부발행 전자화폐로 넘어갈 것이라는 케네스 로고프의 예측에 동의했다.

케네스 로고프는 자신의 책《화폐의 종말》에서 종이화폐를 폐지하는 것이 우리 모두에게 생각보다 많은 이득을 안겨준다고 주장했다. 잠재적 문제를 내포한 지금의 암호화폐 기술은 미성숙 상태지만 비트코인 3.0쯤 되면 정부가 주도하는 디지털 화폐의 선구자 역할을 할 수 있을 거라고 말했다. 민간에서 더욱 뛰어난 기술이 등장한다면 정부는 필요에 따라 수용하거나 규제하면서 결국 정부발행 암호화폐가 나타난다는 것이다.

## 정부발행 암호화폐를 고려하는 나라들

다른 나라 정부들과 중앙은행들 역시 자신들만의 코인을 고려하고 있다. 스웨덴 중앙은행은 정부 차원 암호화폐 'e-크로나'의 2년 내 발행을 적극 검토하고 있다. 스웨덴의 2016년 현금 결제 비율은 15%로 4년 전의 35%에 비해 절반 이상 줄었다. 스웨덴에서는 화폐 사용이 감소추세에 있어 향후 5년 내에 완전히 자취를 감출 수도 있다고 한다.

화폐 사용이 감소하는 추세는 비단 스웨덴만의 일이 아니다. 덴마크는 2017년 1월 1일 화폐의 직접 생산을 중단했다. 지폐와 동전은 필요한 만큼 다른 나라에서 위탁 생산해 들여오고, 장기적으로는 전자화폐 도입을 추진한다는 계획이다. 덴마크 최대은행인 단스케뱅크가 2013년 도입한 모바일 결제 시스템인 모바일페이는 덴마크 전체 인구 560만 명 중 300만 명이 사용하고 있다.

우리 한국은행 역시 동전 사용에 따른 불편을 해소하고 동전의 유통 및 관리 비용을 절감하기 위해 2020년까지 동전 대신 충전식 선불카드에 거스름돈을 입금하는 '동전 없는 사회'를 추진 중이다. 더 나아가 한은은 블록체인 및 암호화폐를 지급결제 분야에 적용하는 연구를 해외 중앙은행들과 공동진행하고 있다. 2018년 1월에 구성된 '중앙은행 발행 디지털화폐 공동연구 TF'는 암호화폐 발행의 타당성을 연구하고 있다.

인도는 부정부패 일소를 위해 고액권 사용을 금지하면서 전자화폐 경제로 넘어가고 있다. 중국에선 QR코드 결제비중이 40%나 될 정도로 모바일페이가 확산되고 있다. 벨기에, 캐나다, 영국 등 선진국들 역시 지폐 사용을 제한하고 전자결제만을 허용하는 방안을 발표하고 있다. 이렇듯 미래에는 현금 없는 사회 곧 전자화폐 시대의 도래가 예측되고 있다.[19]

암호화폐 발행을 검토하고 있는 곳은 스웨덴 중앙은행만이 아니다. 중국, 러시아, 네덜란드, 캐나다, 핀란드, 이스라엘, 싱가포르, 에스토니아, 파푸아 뉴기니와 다른 여러 나라 중앙은행들이 비슷한 움직임을 보이고 있다.

러시아는 국가 암호화폐 발행에 대해 큰 관심을 보이고 있다. 2017년 10월 푸틴 대통령은 러시아의 국가 암호화폐인 '크립토루블' 발행을 지시했다. 이후 러시아 정부는 암호화폐를 규제할 수 있는 법적제도를 마련하기 시작했다.

캐나다 중앙은행은 연구논문에서 금본위제와 비슷한 비트코인본위제를 고려하고 있는 것으로 나타나 흥미를 끌었다. 핀란드 중앙은행의 논문에서는 비트코인을 혁신적인 결제 시스템이라고 평해 정부차원의 디지털 화폐를 고려하고 있음을 암시했다.

하비 교수와 로고프에 의하면, 정부가 국가 차원 암호화폐에 대한 아이디어를 좋아하는 또 다른 이유는 마이너스 금리를 손쉽게 시행하는 등 암호화폐가 통화정책 관리를 도울 수 있기 때문이다. 하비 교수는 언젠간 연준이 발행한 암호화폐 연방코인이 비트코인 등 기존 암호화폐들의 주요 경쟁자가 될 것이라 주장했다. 국가 암호화폐가 훨씬 변동성이 덜하기 때문이다. 어쩌면 연방코인은 그러한 경쟁 자체를 원하지 않을 수도 있으며, 연방정부는 그러한 경쟁에서 유리한 위치를 점하기 위해 규제를 시행할 수도 있다고 경고했다.[20]

## 경제블록별 암호화폐

그런데 각국 중앙은행의 암호화폐 발행보다 더 진일보된 제안들이 나오기 시작했다. 바로 경제블록별 암호화폐 발행 제안이다.

러시아 중앙은행은 2018년 2월 중순 브릭스와 유라시아경제연합전 지역에서 통용되는 단일 암호화폐 발행을 제안했다. 정부 주도 암호화폐 발행을 추진 중인 베네수엘라 역시 2월초 OPEC 중심의 원유 연계 암호화폐 공동발행을 제안한 바 있다. 여기에 남미연합도 자극을 받아 자기들만의 암호화폐를 제안할 가능성이 있다.

이러한 경제권역별 암호화폐 발행은 한 국가 단위의 암호화폐 발행과는 그 의미가 또 다르다. 어느 특정국가가 화폐 발행권과 화폐 발행량의 결정권을 독점하지 않는다는 의미에서 분산된 권력이라는 형식을 갖고 있기 때문이다.

또 미국 중앙은행인 연준이 궁극적으로 고민해야 할 사항은 그들의

원유 연계 암호화폐 발행을 제안받은 OPEC의 비엔나 사무실

달러 발권이 미국의 부채와 연동되어 있다는 사실이다. 이것은 지속 가능한 체제가 아니다.

이론대로라면 암호화폐는 갈수록 가치가 올라가는 디플레이션 화폐인 데 반해 달러는 우리가 잘 알듯이 인플레이션 화폐다. 지난 50년 간 달러는 그 가치의 95% 이상을 상실했다. 달러가 의도치 않더라도 급변하는 세계 경기 속에 한순간에 지독한 인플레이션에 휩싸일 수 있다. 그것은 암호화폐에 새로운 기회가 될 수 있다. 화폐의 본질은 신뢰다. 달러가 신뢰를 잃어버리는 순간 사람들은 그 신뢰를 암호화폐에서 찾으려 들지도 모른다. 미국 연준이 스스로 고민해 현재 시스템을 천지개벽할 정도로 탈바꿈시켜야 하는 이유다.

## 스위스, 암호화폐 허브 선언

한편 기존 금융권에서 암호화폐 거래를 받아들인 나라가 있다. 기존 화폐와 암호화폐의 공존을 인정한 것이다. 스위스 금융권은 세계에서 가장 먼저 비트코인 등 암호화폐 거래를 받아들였다. 스위스 팔콘 은행은 2017년 8월 비트코인, 이더리움, 라이트코인, 비트코인캐시 등 암호화폐 거래를 허용했다. 스위스 쿼트 은행과 IG 은행도 비슷한 시기에 암호화폐 거래를 승인했다.

많은 나라가 암호화폐를 규제하고 있는 가운데 스위스가 '암호화폐 허브' 국가를 선언하고 나선 것이다. 특히 스위스의 재무장관 엘리 마

우슬러와 경제교육부 장관이자 전 대통령 요한 슈나이더 암만이 이런 움직임을 주도하고 있다. 암만 장관은 "암호화폐에 엄청난 잠재력이 있다고 본다. 스위스를 암호화폐 허브국가로 육성하겠다"고 밝혔다. 그는 "다만 현 금융시장의 기준을 어긋나거나 해하지 않는 선에서 추진하겠다"고 덧붙였다.

그래서 많은 암호화폐 기업이 스위스로 몰려들고 있다. 취리히 인근 소도시 주크Zug는 이미 140여 개의 블록체인 기업들이 모여들면서 '크립토밸리'를 형성할 정도다. 주크에서는 '자금세탁 방지방안, 고객 신원 확인, 세 명 이상의 현지직원 채용'이라는 세 가지 조건 이외에는 아무런 규제가 없다. 스위스는 ICO도 적극 지원해, 세계 암호화폐 발행시장의 절반 정도를 차지하고 있다.

스위스는 다보스포럼과 유사한 크립토포럼을 휴양도시 생모리츠에서 열기 시작했다. 2018년 1월 17일 열린 첫 컨퍼런스에서 기조 연설자로 나선 암만 장관은 암호화폐 산업에 대한 전폭적인 지원을 약속했다.

그는 암호화폐 및 블록체인 기술은 스위스의 국가이념과 정확히 일치한다며 "스위스의 국가 이념은 자유, 안전, 독립, 분권화다. 블록체인 기술은 정확히 이 이념들을 기술적으로 구현한 것이다"라고 말했다. 또 "스위스 정부의 목표는 크립토밸리에 국한하지 않고 스위스 국가 전체를 5년 안에 암호화폐 천국Crypto Nation Switzerland으로 만드는 것이다"라고 밝혔다.

스위스에 이어 벨라루스 정부 역시 2017년 말 비트코인을 합법적 통화로 공식 인정했으며 ICO, 스마트 계약, 블록체인 개발을 합법화한다는 대통령령을 발표했다.

------------------- **합법화는 아니지만 제도화에 나선 나라들**

비록 암호화폐의 합법화는 아니지만 일본 역시 암호화폐 제도화에 선도적으로 나서고 있다. 2017년 4월 암호화폐를 법적인 결제수단으로 인정한 데 이어 9월에는 현금으로 교환할 수 있는 거래소도 승인해 제도화했다.

미국도 2017년 말 시카고상품거래소와 시카고옵션거래소CBOE에서 비트코인 선물거래를 허용했다. 나스닥도 올 2분기에 비트코인 선물을 출시할 계획이다. 이뿐 아니라 세계 최대의 증권거래소인 뉴욕증권거래소NYSE도 암호화폐 시장에 뛰어들 준비를 하고 있다.

호주와 인도에서도 암호화폐를 제도화하려는 움직임이 있다. 호주는 최근 국세청이 암호화폐 거래를 추적하는 태스크포스TF를 조직해 과세 여부를 검토 중이다. 인도도 암호화폐를 상품으로 간주하고 거래 때마다 12~18%의 세금부과 방안을 검토하고 있다.

참고로 실생활에서도 비트코인 송금과 현금화 거래가 지속적으로 증가 중이다. 2018년 1월 기준 전 세계에 설치된 비트코인 ATM은 총 2177대로 계속 늘어나고 있다. 국가별로는 미국에 가장 많은 1296대의 ATM이 설치돼 있고, 캐나다에 340대, 영국에 108대가 설치되어 있다. 반면 세계 거래량을 장악하고 있는 아시아 대륙은 47대의 ATM만 보유하고 있다.

# 미국에서 벌어진 암투

## 03

2017년 크리스마스 연휴 직전 우리나라 암호화폐 시장에서 비트코인을 비롯한 암호화폐들이 일제히 급락하기 시작해 25~35% 하락을 기록했다. 열광하던 개미들이 혼쭐났다. 그런데 미국시장은 혼쭐난 정도가 아니라 패닉 그 자체였다.

암호화폐에 대한 시각은 극단적으로 갈려 있다. 암호화폐가 미래에 달러를 밀어낼 것이라고 보는 사람들이 있는가 하면 기득 금융세력이 암호화폐의 발흥을 어떻게든 막을 것이라고 보는 사람들도 있다. 이는 지난 역사에서 달러에 도전했다 실패한 사례가 많기 때문이다. 일각에서는 암호화폐의 기술적 특성상 이를 통제하기가 거의 불가능하다고 주장한다. 게다가 비트코인이 시카고의 선물시장과 상품시장에서 거래되기 시작하면서 기존 금융권이 암호화폐를 그들의 체제 안으로 받아들였다고 보는 사람들도 있다. 결국 암호화폐의 운명에 대해서는 기존 금융체제와 달러 운용의 주도권을 쥐고 있는 유대금융인들의 생각이 중요하다.

## 유대금융인들의 고민

암호화폐에 대한 유대금융인들의 생각을 좀 더 자세히 살펴보자. 요즘 그들의 움직임이 조금씩 포착되고 있다. 유대금융인들은 사실 그들이 주도하는 기존 금융체제와 달러에 도전하는 암호화폐를 일격에 분쇄하고 싶지만 의외로 녹록치 않음을 깨닫고선 차선책으로 시장을 흔들기로 작정한 듯하다. 일단 시장을 자신들의 통제 아래 두고 시간을 벌어 대반격을 준비하려는 전략으로 보인다.

유대인들은 과거에도 일본의 경제성장을 견제하기 위해 선물과 옵션시장을 통해 엔화를 심하게 골탕 먹인 적이 있다. 꼬리만 한 선물시장이 몸통인 현물시장을 심하게 흔드는 것이다. 이를 '꼬리가 몸통을 흔든다'고 해서 '왝더독Wag the dog'이라 한다. 원래 선물이라는 것은 현물 가격을 '헤지(대비)'하려고 만든 것인데 본말이 전도된 현상이다. 그렇게 선물을 이용해 현물시장을 심하게 흔들어대면 그들에겐 두 가지 이점이 있다. 하나는 시장에 달려드는 개미들을 혼쭐내어 시장을 위축시키거나 최소한 과열분위기를 진정시킬 수 있다. 또 다른 하나는 이를 통해 많은 수익을 거둔다는 점이다. 일본의 잃어버린 20년 역시 이렇게 시작되었다.

그런데 이러한 작전은 먼저 유대금융인들 사이에서 합의가 우선되어야만 일사불란하게 구사할 수 있다. 그 중심에 유대 헤지펀드들이 있다. 사실 이들은 이런 작전에 아주 익숙하다. 한두 번 장사한 게 아니기 때문이다. 이를 '기러기 떼 작전'이라 부른다. 선두가 방향을 잡고 날아오르면 나머지들이 알아서 쫓아가기 때문이다. 2017년 크리스마스 연휴 직전의 비트코인 급락이 바로 이 '기러기 떼 작전'으로 보인다.

## 미국시장을 눈여겨봐야 하는 이유

2017년 12월 10일 시카고옵션거래소에 비트코인 선물이 상장된 시기를 전후해 비트코인 가격이 폭락했다. 우리나라 시장의 경우 2500만 원까지 폭등했던 것이 이때 1400만 원대까지 폭락했다. 당시 우리나라 시장의 하락폭이 미국에 비해 두 배가량 가팔랐던 것은 규제도입설 때문이었다. 시장이 지레 겁을 먹은 것이다.

그런데 2017년 크리스마스 연휴 직전에 급락이 시작된 것은 이것과는 또 다른 이유에서였다. 우리 시장은 12월 22일경부터 급락이 시작되었지만 미국시장의 경우는 이보다 빠른 12월 17일, 세계 최대 선물거래소인 시카고상품거래소가 비트코인 선물거래를 시작한 이튿날

비트코인의 선물거래가 가능한 시카고상품거래소

부터 가격이 급락하기 시작했다. 월가의 큰손들이 암호화폐 시장 길들이기에 나섰기 때문으로 추정된다. 미국 거래소들의 비트코인 가격 낙폭은 아시아시장보다 훨씬 더 컸다.

그렇지 않아도 '월가의 일부 전문가들은 비트코인의 선물거래 허용을 암호화폐 버블을 터트릴 좋은 기회로 보고 일부 헤지펀드는 하락 베팅을 기다리고 있다'고 《블룸버그》가 보도한 바 있었다. 선물은 계약금의 100배 이상의 레버리지 효과를 볼 수 있을 뿐 아니라 현물과 달리 하락(숏)에 베팅해 큰 수익을 볼 수 있어 헤지펀드들이 즐겨 사용하는 방법이다. 이처럼 비트코인의 선물거래 허용은 그 가격의 진폭을 극대화하는 불안정성 요인으로 작용 중이다.

왝더독의 시작은 비트코인이 2만 달러 돌파를 눈앞에 둔 시점이었다. 1만 9891달러까지 치솟았던 비트코인 가격은 그때부터 심하게 반격받기 시작했다. 단순한 조정장이 아니었다. 마치 추풍낙엽처럼 폭락에 폭락을 거듭했다. 암호화폐 개미들로서는 처음 당하는 무서운 급락이었다. 하지만 하락장에서도 반등은 있게 마련인데 내려 누르는 세력들은 집요했고, 반등을 허락하지 않고 장장 6일에 걸쳐 1만 달러 초입까지 찍어 눌렀다. 무려 47%나 폭락시켜 거의 반 토막을 냈으니 한마디로 패닉의 연속이었다.

이로써 암호화폐 마니아와 개미들에게 지나치게 열광하면 크게 당한다는 교훈을 깊이 각인시켰다. 이때 많은 개미가 털려나갔을 것으로 추정된다. 또한 이 급락을 계기로 암호화폐 시장은 이제 선물시장을 주도하는 큰손들의 영향력을 무시할 수 없게 되었다.

다음 페이지의 그래프를 자세히 보면 한국시장(위)과 미국시장(아래)의 움직임이 확연히 다름을 알 수 있다.

원래 비트코인 등 암호화폐 시장은 아시아 쪽이 과열되어 있었다. 그러면 과열시장이 먼저 조정을 받는 게 순리다. 그런데 가격이 세계 평균보다 27%나 높은, 김치프리미엄으로 유명한 한국이나 아시아시장보다 미국시장이 먼저 급락을 주도했고 낙폭도 훨씬 더 컸던 원인은 무엇일까?

이는 현물시장을 선도하는 선물시장의 힘 때문이다. 또한 선물가격의 기준시장이 미국이기 때문이기도 하다. 시카고옵션거래소의 비트

## 한국시장에서의 비트코인 가격 그래프

## 미국시장에서의 비트코인 가격 그래프

코인 선물거래 가격기준은 '제미니거래소'다. 그리고 시카고선물거래소의 가격기준은 미국 거래소 네 곳의 평균값이다. 그들이 선물로 현물시장을 흔들려면 선물시장과 현물시장을 동시에 공략해야 한다. 그런데 비트코인 시장의 크기는 선물거래가 이뤄지는 다른 상품들에 비해 아직 작다. 그래서 공략하기가 쉬웠고, 그 결과 미국시장 가격 등락폭이 아시아 시장보다 컸던 것이다.

앞으로도 시장이 과열된다 싶으면 이런 일은 자주 있을 것이다. 자연스러운 등락은 수급이 결정짓지만 급등락은 큰손이 개입하는 경우가 많다. 유대금융인들이 국제 금 시세를 온스당 1만 1000~1만 3500달러 범위 안에서 관리하듯 앞으로 암호화폐 가격도 일정 범위 안에서 관리하려 들지 모른다. 그리고 이제는 선물이 주도하는 미국시장이 선행시장이 될 공산이 크다. 암호화폐에 투자하는 사람들이 앞으로 미국시장, 특히 시카고선물시장과 옵션시장의 움직임을 눈여겨봐야 하는 이유다.

# 암호화폐 길들이기

## 04

2018년 들어 암호화폐 투자자들은 몹시 힘들어하고 있다. 2017년 대부분의 기간에 상승장을 만끽했기 때문에 더욱 힘든 것이다. 2017년 비트코인은 13배, 이더리움은 92배, 리플은 360배 폭등했다. 그러던 것이 2018년 들어 내리 하락장이다. 여기에는 이유가 있다. 우선 2017년 9월 거래소를 폐쇄했던 중국이 2018년 들어서는 장외거래까지 불허했기 때문이다. 게다가 중국 당국이 전력소비가 많은 암호화폐 채굴업체에 전기공급을 끊을 수 있다고 경고했다. 이러한 강경 태도를 보이고 있는 나라는 중국뿐만 아니다. 러시아, 인도, 베트남이 가세하고 있다. 이들 국가들은 암호화폐 거래를 원천봉쇄하려 한다.

우리나라도 2017년 말부터 한시적이나마 거래소 신규가입을 불허해 신규자금 유입을 봉쇄했다. 또한 실명제 도입과 아울러 미성년자와 외국인 거래불허를 발표했다. 이로써 그간 중국의 거래소 폐쇄로 한국거래소를 이용했던 중국인들의 국내 거래가 금지되었다. 더불어 당국은 암호화폐 거래 양도차익에 대해 원천징수를 검토했다.

그간 끊임없이 폭등했던 상승장에 대한 조정일 수 있지만, 2017년 12월 중순부터 시작된 하락장은 이것만으로는 설명이 충분하지 않다. 오히려 시카고옵션거래소와 시카고상품거래소 비트코인 선물거래 상장 시기와 맞물려 있다. 왜 그럴까?

선물거래 방법 중에는 현물거래와 달리 가격이 떨어질 때 이익을 취하는 것이 있다. 원래 이것은 현물가격이 떨어질 때의 리스크(위험)를 사전에 헤지하기 위해 고안된 리스크관리 기법의 하나였다. 예를 들면 1억 원어치 상당의 현물가격이 떨어질 것에 대비해 그 100분의 1인 100만 원어치의 선물 매도(숏)를 해놓으면, 설령 현물에서 손실이 나더라도 선물이 그 손실을 보상해주는 위험회피(리스크 관리)를 위해 고안된 금융기법이었다. 물론 현물가격이 올라 손해를 볼 경우에도 대비할 수 있도록 선물시장에선 상승과 하락 양방에 베팅할 수 있다.

그러던 것이 언젠가부터 본래의 의도를 벗어나 선물시장이 헤지펀드들의 돈벌이 수단으로 악용되기 시작했다. 현물에 비해 선물을 많이 사놓고 인위적으로 현물가격을 떨어뜨리거나 밀어올림으로써 큰 돈을 벌기 시작한 것이다. 예를 들면 선물은 소액의 증거금만으로도 그 100배 내지 300배에 해당하는 현물을 거래하는 효과가 있다. 이것을 이용해 돈을 버는 것이다.

이를 위해 헤지펀드들이 사용하는 방법은 '대출을 통한 레버리지 효과의 극대화'와 '장외거래', '공매도' 등 다양하다. 암호화폐의 경우, 장외에서 비트코인이나 이더리움을 할인가격에 대량 구매해 현물시장에서 팔아 현물가격을 떨어트린다. 이를 통해 선물시장에서 큰돈을 버는 것이다. 또한 일정한 이자를 주고 비트코인을 대량으로 빌려 이를 현물시장에서 지속적으로 파는 방법으로 현물가격을 폭락시킨 후 가격이 싸졌을 때 다시 구매해 갚는다. 이를 공매도라 한다. 현물가격을 폭락시켜 선물시장에서 숏으로 큰돈을 벌면서 현물시장에서 공매도로도 돈을 버는 이 방법은 헤지펀드들이 가장 선호하는 기법이다.

예전에는 이러한 방법이 큰손들만의 거래기법이었다. 하지만 최근 일반인을 위한 시장도 개설되었다. 비트코인 공매도를 지원하는 해외 거래소로는 폴로닉스, 비트파이넥스, 비트맥스가 있다. 비트맥스 경우 마진거래Margin Trading(신용대출 거래)만 전문적으로 지원하는데, 실제 마진 한도가 최대 100배까지 가능하며 운용기간에 구애받지 않는 무기한 스와프 등 파격적인 운용이 많다. 마진거래는 한마디로 빚내서 거래하는 것이다.

## 하락 기간과 선물거래 마감일과의 관계

세계 최대 상품거래소인 시카고상품거래소에 2017년 12월 17일 오후

5시 비트코인 선물이 상장되자 그때부터 대규모 하락장이 시작되었다.

이 시운전을 통해 헤지펀드들은 암호화폐 선물시장이 현물시장을 쉽게 농락할 수 있음을 알았다. 이후 2018년 1월 7일 비트코인 가격은 1만 7200달러대까지 회복되었다. 불과 며칠 만에 비트코인 시장에서 선물이 현물에 미치는 영향이 양극단을 오간 것이다. 이처럼 비트코인 선물거래 허용은 현물가격 진폭을 극대화하는 불안정성 요인으로 작용하고 있다.

시카고옵션거래소의 마감일(청산결제기준일)은 매월 셋째주 수요일, 런던시간으로 오후 4시다. 2018년의 경우 1월물은 1월 17일, 2월물은 2월 14일, 3월물은 3월 14일이었다. 1월 선물 마감일이 다가오자 이번에도 시장이 요동을 치며 특히 하방으로 곤두박질쳤다. 1만 7252달러까지 회복되었던 비트코인 시세는 이때도 어김없이 17일 9231달러까지 폭락했다.

시카고상품거래소의 비트코인 선물 마감일은 매월 마지막 금요일이다. 해당 금요일이 공휴일이면 그 전주 금요일이 마감일이 된다. 앞으로 암호화폐 투자자들에게 매월 마지막 금요일은 성금요일이 아니라 피의 금요일이 될 공산이 크다.

하지만 헤지펀드들 전략은 변화무쌍한 게 특징이라서 개미들의 생각과는 반대로 갈 공산도 있다. 모두가 떨어질 거라 예상하면 이번에는 전격적인 매수로 가격을 순식간에 올림으로써 개미들이 동승할 시간적 여유를 주지 않을 수도 있는 것이다. 선물 마감일이 다가오면 긴장해야 하는 이유다. 이래저래 개미들에게 피곤한 시장이 되었다.

이후 암호화폐 시장은 한풀 꺾여 가두리에 갇혔다. 2018년 4월 8일 기준 코인마켓캡에서는 1560개의 암호화폐가 거래되고 있으나 총 시장가치는 2616억 달러에 불과하여, 1월의 8000억 달러에 비하면 전체 평가액의 3분의 2가량이 공중으로 사라졌다.

이런 현상을 보면서 안타까운 것은 앞으로 암호화폐가 갈 길이 순탄치 않다는 점이다. 앞으로 상당기간 자본가의 탐욕에 휘둘림을 당할 것이고 그들에게 장악되어 수익 도구로 전락할 공산이 크다. 이는 대세를 장악하는 성숙기에 이르기 전까지 암호화폐가 도입기와 성장기에 겪어야 하는 성장통이다.

그렇다면 암호화폐를 길들이려 하는 월가가 이전에 금을 어떻게 길들였는지를 잠깐 살펴보자.


## 금, 달러 가치와 반대로 움직여

2008년 글로벌 금융위기 이후 미국은 경기부양을 위해 천문학적 수준의 돈을 풀었다. 그 결과 달러를 불신한 투자자들이 달러 대신 안전자산인 금을 선호하기 시작했다. 달러 가치는 급속도로 떨어지고 금값은 천정부지로 올랐다. 2011년 9월 5일 금 가격은 사상 최고치인 온스당 1920달러까지 치솟았다. 7개월 사이에 무려 600달러가 상승한 것이다.

금은 전통적으로 재미없는 안전자산이다. 이런 금이 2011년까지 10년 만에 네 배 이상 급등한 것은 달러화 약세 때문이었다. 그러자 달

금은 전통적인 안전자산이었다.

러를 대신해 금이 포트폴리오 분산 차원에서 새로운 투자대상으로 떠올랐다.

실제로 세계 주요국 중앙은행들과 국부 펀드들이 달러화 자산 대신 금으로 옮겨갔다. 특히 중국은 이를 대놓고 선언했다. 다른 나라들이 중국을 따라 외환보유고에서 달러표시 자산을 축소하고 금 등 안전자산을 늘리려는 움직임을 보였다. 미국으로서는 이를 그냥 묵과할 수 없었다. 미국정부와 연준은 금 투자국들과 투자자들에 대한 독수를 준비했다.

미국으로서는 금값 상승이 달가울 리 없다. 이자 한 푼 안 붙는 안전자산으로 돈이 몰린다는 것은 그만큼 달러에 대한 불신이 깊다는 걸 뜻하기 때문이다. 게다가 중국 등 각국 중앙은행들이 외환보유고에서 달러표시 자산 비중을 줄이고 금 보유를 늘리는 것을 견제할 필요도 있었다.

미국이 결코 용서하지 못하는 것이 두 가지 있다. 하나는 달러에 대한 도전이고 또 다른 하나는 전략자산인 석유에 대한 도전이다. 기실이라크의 후세인이 죽은 것도 달러와 석유에 대한 도전 때문이었다. 그가 석유를 달러 대신 유로화로 팔겠다고 선언함으로써 넘지 말아야할 선을 넘어버린 것이다. 게다가 이라크 남부 유전개발을 중국에 넘기겠다고 한 것도 있다.

## 연준의 독수, 폭락하는 금값

2011년 9월 들어 금값이 온스당 2000달러 선을 넘보고 있었다. 미국으로서는 상황이 다급해졌다. 우선 연준은 2011년 9월 21일부터 4000억 달러 규모의 오퍼레이션 트위스트를 실시했다. 오퍼레이션 트위스트는 장기국채를 사들이고 단기국채를 팔아 장기금리를 끌어내리고 단기금리는 올리는 희귀한 공개시장 조작방식이다.

이는 장기금리를 끌어내려 투자를 유인하는 데 목적이 있다고 연준이 발표했다. 하지만 이는 윗돌을 빼다 아래에 박는 임시방편으로 유동성이 늘어나지 않아 경기부양에 회의적인 경제학자들이 많았다. 당시 경기부양론자들조차 이 정책의 무용론을 질타할 정도로 미국의 오퍼레이션 트위스트는 혹독한 비판을 받았다. 그러나 금융시장의 구루들조차 눈치 채지 못한 이 정책의 목적에는 장기투자 유도 이외에 더 중요한 것이 있었다.

연준의 타깃은 바로 금이었다. 단기금리가 오른다는 것은 이자 한 푼 벌어들이지 못하는 금 투자자에게는 치명적이었다. 금값이 수직 낙하했다. 이틀 만에 1900달러대에서 1600달러대로 20% 이상 폭락했다. 사람들이 안전자산이라 믿었던 금값도 이렇게 급락할 수 있다는 것을 연준이 보여준 것이다.

미국정부는 여기에 그치지 않고, 금의 대량거래로 현물시장을 선도하는 선물시장을 손보기로 했다. 오퍼레이션 트위스트를 시작한 지 딱 이틀 뒤인 9월 23일 미국정부는 폭탄 규정을 내놓았다. 금과 은의 선물거래 증거금을 각각 21%와 16% 인상한 것이다.

증거금이 인상되면 거래비용 부담이 늘어나 거래량이 줄면서 상품 가격은 하락하는 법이다. 그러자 금값은 일주일 사이에 거의 10%가

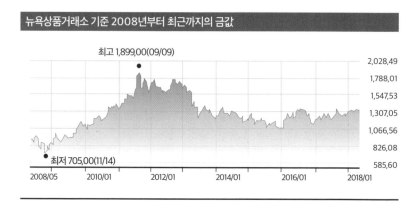

**뉴욕상품거래소 기준 2008년부터 최근까지의 금값**

최고 1,899.00(09/09)

2,028.49
1,788.01
1,547.53
1,307.05
1,066.56
826.08

최저 705.00(11/14)

585.60

2008/05    2010/01    2012/01    2014/01    2016/01    2018/01

폭락했다. 금에 투자한 헤지펀드들에게는 날벼락이었다. 보통 헤지펀드들은 20배 정도의 레버리지(부채)를 사용해 금에 투자하는데 이때 너무 큰 타격을 받았다. 조지 소로스와 폴 존슨이 그해 큰 손해를 본 이유였다.

## 제2의 오퍼레이션 트위스트

그럼에도 중국 등 외환보유고 대국들은 미국 국채보다 금을 선호했다. 중국은 더 이상 달러 자산을 늘리지 않겠다는 호언도 서슴지 않았다. 미국은 이런 현상을 더 이상 좌시할 수 없었다. 특히 중국의 입에 재갈을 물릴 필요가 있었다.

미국은 언제라도 금값에 치명적인 단기금리를 내릴 수 있음을 또다시 보여주기로 했다. 2012년 6월부터 2670억 달러 규모로 2차 오퍼레이션 트위스트를 실시했다.

하지만 금 수요는 줄지 않았다. 오히려 2012년 12월부터 뉴욕상품거래소에서는 실물 금에 대한 인도 요청이 늘어났다. 그 뒤 4개월 사이에 무려 보유분의 27%가 줄어들었다. 너무 빨리 줄어드는 금 재고분에 대한 우려가 커져갔다. 미국정부는 또다시 이에 대한 대책이 필요했다. 이제는 간접방식이 아닌 직접적으로 금 현물시장을 찍어 누를 필요가 있었다.

2013년 4월 12일 금요일이었다. 뉴욕상품거래소가 개장하자마자 갑자기 금 100톤짜리 매도주문이 날아들었다. 갑작스럽게 쏟아진 어마어마한 매도물량이 시장을 덮쳤다. 금 가격은 대폭 하락했다. 두 시간가량 지나 시장이 안정을 찾을 무렵 300톤의 매도물량이 다시 쏟아졌다. 이는 2012년 세계 금 생산량의 11%에 이르는 규모였다. 온스당 1521달러였던 금 가격은 오후 5시께 1476달러까지 떨어졌다. 이날 하루 거래된 금만 무려 1100톤이었다.그리고 주말을 넘긴 4월 15일 월요일 아침부터 금요일보다 더 큰 물량이 쏟아지며 오전 금값은 100달러 이상 밀리면서 1400달러 아래로 추락했다. 한마디로 금 투자 큰손들에게는 재앙이었다. 이틀 동안 이러한 거대물량을 쏟아낼 수 있는 기관은 딱 한 군데밖에 없었다. 연준을 의심할 수밖에 없는 이유였다.

이후에도 금값이 꿈틀거릴 때마다 대량 투매는 종종 있었다. 이에 놀란 투자자들이 금시장에서 발을 빼기 시작했다. 연준과 맞설 수는 없기 때문이다. 투자자들이 미국 국채로 몰리면서 달러 가치는 오른 반면 금값은 많이 떨어졌다. 미국정부가 금 비중을 늘리는 각국 중앙은행과 금 투자자들에게 멋지게 카운터펀치를 먹인 셈이다. 이런 연유로 한때 온스당 1900달러를 넘어섰던 금값이 많이 떨어져 현재는 1100~1350달러대에서 가격이 형성되고 있다.

---

**세계 각국의 금 보유량, 안갯속을 헤매다**

2015년 전 세계의 중앙은행들이 보유한 금 총량은 대략 3만 톤으로

**2015년 각국의 금 보유량**

| 미국 8133 | 독일 3401 | 이탈리아 2451 | 프랑스 2435 | 중국 1054 | 스위스 1040 | 러시아 789 | 일본 765 | 네덜란드 642 | 14 |

한국

추정된다. 미국 8100톤, 중국 4000톤(공식발표 약 1100톤), 독일 3400톤, IMF 2800톤, 이탈리아 2500톤, 프랑스 2400톤 등이다. 미국 마켓워치는 중국의 금 보유량이 중국정부 발표보다는 두세 배 더 많을 것으로 보고 있다며 축소집계 배경을 주목하고 있다. 중국은 현재 세계의 금 최대 생산국으로, 전 세계 연간 생산량인 2700톤의 약 14%에 상당하는 연간 약 370톤을 생산하고 있다. 반면 미국이 아직도 금을 8000톤 이상 보유하고 있는지도 의문이다.

미국과 중국이 서로 금 보유량에 대한 정확한 통계를 밝히고 싶지 않은 것은 그만큼 금시장에 대한 신경전이 치열하다는 의미다. 양국의 금 보유량이 역전되는 시기가 바로 세계 금시장의 주인이 바뀌는 시기일 수 있다.

하지만 미국도 금시장을 장악했다고 안심하기에는 이르다. 금값이 싸지면 일반인들과 큰손들의 수요가 살아나기 때문이다. 뿐만 아니라 1968년에 미국이 금시장을 평정하려 영국과 손잡고 금 9300톤을 시장에 풀었을 때 그 많은 금을 시장이 소화해버린 역사적 사실이 있다.

미국에서 또 대량의 금이 쏟아져 나온다면 시장이 벼르고 있을지 모른다. 그리고 그 중심에 중국이 있다.

세계의 금이 중국과 인도로 흘러들어가고 있다. 중국의 경우 민간인들의 금 소유를 장려하고 있어 민간인들이 가지고 있는 금의 양이 엄청나게 많을 것으로 추정되고 있다. 싱가포르 금괴 판매회사 불리언스타 Bullion Star의 애널리스트 쿠스 잰센은 수년간 중국 금시장을 연구해왔는데, 그는 2017년 1월 말 기준 중국 금 보유 총량이 1만 9500톤이라고 추정했다. 이는 민간 금 보유량이 1만 5500톤이라는 이야기다.

여기에 더해 중국, 일본 등 외환보유국 대국들이 이제는 가치가 줄어드는 달러표시 자산 대신 금 보유를 선호하고 있어 중국정부의 금 보유량은 점점 늘어날 것이다. 미국정부와 중국정부의 금보유량이 역전되는 순간 금시장의 주인이 바뀔 공산이 크다.

그래서 금값이 치솟는다면 이는 달러에 대한 불신을 의미하기도 해 사람들이 달러 대신 금과 암호화폐를 선택하는 계기가 되면서 달러가 예상보다 더 빨리 신뢰를 상실할 수 있다.


## 불안한 채권시장

여기에 불을 붙일 수 있는 또 하나의 요인이 채권시장이다. 자산시장의 규모는 '외환 〉 상품 〉 채권 〉 주식'의 순서다. 채권시장이 주식시장보다 훨씬 더 큰 시장이다. 지난 10년간 연준과 EU중앙은행ECB, 일본은행BOJ은 양적완화를 통해 국채시장에 대규모 유동성을 공급해왔다. 이들 중앙은행이 쌓아둔 채권의 규모만 약 13조 달러에 이른다. 이는 미국 연간 예산의 세 배가 넘는 규모이자 미국을 제외한 전 세계 외환보유액보다도 많은 금액이다.

미국의 경우 2018년에만 네 번의 금리인상이 거론되고 있다. 미국의 기준금리 인상이 가속화되면 시중금리가 치솟아 채권가격이 떨어지면 채권시장에서 자금이 순식간에 유출되는 '펀드런' 현상이 나타나 채권 투매가 일어날 수 있다. 이는 어떤 측면에서는 주식시장 붕괴보다 더 위험할 수 있다. 이제는 중국의 외면과 일본의 무기력으로, 쏟아지는 채권을 받아줄 큰손들이 마땅치 않기 때문이다.

어떤 이들은 이를 만석이 된 극장의 화재에 비유한다. 불이 나 관객들이 아우성치며 탈출하려는데 출구가 좁아 대형사고로 이어질 거라는 우려 때문이다. 이렇게 되면 채권가격이 더욱 가파르게 폭락하면서 주식시장 또한 위험해진다. 이후 채권과 주식의 대체제로 금과 암호화폐가 투자대상으로 급부상할 수 있다.

현재 미국의 1년 예산은 약 4조 달러다. 그 가운데 2018예산년도의 경우 국채이자 지불액으로는 3150억 달러가 배정되어 있다. 이 수치는 매년 증가되어 2027년에는 6990억 달러로 두 배 이상 급증할 것으로 예상되고 있다.

그런데 기준금리가 예상치 이상으로 더 올라갈 경우에는 시중 국채금리 역시 높아져 미국정부 이자부담액이 더 늘어나야만 한다. 여기에 미국정부와 연준의 고민이 있다. 인플레이션 억제를 위해서는 이자를 단계적으로 올려야 하지만 이자부담을 줄이기 위해서는 이자를 낮춰야 하는 딜레마를 안고 있는 것이다.

2018년 4월 현재도 10년 만기 국채의 이자가 2.95%로 3%에 육박하고 있는데 앞으로 기준금리가 서너 차례 더 올라 국채금리가 4%를 넘어갈 경우 채권시장은 물론 증시가 큰 혼란에 빠질 수 있다.

# 암호화폐는 금융빅뱅을 불러올 것인가?

## 05

암호화폐의 앞길과 관련해 '비트코인 가격이 오를 것인가?'의 질문에 대한 답은 누구도 알 수 없다. 여기서는 어느 암호화폐가 유망하며 투자의 가치가 있는지를 다루고자 하는 것이 아니다.

역사는 미래를 비추는 거울이요 미래의 길잡이라 했다. 앞서 우리는 화폐혁명의 역사를 살펴보았다. 이를 기반으로 암호화폐의 큰 그림을 이해하고 향후 걸어갈 길을 내다보면, 큰 방향과 그 사이 사이에 넘어야 할 산들이 많이 보인다.

앞으로 암호화폐는 도입기, 성장기, 성숙기의 세 단계를 거치고, 각 단계마다 암호화폐의 사회적 중요도는 갈수록 커질 것이다. 성숙기에 이르러서는 암호화폐가 현재로서는 상상할 수 없을 정도로 대중화될 것이다. 하지만 이는 하루아침에 이뤄질 일이 아니며, 도입기와 성장기에 정부와 기존 금융세력들과의 많은 세력다툼이 먼저 진행될 것이다.

자기계발 강연 전문가 토니 로빈스는 "사람들은 앞으로 1년 안에 이뤄낼 수 있는 일들을 과대평가하고, 20년 안에 이뤄낼 수 있는 일들을 과소평가한다"고 말했다. 암호화폐 발전에 있어서도 마찬가지다. 암호화폐가 당장은 미흡한 점이 많지만, 당면한 과제들을 하나씩 풀어나가다 보면 어느새 금융빅뱅을 불러올 수 있다.

# 1.도입기: 규제와의 투쟁

**암호화폐의 춘추전국시대**

우리는 현재 암호화폐의 도입기에 있다. 도입기를 시작한 암호화폐는 비트코인이지만, 이후 1500개가 넘는 암호화폐가 시장에 나왔다. 향후에는 이보다 훨씬 많은 암호화폐가 생길 것이다. 특히 2017년의 가격 폭등은 암호화폐의 가능성을 보여주어, 새로운 암호화폐가 쏟아져 나오는 계기가 되었다.

앞으로 나올 암호화폐는 크게 세 종류다. 첫 번째는 비트코인과 같이 본질적으로 화폐의 디지털화를 꿈꾸는 암호화폐들이다. 이들은 비영리재단의 형태로 운영되며, 화폐를 만드는 주체의 이익에 국한되지 않도록 설계될 것이다. 또한 오픈소스로 프로젝트를 공개해 누구든지 문제를 해결하는 데 동참할 수 있는 공개와 공유의 방침을 따를 것이다.

이더리움 등 주요 네이티브 코인들은 모두 비영리재단 형태로 운영되며, 오픈소스 프로젝트들이다. 이러한 암호화폐들은 자유주의 사상을 밑바탕에 깔고 탈중앙화 분산관리를 지향하고 있다. 특정한 상황이나 정해진 업계에서만 사용하는 코인이 아니라 현재의 종이화폐 역할을 할 수 있는 범용 암호화폐다. 사토시 나카모토의 의도에 가장 가까운 것이기도 하다.

두 번째는 주식회사 형태의 기업들에서 출시하는 코인 또는 토큰들이다. 대부분은 만들기가 간편한 토큰들이다. 특히 시장에서 이미 신뢰를 얻고 있는 대기업에서 자체 토큰을 발행한다면 그 기업의 이미지로 인해 시작부터 엄청난 수요를 갖고 만들어질 것이다. 그렇게 되면 다른 기업들도 그 사례를 보고 너나없이 토큰을 발행하게 된다. 이렇게 자금의 유치나 자사의 이익을 목적으로 토큰을 발행하는 기업들은 화폐의 디지털화와 자유주의 사상에는 큰 관심이 없다.

기업이 ICO를 통해 자금을 유치하는 이유는 그 자체의 시뇨리지 효과와 더불어 화폐의 가치상승을 노리기 때문이다. 시뇨리지란 화폐를 발행함으로써 얻는 이익으로, 화폐의 액면가에서 제조비용을 뺀 금액을 말한다. 이와 더불어 화폐 발행 이후 토큰의 수요가 많아지면 해당 토큰을 대량 보유하고 있는 기업의 자산 가치 또한 오르므로 기업에게는 또 하나의 이득이 된다.

세 번째는 정부기관들에서 발행하는 암호화폐들이다. 각국 정부와 중앙은행은 암호화폐의 출현에 당황했지만 다양한 방식으로 대응하고 있다. 앞서 소개한 것처럼 국가 주도 암호화폐의 발행은 이미 시작되었으며, 그 발행 동기와 화폐의 형태 역시 다양하다.

암호화폐 발행을 적극적으로 검토하는 나라들은 주로 이전에 초인플레이션으로 고생한 경험이 있는 남미국가들, 그리고 달러에 적대적인 반미국가들이다. 국가 단위의 암호화폐와 더불어 경제권역별 암호화폐들이 가세할 예정이다. 이로써 각 경제블록은 현재 글로벌 패권을 쥐고 있는 달러로 무역을 하지 않고, 자신들만의 화폐를 활용해 무역하려 할 것이다.

2015년 에콰도르는 세계 최초의 암호화폐 발행을 시도한 국가가 되었다. 미국 달러를 공식화폐로 사용하던 에콰도르는 달러와 동일한 가치를 갖는 국가 암호화폐 '전자화폐 시스템'의 발행 계획을 공표했다. 발행 주체가 에콰도르 중앙은행이다. 비록 달러와 동일한 가치를 두기에 독자적인 화폐 개념은 아니지만, 이로써 에콰도르는 화폐 발행권을 갖게 되었다.

진정으로 독자적인 가치를 갖는 암호화폐의 첫 국가 발행은 베네수엘라다. 석유 기반 가상화폐 '페트로'를 발행한 베네수엘라는 일부 전문가들의 우려와 달리 사전판매 첫날인 2018년 2월 20일 7억 3500만 달러의 페트로 판매에 성공했다.

페트로의 총 발행량은 1억 토큰으로 약 60억 달러어치다. 1페트로의 판매단가는 베네수엘라산 원유 1배럴 가격을 기준으로 한 60달러다. 이후 화폐 가치는 유가시장 변동에 따라 변한다. 베네수엘라의 마

두로 대통령은 "관광, 휘발유 판매와 석유 거래가 주로 이뤄질 예정"이라며 "미국을 따라잡을 수 있는 가상화폐가 태어났다고 자부한다"고 말했다. 그는 이어 "페트로를 통해 베네수엘라의 독립성과 경제 주권을 강화할 것"이라며 "베네수엘라를 몰락시키려는 외세의 탐욕에 맞서 싸울 것"이라고 덧붙였다.

마두로 대통령은 페트로를 통해 최저 수준으로 떨어진 경제와 과잉 인플레이션을 해결하기를 바라고 있다. 베네수엘라는 미국과 유럽연합의 경제제재 속에서 심화한 경제난과 유동성 위기를 겪고 있다.

베네수엘라의 암호화폐 발행 성공에 이어 대표적 반미국가인 이란도 정부 주도의 암호화폐 발행을 서두르고 있다. 이란의 중앙은행인 포스트뱅크가 클라우드 기반 암호화폐를 개발하고 있다. 이처럼 반미 국가들이 달러에 대항하는 자체 암호화폐 발행을 통해 경제적 반미전선을 형성할 가능성이 있다.

아울러 터키의 전 산업부 장관은 암호화폐 규제와 관련된 보고서를 발표하는 자리에서 '투르크코인' 또는 '국가 비트코인'이라는 정부 차원의 암호화폐 발행을 검토하고 있다고 밝혔다.

반미국가의 하나인 러시아 역시 석유 기반 가상화폐 '크립토루블' 발행을 결정했다. 러시아가 이같이 암호화폐 개발에 뛰어든 것은 서방의 제재망을 뚫을 금융통로가 절실하기 때문이다. 러시아가 크림반도를 합병한 2014년 이후 러시아 기업들은 서방 금융기관을 통한 거래가 사실상 차단됐다. 해외에 진출한 러시아 기업들이 활동하기 위해서는 자금을 주고받을 수단이 필요한 상황이다. 이래저래 달러에 대한 도전이 거세지고 있다.

이어 튀니지, 세네갈 등이 같은 결정을 내렸고 스웨덴, 중국, 영국, 네덜란드, 캐나다, 싱가포르 중앙은행은 물론 연준까지 암호화폐 발행 가능성을 검토하고 있는 것으로 알려졌다.


## 정부의 규제

도입기에서 수많은 암호화폐의 출시와 함께 나타날 문제는 정부의 규제다. 정부는 암호화폐의 출현에 위협을 느낄 수밖에 없다. 정부가 갖는 권력 중 하나가 화폐의 발행권으로, 이는 국가의 경제를 조절할 수 있는 수단이다.

그러나 암호화폐처럼 정부의 손 밖에 있는 주체가 화폐를 발행한다면 정부는 독점 권한을 잃는다. 국가가 발행하지 않은 화폐가 시장에 추가로 유통되는 것이기에 화폐 유통량이 제어가 안 되고, 더 크게는 국가경제의 조절도 불가능하다.

화폐 발행량과 유통량 이외에도 암호화폐가 국가에 위협이 되는 것은 세금이다. 정부의 혈액과도 같은 세금은 국가가 결코 양보하지 않는 분야다. 일례로 우리나라에서도 주식회사의 채무는 주주들에게 전가되지 않지만, 세금만은 전가되어 국가에서 끝까지 추적해 받아내도록 되어 있다.

암호화폐는 세금을 매기기가 힘들다. 그래서 각국 정부들은 유일한 과세지점이 될 수 있는 거래소를 통해 거래정보를 파악하려 한다. 하지만 이는 곧 거래소의 익명성 제한을 뜻하므로, 사용자들은 익명성이 보장되는 해외거래소나 유저들 간 P2P 방식으로 직접 거래하려 할 것이다. 이와 더불어서 대시, 모네로, 라이트코인 등 비트코인보다 익명성을 훨씬 강화한 암호화폐들이 생겨나고 있으며, 정부의 규제가 강해지면 강해질수록 이러한 익명성이 강화된 암호화폐도 늘어날 것이다.

화폐의 통제권과 세금 징수권을 위해 정부들은 두 가지 방향에서 규제를 하려 한다. 첫째는 민간 암호화폐의 규제이며, 둘째는 국가주도 암호화폐의 발행이다. 정부의 이 두 가지 제재는 이미 시작되었다.

돈세탁 지원 혐의로 징역형을 받은
찰리 슈렘

중국과 한국은 이미 2017년에 ICO를 금지했으며 미국, 러시아, 홍콩, 캐나다 등은 ICO를 주식 판매로 해석한다고 발표해 실질적인 ICO 제재에 나섰다. 하지만 이러한 제재는 시작에 불과하다. 미국의 가장 큰 거래소였던 빗인스턴트BitInstant는 대표 찰리 슈렘Charlie Shrem이 돈세탁 지원 혐의로 15개월 징역형을 받아 하루아침에 거래소의 문을 닫아야 했다. 이외에도 탈세, 증권 거래법 위반, 테러지원행위 등 수많은 명목으로 정부는 민간 암호화폐 업계에 규제를 가하고 있다. 안타깝게도 더 많은 암호화폐 관련 기업 대표들이 옥살이를 하게 될 것 같다.

정부의 규제가 필요한 부분도 분명 존재한다. 익명성이 강화된 암호화폐들이 발전하면서 지하경제의 암호화폐 의존성은 더욱 높아질 것이다.

터키의 경제학자 제이훈 엘긴의 조사에 따르면 세계 경제의 20% 이상이 지하경제로 구성되어 있다고 한다.[21] 이들이 암호화폐를 이용하면 할수록 지하경제 자금의 추적은 더욱 어려워질 것이다. 특히 테러범들의 자금거래가 쉬워지는 것은 국가안보와 직결되는 심각한 문제다. 그러므로 암호화폐와 지하경제의 밀약을 막기 위해서는 정부의 적절한 규제가 필요하다.

2018년 3월 19~20일 아르헨티나에서 G20 재무장관과 중앙은행 총재 회의가 열렸다. 여기서 각국 금융수장들은 암호화폐에 대한 심도 깊은 논의를 했는데, 예상과 달리 암호화폐에 대한 긍정적 시각도 보였다. 논의 결과의 주된 메시지는 "암호화폐를 금지하지는 않겠으나 규제는 하겠다"는 것이었다. 하지만 논의의 주요 내용에는 다음과 같이 상당히 진전된 요소가 많았는데, 이는 앞으로 각국의 암호화폐에 대한 대응을 어림할 수 있다는 면에서 귀한 참고가 될 것이다.

### 1. 암호화폐와 블록체인은 국가가 채택해야 한다

G20 참가국들은 암호화폐가 오늘날 경제 시스템의 변방에서 소외 당하고 있는 사람들을 경제 시스템 안으로 끼워 넣을 힘을 지니고 있다는 사실을 인정했다. 여기에 더해 암호화폐가 복지 시스템을 강화하는 데 정부를 도울 수 있다는 사실도 인정했다.

G20 재무장관과 중앙은행 총재 회의

## 2. 세계는 전통적 경제의 종말을 인지해야 한다

G20 참가국들은 기존의 전통적 경제가 변화되는 과정을 겪고 있으며, 이제 그 경제로부터 디지털 시대를 분리시킬 수 없다는 것에 동의했다.

## 3. 규제는 불가피하다

규제는 불가피한 과정이며, 경제가 디지털화되더라도 국민들은 실제이고 한 나라에 살고 있듯이, 다른 모든 비즈니스에 대한 규제가 불가피한 것처럼 암호화폐도 규제되어야 한다.

## 4. 금지가 아닌 규제

G20 참가국들은 만장일치로 암호화폐가 중요하며 경제와 사회 조직에 큰 혁신을 가져올 것이라는 것에 동의했다. 따라서 암호화폐는 금지되어서는 안 되며 규제적 절차를 통해 우리 사회에 도입돼야 한다.

## 5. 규제는 기술혁신을 막아서는 안 되며 암호화폐에 대한 과세는 불가피하다

암호화폐에 대한 엄격한 규제가 기술혁신을 저해해서는 안 된다. 하지만 암호화폐에 대한 과세가 각국에서 다양한 절차에 맞춰 이뤄지는 것은 불가피하다.[22]

아르헨티나에서 회동한 G20 재무장관과 중앙은행 총재들은 2018년

7월까지 암호화폐에 대한 글로벌 공동대응을 위한 권고안을 마련하기로 합의했다. 또 회원국들은 암호화폐에 국제자금세탁방지기구 기준을 동일하게 적용할 필요가 있다는 데도 의견을 같이했다.

그러나 전반적으로는 이런 규제에 대한 합의보다는 긍정적인 논의들이 더 많았다. 이번 모임에서 보여준 세계 금융수장들의 암호화폐에 대한 시각과 관점은 비교적 객관적이고 희망적이었다. 프랑스 재무장관 같은 경우는, 프랑스가 암호화폐에 앞장설 수 있기를 희망한다며 블록체인 혁명을 놓치지 않겠다고 밝혀 그간의 입장을 180도 뒤집었다. 골드만삭스 출신의 영국은행 마크 카니 총재의 암호화폐 긍정론에 힘입은 것 같다는 분석이다.

이번 회의에 참가한 IMF의 크리스틴 라가르드 총재 역시 암호화폐 긍정론자다. 그녀는 암호화폐가 기존 화폐와 치열한 경쟁을 펼칠 것이라고 생각한다며, 암호화폐가 더 이상 무시받을 존재가 아니라고 밝힌 바 있다. 라가르드 총재는 국가기관이 힘이 없고 국가통화가 불안정한 나라에서는 암호화폐가 기존 통화를 대체할 가능성이 높다고 밝히기도 했다. 그녀는 "달러 같은 다른 국가의 통화를 채택하기보다는 암호화폐를 사용하는 국가들이 늘어날 수도 있다. 기존 화폐보다 쉽고 안전하다는 생각이 많이 퍼질 경우 암호화폐의 잠재적 성장 가능성은 매우 높다. 암호화폐 시장이 향후

IMF의 크리스틴 라가르드 총재

안정된다면 이러한 시나리오는 더욱 빨리 진행될 수 있다"고 했다.

놀라운 사실은 이번 회의에 참가한 G20 금융수장들이 "암호화폐가 경제 시스템의 변방에서 소외당하고 있는 사람들에게 도움을 줄 수 있다는 사실을 인정한다. 또한 정부의 복지 시스템 강화에 도움을 줄 수 있을 것"과 "규제는 기술혁신을 막아서는 안 된다"고 논의한 대목이다. 이는 각국 중앙은행이 암호화폐에 대한 심층적 연구를 많이 하고 있다는 방증이다.

그러나 이보다 더 놀라운 사실은 "세계는 전통적 경제의 종말을 인지해야 한다"는 대목이다. 그들 스스로 현 경제 시스템의 문제와 종식을 고백한 대목은 놀랍다 못해 존경스럽다.


## G20, 암호화폐를 자산으로 인정해 제도권 안으로 편입할 듯

많은 사람들은 이번 회의에서 암호화폐에 대한 구체적 규제안이 나올 줄 알았다. 하지만 이는 좀 더 심층적인 연구를 위해 연기됐다. 규제를 주도할 책임 있는 사람들은 암호화폐를 규제하기 위해서라도 암호화폐의 속성을 깊게 탐구할 수밖에 없다. 재미있는 점은 암호화폐를 깊이 탐구하고 나면 의견을 바꾸거나 조심스러운 태도를 유지한다는 것이다.

향후 G20은 암호화폐가 테러자금에 악용되는 걸 막기 위해 암호화폐를 자산으로 분류해 제도권 내에서 다룰 것으로 보인다. 자산으로 규정하면 각국은 그에 맞게 규정을 제정하고 표준화할 수 있다.

이런 시각은 금융계도 마찬가지다. 골드만삭스는 비트코인이 화폐 성격을 갖지는 않지만 그렇다고 사기도 아니라며 미래에 더 큰 가치를 가져올 수 있는 상품이라는 견해를 밝혔다. 또 미국 뉴욕증권거래소 모기업인 인터콘티넨털익스체인지ICE는 비트코인 거래 플랫폼을 개발 중이다. 해당 플랫폼 개발이 완료되면 뉴욕증권거래소에서 비트코인 거래가 가능해질 전망이다. 하지만 현재의 여건상 이의 실현 여부는 불투명하다는 여론 또한 만만치 않다.


## 2. 성장기: 암호화폐의 구글이 나온다

도입기에 수많은 암호화폐가 시장에 나오고 정부가 규제정책을 펼쳤다면, 성장기에서는 암호화폐 가운데 시장을 선도하는 화폐가 나올 것이다. 또한 이 시기는 정부가 규제의 길목에서 암호화폐가 사라지지 않을 것을 인정하고 상생의 길을 찾아가는 단계가 될 것이다.

--------------------  **암호화폐도 결국은 소수의 화폐가 독과점할 것이다**

"2017년 연말 기준, 깃허브(오픈소스 개발자 사이트)에 올라와 있는 블록체인 프로젝트만 약 8만 6000개다. 이 중에 약 6%만 살아남을 것이다." 글로벌 컨설팅회사 딜로이트의 전망이다.

블록체인 기술은 금융, 제조 등 다양한 분야에서 기존 산업을 혁신하고 신산업을 만들어내는 잠재력이 있다. 하지만 인터넷, 정보산업, 3D프린터 등 신기술에서 보듯이 극소수만 살아남는 운명을 블록체인도 반복할 것이다.

이는 블록체인에 문제가 있어서가 아니라 초기의 개념적인 프로젝트는 대부분 실패하고, 분명한 해결책이 나오고 성장성이 검증될 때까지는 실패를 반복할 수밖에 없기 때문이다. 블록체인으로 많은 프로젝트가 시도되고 있지만 그에 따른 리스크 역시 적지 않다.[23]

그런데 암호화폐는 화폐의 특성상 그 성공확률이 더 적을 수밖에 없다. 2018년 2월 말 기준, 거래소에 상장된 암호화폐 숫자만도 1500개가 넘는다. 앞으로 더 많은 암호화폐가 새롭게 개발될 것이다. 2018년 2월 말 기준, 시가총액이 가장 큰 암호화폐는 단연 비트코인으로 130조 원을 넘었다. 그 외에도 이더리움, 리플, 비트코인캐시, 라이트코인, 이오스 등을 포함해 모든 암호화폐의 시가총액은 400조 원을 웃돌고 있다.

새롭게 나오는 암호화폐는 기존 화폐의 단점을 보완하고 개선시키기 때문에 이렇게 많은 서비스의 출현은 암호화폐 발전에 있어 분명 고무적인 현상이다. 경쟁은 기존 기업과 진입 기업 양측 모두의 발전을 촉진시키는 자본주의의 본질적 구동 원리다.

하지만 암호화폐 시장의 이러한 치열한 경쟁이 가져올 결과는 어떤 모습일까? 분화된 시장의 통합과 독과점으로 귀결될 공산이 크다.

이런 의견에 동조하는 유대금융인이 있다. 전 골드만삭스 대표이자 전 백악관 국가경제위원장 게리 콘Gary Cohn은 암호화폐의 미래에 대해

"언젠가 전 세계에서 통용될 수 있는 단일 암호화폐가 등장할 것"이라는 긍정적 전망을 했다. 그는 비트코인이 아니라 블록체인 기술을 믿는다면서, 채굴비용이나 전기세와 무관한 글로벌 암호화폐를 사용하게 될 것이라고 밝혔다. 콘은 비트코인과 같이 지나치게 많은 자원을 소모하는 암호화폐 대신 좀 더 효율적이고 대중적인 암호화폐가 나올 것이라고 전망했다.


## 인터넷이 탄생시킨 업계들의 통합과 독과점

인터넷 탄생 이후 새롭게 생겨난 업체들은 신흥 산업을 이끌며 세상을 바꿔놓았다. 하지만 치열한 경쟁 끝에 업계를 이끌어가는 기업은 경쟁 속에서 살아남은 분야별 한두 업체다. 그 외의 수많은 나머지 기업들은 무자비하게 걸러지며 잊혀졌다.

검색엔진 초창기에는 넷게이트가 선두기업이었고 그밖에도 웹크롤러, 라이코스, 알타비스타, 익사이트, 야후 등 수많은 검색엔진들이 있었다. 그러다가 검색기술을 획기적으로 바꾼 구글이 나타나 시장을 평정했다. 구글은 웹사이트에 특정 키워드가 얼마만큼 많이 등장하는지의 기존 접근법에서, 학계에서 사용하는 기준인 논문의 외부 인용횟수 개념으로 바꾼 '페이지랭크' 알고리즘으로 검색시장을 독점할 수 있었다.

SNS도 초창기에는 장가, 프랜드스터, 마이스페이스, 식스디그리스

# Google

등 다양한 서비스업체가 있었다. 하지만 페이스북이 하버드에서 큰 화제를 모으면서 바이러스처럼 근처 대학들로 퍼져나가자, 수백만 명의 유저들을 모았던 기존 SNS 업체들은 '네트워크 효과'의 힘을 전혀 발휘하지 못하고 믿기 힘든 속도로 쓰러졌다. 결국 페이스북이 SNS 시장을 독점했다.

이와 같이 IT 시장은 파편화되어 많은 업체들이 활동하기보다는, 결국에는 통합되어 한두 업체가 독과점하게 된다. 인터넷의 본질적인 힘이 확장성인 만큼, 잘되는 서비스는 국경을 넘어 전 세계로 확장되면서 독과점의 형태로 발전한다.

암호화폐도 마찬가지로 독과점 화폐가 생길 가능성이 높다. 현재 시장에 나와 있는 화폐 중에서 그 주인공이 나올 수도 있고, 현재 암호화폐들보다 뛰어난 기술력과 기획을 갖춘 미래의 암호화폐가 그 주인공이 될 수도 있다. 지금껏 IT업계에서는 1세대의 실수를 보완한 2세대 기업이 시장을 장악하는 경우가 많았듯, 암호화폐 역시 1세대의 문제점을 보완한 2세대가 주인공이 될 가능성이 크다.

현재 비트코인의 후속주자로 나오고 있는 새로운 암호화폐들을 보면 두 종류다. 하나는 라이트코인처럼 비트코인을 보완하러 나온 보완재이고, 또 다른 하나는 비트코인과 공생하기 위한 게 아니라 기존 암호화폐의 기술적 한계점을 해결한 업그레이드된 대체재다.

다양한 대안이 존재하는 상황에서 궁극적인 선택은 암호화폐의 사용자들이 내릴 것이다. 현재 암호화폐 사용자들은 기술력과 활용 가능성이 아닌 가치 상승 가능성을 기준으로 코인을 선택하고 있다. 하지만 장기적으로는 화폐 자체의 활용성과 확장성을 기준으로 삼을 것으로 보인다. 화폐의 존재 목적은 투자용 상품이 아니라 교환매체와 가치저장의 수단이기 때문이다.

이 수많은 암호화폐가 모두 화폐로 쓰인다면 사용자들 입장에서는 오히려 쓰기 불편해진다. 사용자는 먼저 자신이 각각의 화폐를 얼마나 가지고 있는지 확인하고, 각 화폐의 현재 시세와 변경 추이를 계산하고, 어떤 화폐를 어느 판매자가 취급하는지 알아야 한다. 예를 들어 맥도날드에서 햄버거 하나를 사 먹으려고 해도, 열 가지가 넘은 종류의 암호화폐로 가격이 표시되어 있다면 어떤 것으로 지불할지부터 고민해야 할 것이다.

사람들은 복잡한 것을 싫어한다. 검색엔진도 어느 것을 쓸까 고민할 필요 없이 구글 하나만 쓰고, SNS도 이것저것 관리하기보다는 페이스북과 인스타그램 등 한두 개 정도만 이용한다.

화폐도 마찬가지다. 화폐가 하나인 것이 나라에서도 관리하기 편하고 국민들도 사용하기 편하다. 전 세계에 존재하는 다양한 화폐 중에서 기축통화인 달러의 사용비중이 높은 이유도 선택하지 않아도 되어 편하기 때문이다.

결과적으로 수많은 암호화폐 가운데 사용자들의 선택을 받게 되는 대표적인 화폐가 생겨날 것이다. 이 화폐는 전체 암호화폐 중 점유율을 절반 이상, 많게는 70~90%까지 차지할 것이다. 그 나머지 10~30%를 몇 개의 후속 화폐들이 나눠 가질 것이다. 나머지 수천 개 화폐들은 비록 숫자는 많지만 다 더해도 큰 의미가 없는 수준이 될 것이다.


## 화폐 독과점의 이득과 위험

한두 개 화폐가 독과점을 한다는 것은 무슨 의미를 가질까? 이는 우선 '대중화'를 뜻한다. 수많은 암호화폐 가운데 시장이 어느 한 가지 화폐를 선택하게 되면, 그것은 암호화폐를 진정으로 대중화시킬 것이다.

해당 암호화폐는 그것으로 무엇이든 살 수 있을 정도로 널리 활용될 것이다. 편의점에서 아침을 사 먹고, 택시를 타고 출근하고, 서점에서 책 사는 것 모두 그 암호화폐로 하나로 가능해질 것이다. 본인이 원하면 월급을 해당 화폐로 받을 수 있는 회사들이 생기고, 해당 화폐를 더욱 안전하게 보관할 수 있는 암호화폐 전문은행들이 생길 것이다. 세계 어디를 가든 이 화폐 하나만 있으면 환전할 필요가 없으며, 지금 종이화폐로 할 수 있는 모든 것을 암호화폐가 대체하게 될 것이다.

또한 이 화폐가 장기적으로 시장을 독점할 것이라는 신뢰가 생기면 화폐 가치가 치솟을 것이다. 현재 가장 유명한 암호화폐는 비트코인이지만, 비트코인은 기술적인 한계로 인해 1초에 네 건의 거래만 처리할 수 있고 또 갈수록 비싸지는 채굴비용으로 인해 장기적 활용 가능성에 대해 의문점이 많은 상황이다. 그럼에도 비트코인은 시가총액 200조 원을 바라보고 있다.

그렇다면 현재의 기술적인 제한을 해결해 세상 모든 사람들이 문제없이 사용할 수 있는 암호화폐가 나오면 어떻게 될까? 그 암호화폐는 진정한 장기적 신뢰를 받아 지금의 100배 이상인 1경, 10경의 시가총액을 갖게 될 것이다.

반면 독과점 암호화폐의 탄생은 그 외의 나머지 화폐들에게는 끝을 의미하기도 한다. 그 화폐들이 하나둘씩 사용자를 잃어서 계속 구동할 컴퓨터들이 없어지면 어느새 유지비용을 감당하지 못하고 중단하게 된다. 그러면 그 화폐에 투자했던 사람들은 투자금을 잃게 된다. 예를 들어, 몇 천 개의 암호화폐 중 다섯 개를 제외한 암호화폐에 투자한 사람들은 모두 손해를 입게 된다고 상상해보라. 모든 업계가 다 그렇다. 성공기업 하나에 실패기업 열 개가 따르는 법이다. 안타까운 사실은 주식시장 등의 기존 투자 분야들에 비해 암호화폐는 특히 일반 투자자들에게 유독 큰 손실을 안긴다는 것이다.

주식시장에서는 실패기업들이 비교적 초기투자 단계에서 정리된다. 창업자의 자본금, 그 기업에 투자한 엔젤 및 VC 투자자들의 투자금 정도가 손실의 규모의 전부다. 대중이 투자하기 시작하는 시점은 기업이 증권거래소에 상장할 때부터며, 상장 이전 단계에서 일차적으로 많은 실패기업이 걸러진다. 이렇게 걸러내기 위해 국가에서도 금융감독원을 통해 기업공개 심사절차를 둔다.

그러나 암호화폐의 경우는 다르다. 시장의 검증이 전혀 없었던 수많은 창업기업이 대중으로부터 투자를 바로 받기 시작한다. 이더리움의 경우 26초 만에 180억 원(1800만 달러)의 투자를 '크라우드세일'을 통해 받았다. 2018년 2월 현재까지의 최고금액은 텔레그램이 받은 8000억 원이다. 이처럼 ICO를 통해 자금을 모으는 것이 암호화폐의 발전에는 도움이 되지만, 반면 아직 본격적인 시작도 안 한 시점의 사업에 투자를 하면 실패 확률은 훨씬 높을 수밖에 없다. 물론 하루아침에 큰돈을 버는 사례들도 나오겠지만, 크게 봤을 때 암호화폐 시장은 주식시장보다 훨씬 위험한 투자처다.

암호화폐의 크라우드세일, ICO 등을 막아야 한다고 주장하는 것은 아니다. 단지 암호화폐에 투자하는 사람들이 이러한 현실을 직시하고 그 위험을 감수한 상태에서 투자하기를 바란다.

## 미래 암호화폐가 가져야 할 모습

시장을 주도하는 암호화폐가 되기 위해서는 무엇이 필요할까? 네 가지로 정리할 수 있을 것이다.

먼저 비트코인을 포함한 현 암호화폐들이 지닌 기술적 한계점을 해결해야 한다. 가장 대표적인 기술적 문제는 1초에 감당 가능한 거래수다. 현재 비트코인의 3~7건이 아니라 비자에서 감당 가능한 2000건을 능가해야 할 것이다. 더 나아가서는 전 세계 사람들이 일상의 모든 거래를 암호화폐로 진행하더라도 감당할 수 있을 수준이 되어야 한다. 이 외에도 보안, 운영 소요비용과 에너지 등의 이슈들을 해결해야 한다. 이는 매우 힘든 과제지만 암호화폐에 대한 수요가 큰 만큼 해결책도 나올 것이다.

두 번째로, 세금 문제가 투명하게 이뤄질 수 있어야 한다. 물론 기존 화폐 제도에서도 의도적인 탈세를 모두 없앨 수는 없듯이 암호화폐 체제에서도 완벽한 탈세 방지는 힘들 것이다. 그러나 암호화폐로 사업하는 기업이 결제를 위해 암호화폐를 주고받거나, 개인이 암호화폐를 증여받을 때 어떤 통제도 안 되는 구조를 정부가 허용할 수는 없다. 정부의 암호화폐 규제가 완화되는 가장 중요한 조건은 세금이 현재보다 더욱 투명하게 걷히는 것이다. 이를 위해서는 암호화폐의 익명성이 정부에게만 예외가 되는 방식이 필요할 수 있다.

세 번째로, 특정 이익추구 단체에서 중앙집권하지 않는 탈중앙 분산관리 오픈소스여야 한다. 비록 현재 ICO를 실시하는 대부분은 이익추구 기업들이지만, 근본적으로 이익추구 단체에서 화폐를 운영하는 것은 정부의 중앙집권 화폐와 다를 바 없다. 오히려 정부의 지지가 없기에 훨씬 변동성이 크며 집권단체의 이익에 편향된다. 사토시 나카모토가 비트코인을 만든 주목적은 탈중앙 화폐의 실현이며, 이를 중앙집권 없이 운영하기 위한 수단이 블록체인 기술이다. 따라서 암호화폐의 본질은 블록체인 기술의 사용이 아니라 탈중앙 화폐에 있다는 점을 간과해서는 안 된다.

네 번째는 현존하는 암호화폐들과 반대되는 성격의 것이다. 나는 미래의 선두 암호화폐는 적정한 수준의 인플레이션 기반 화폐가 되리라 생각한다. 비트코인은 총 화폐 발행량 2100만 BTC로 고정되어 있고 미발행 화폐의 발행 속도는 갈수록 줄어드는 통화 수축형 디플레이션 기반 화폐다. 하지만 디플레이션에서는 시장이 성장해가도 화폐가 한정되어 있기 때문에 화폐의 가치가 계속 올라간다. 화폐의 구매력이 현재보다 미래에 올라갈 것이라 예상되면 사람들은 그 화폐를 사용하지 않고 소지하려 한다. 이는 소비를 늦추고, 화폐 유통량을 줄여 경기 침체로 이어진다. 현재 비트코인을 포함한 대부분의 암호화폐가 디플레이션 기반이기 때문에 장기적으로 보관하는 자산으로는 좋은 투자 대상이 될 수 있지만, 일상의 소비를 위한 화폐로는 근본적으로 부적절하다.

하지만 암호화폐가 꼭 지금과 같아야만 하는 것은 아니다. 암호화폐도 기존 화폐들처럼 화폐 발행량을 제한시키지 않고, 매해 세계 GDP 성장 수준에 맞추어 늘려가는 것을 상상해볼 수 있다. 암호화폐도 이런 기준으로 화폐 발행정책을 설정한다면 인플레이션이나 디플레이션이 없는 통화로 운영될 수 있다. 어쩌면 밀턴 프리드먼이 주장하던 'k% 준칙'이 드디어 알고리즘화되어 실현되는 시대가 올 수도 있다.

## 정부의 전략 전환, 규제 아닌 상생

각국 정부의 규제에도 불구하고 세계적으로 암호화폐 사용 비중이 올라감에 따라 정부는 규제보다는 상생으로 전략을 전환할 것이다. 마치 인터넷 초기에 음악과 영화들을 인터넷으로 공유하는 것을 규제했지만, 어쩔 수 없는 진화의 과정이라는 사실을 인지하고선 온라인을 통해 음악과 영화를 합법적으로 소비할 수 있는 구조로 발전시킨 것과 유사하다.

또한 정부는 암호화폐 개발자들과 협력해 돈세탁, 탈세, 테러리즘 등의 지하경제 활동 규제에 나설 것이다. 정부와 암호화폐와의 공식 협력이 이뤄지면 민간 암호화폐가 정부 차원에서 인정받는 결제수단이 되고, 더 나아가 법정화폐로 자리 잡게 될 것이다. 이미 독일, 마셜제도 등은 비트코인을 법적 지불수단으로 인정하고 있다. 독일은 비트코인 등 여타 암호화폐가 서비스나 물건의 값을 결제할 수 있는 법적인 정식 지불수단이라고 인정했다. 이는 암호화폐가 지불 결제수단으로 쓰일 경우 기존 화폐와 마찬가지로 별도의 과세대상이 되지 않는다는 의미다. 또한 일본은 비트코인을 법적 화폐로 인정하지는 않았지만 결제수단으로는 허용하겠다는 입장이다.

## 암호화폐의 단점

사회에 인플레이션이 심화될수록 암호화폐는 주목을 받게 되지만, 성장기에서는 반대로 암호화폐의 본질적인 단점이 주목을 받게 된다. 바로 중앙집권 없이는 경제적 재난상황에 대응하지 못한다는 점이다. 중앙은행이 법정화폐 발행량을 임의로 통제하는 것을 암호화폐의 창시자들은 지적하지만, 이런 비상대책 권한이 없이는 공황이라는 비상상황에 대응하지 못하게 된다. 공황이 들이닥쳐 암호화폐의 유통량이 급감하면 화폐로서 시장의 신뢰를 순식간에 잃게 된다. 이러한 사건을 계기로 중앙은행의 화폐 발행과 유통량 조절의 순기능이 재조명받게 될 것이다.

비록 밀턴 프리드먼은 k% 준칙을 제시하면서 중앙은행의 화폐 발행량의 임의적 조절에 반대했지만, 케인즈와 더불어 경제에서 심각한 공황이 있을 시에는 정부와 중앙은행의 개입이 필요하다는 것에 동의했다. 케인즈는 정부의 역할을, 프리드먼은 중앙은행의 역할을 강조했지만 개입의 필요성에는 두 경제학자 모두 동의했다. 암호화폐도 이러한 개입이 필요한 상황이 오게 되며, 이때 암호화폐 발행량정책에 대한 다양한 논의가 일어날 것이다.

이외의 암호화폐의 한계점들도 드러날 것이다. 기존 종이화폐의 문제가 암호화폐에서도 그대로 발생하게 되면, 암호화폐가 모든 걸 다 해결할 것이라고 맹목적으로 믿던 사람들은 당황하게 된다. 암호화폐를 사용하는 회사들도 이중장부를 운영하고, 정치인들은 익명 암호화폐를 통해 뇌물을 받고, 자산가들은 세금 없이 자산을 상속하는 사건들이 생겨날 것이다. 금융계의 거대 헤지펀드와 사모펀드들이 암호화폐 시장에 들어서면서 암호화폐를 투자 명목으로 사는 개인 투자자들은 손해를 보기 시작할 것이다. 자금력이 막강한 전문기관들이 도입한 AI 같은 최신 기술에 개인투자자들은 상대가 되지 않을 것이며, 더 심하게는 시세조작 등에 의한 피해자도 생길 것이다.

성장기가 암호화폐의 한계를 현실적으로 받아들이는 기간이기는 하지만, 크게는 확실한 입지구축과 경제에서 의미 있는 비중을 차지하게 되는 엄청난 발전의 기간이 될 것이다. 암호화폐의 발전에 따라 주요 암호화폐 간의 시너지 효과가 생겨날 것이다. 가령 정부발행 암호화폐와 민간발행 암호화폐 간의 시너지도 예상된다. 정부발행 암호화폐에 인플레이션이 일어나면 사람들이 민간발행 암호화폐로 재산을 옮기고, 민간 암호화폐의 가격 변동이 극심해지면 정부발행 암호화폐로 재산을 옮길 수 있다. 결국 자산관리에 있어서 다양한 선택권이 생기는 것이며, 안 좋은 상황에서도 자신의 재산을 보호할 수 있는 헤징이 되는 것이다.


## 3.성숙기: 암호화폐, 어디까지 갈 것인가?

본론에 들어가기 전에 먼저 달러의 미래를 가늠해보고자 한다. 그것이 바로 암호화폐의 운명이기도 하기 때문이다. 달러는 과연 언제까지 기축통화 노릇을 할 수 있을까? 무릇 기축통화는 고대부터 세계 무역과 세계 경제를 리드하는 국가의 통화였다.

미국은 지난 37년간 한 번도 무역흑자를 낸 적이 없다. 그래프에서

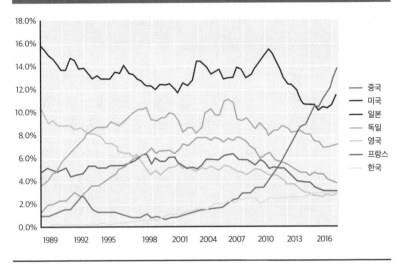

보듯 시종일관 무역적자에 시달렸다. 1985년 플라자 합의를 통해 무역경쟁국인 일본의 엔화와 독일의 마르크화를 우격다짐으로 그렇게 절상시켰음에도 미국은 수출상품의 경쟁력 회복에 실패했다. 앞으로도 반전의 기미가 보이지 않는다. 이러한 과도한 무역적자의 누적은 국제 금융 시스템과 세계 경제의 안정성까지 위협하고 있는 실정이다.

미국의 재정수지 역시 지난 40년간 4년을 제외하곤 내리 적자 행진이다. 무역적자와 재정적자를 합쳐 '쌍둥이 적자'라고 하는데, 그래프에서 보듯 골이 깊다.

1981년 레이건 행정부는 신자유주의를 도입하면서 대규모 부자감세와 재정확대를 동시에 추진했다. 그 결과 대규모 재정적자가 나타

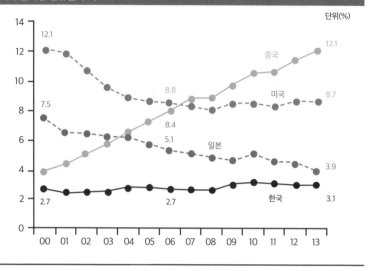

단위(%)

중국

미국

일본

한국

00 01 02 03 04 05 06 07 08 09 10 11 12 13

낳다. 이 적자를 메우기 위해 정부가 국민들에게서 자금을 빌리기 시작하면서 자금수요가 크게 증가했다. 그렇지 않아도 연준이 두 자릿수 인플레이션을 억제하기 위해 기준금리를 11.4%에서 1980년 3월 20.0%로 대폭 인상시켜 통화긴축정책을 펼치고 있던 상황이었다. 이렇게 시중금리가 높은 상황에서 정부가 자금 수요를 더 늘리자 시중금리는 경쟁국인 일본, 독일에 비해 큰 폭으로 상승했다. 결국 고금리로 인해 달러화가 고평가되면서 무역적자는 더 늘어났다.

이때부터 쌍둥이 적자가 시작되었다. 이로 인해 미국경제는 1980년대 중반까지 큰 어려움을 겪었으며, 클린턴 행정부 때 긴축정책과 장기호황에 따른 세수증가로 1998년 이후 4년 동안은 재정흑자를 유지했

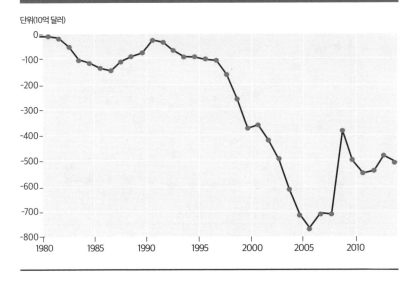

미국의 무역적자(1980~2014)

단위(10억 달러)

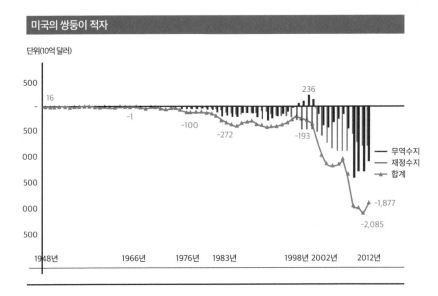

미국의 쌍둥이 적자

단위(10억 달러)

16
−1
−100
−272
236
−193
−1,877
−2,085

무역수지
재정수지
합계

다. 그러나 부시 행정부의 대대적인 부자감세정책과 아프카니스탄 전쟁, 이라크 전쟁으로 2002년부터 다시 재정적자로 반전되었다. 이후 쌍둥이 적자 문제는 미국 경제의 고질적인 불안요인이 되었다.

미국 경제가 세계 GDP에서 차지하는 비중 역시 점점 줄어들고 있다. 달러가 기축통화로서 패권을 장악하기 시작했던 1944년에는 세계 GDP에서 미국 GDP가 차지하는 비중이 30%였는데, 이후 점점 줄어들어 2016년에는 18%가 되었다. 구매력 평가 기준으로는 이미 중국에 추월당한 형편이다.

그래프에서 보듯이 미국의 대중국 무역적자 역시 그 심화 추세가 점점 더 가팔라지고 있다. 이로 인해 미국과 중국 간의 무역 분쟁과 환율전쟁은 점점 더 심해질 수밖에 없다.

게다가 미국은 구조적인 무역적자 심화와 패권적 대외 팽창정책으로 인해 갈수록 재정적자가 늘어나면서 부채가 눈덩이처럼 커지고 있다. 자고로 개인이든 나라든 빚을 많이 지고 버티는 장사는 없는 법이다.

## 증대하는 미국의 부채

미국이 처음부터 빚이 많은 나라는 아니었다. 지금까지는 전쟁 때 빚이 늘어나고 끝나면 줄어들었다. 그런데 제2차 세계대전 뒤로는 소련과 미국의 냉전시대가 이어지면서, 군비는 밑 빠진 독처럼 국가재정

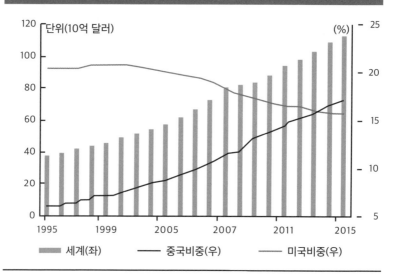

세계(좌) ── 중국비중(우) ── 미국비중(우)

GDP 대비 미국 무역적자 규모

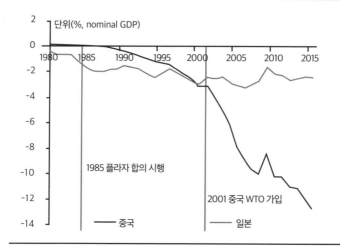

1985 플라자 합의 시행

2001 중국 WTO 가입

── 중국 ── 일본

을 먹어 치웠다. 한국전쟁과 베트남 전쟁에 엄청난 군비가 투입되었고 1980년대에는 국가채무가 9300억 달러로 증가했다.

대규모 재정적자의 원조는 레이건 대통령이다. 레이건은 집권하자마자 부자들의 세율을 50%나 삭감했다. 여기에 냉전이 종식되었음에도 아프가니스탄의 탈레반 정부 지원 등으로 재정지출을 더욱 늘리면서 국가채무가 2조 7000억 달러까지 늘어났다.

레이건이 감세와 재정적자의 원조였다면, 부시 부자는 이를 집대성하고 완성했다. 2001년 조지 W. 부시가 대통령이 되었을 때 국가부채는 5.7조 달러였는데, 이후 8년 동안 국방예산은 두 배가 되었고 연평균 재정적자는 6000억 달러를 넘어섰다. 2008년 8월 서브프라임 사태가 불거지면서 금융위기가 터졌다. 그 결과 2009년 1월 부시가 퇴임할 즈음 국가부채는 10.6조 달러에 달했다.

이후에도 빚은 계속 늘어 2014년 9월 기준 17조 8000억 달러였다. 정부재정을 감시하는 민간단체 콘코드연합에 따르면, 미국정부는 2015년 한 해에만 5330억 달러의 이자를 지급해야 했다. 하루 이자만 15억 달러(약 1조 5000억 원)였던 셈이다.

이것 말고도 주정부 등 지방자치단체가 발행한 지방채도 많이 있다. 《화폐전쟁》을 쓴 쑹훙빙은 이미 미국의 연방국채, 주정부채, 외채, 개인채무 등을 합치면 부채총액이 44조 달러에 이른다고 주장했다. 국민 한 사람당 15만 달러, 4인 가족 한 가구당 60만 달러의 채무를 부담하는 셈이다. 장기국채 고정금리 3%로 계산하면 1년 이자만 1조 3200억 달러다. 미국 연방정부의 한 해 총수입의 5분의 3과 맞먹는다. 이렇게

간다면 미국은 이자 때문에 파산할 것이다.

이제 연간 GDP보다 많은 미국의 국가부채 문제는 더욱 악화될 전망이다. 트럼프 대통령의 대규모 감세안 통과로 세수가 매년 1000억 달러 정도 줄어드는 상황에서 예산까지 늘면서 2018년 2월 현재 미국의 국가부채는 21조 달러에 달하고 있다.

달러는 태생적으로 트리핀 딜레마를 갖고 있어 부채가 영원히 지속될 수 없다. 미국이 지금은 겉으로는 강해 보이지만 국가부채가 계속 늘어나면 과거의 제국들처럼 쇠락의 전철을 밟을 수밖에 없다.


## 암호화폐의 시대

성숙기에 암호화폐는 더 이상 새로운 기술이 아니며 각국 정부에서도 이를 적극 활용하게 될 것이다. 이 시대에는 종이화폐가 사라지고 전적으로 디지털 화폐의 시대가 된다. 그런 추세는 현재에도 이미 그 싹이 보인다. 2010년 30%였던 우리나라 스타벅스의 현금 결제율이 2018년에 20%로 떨어졌고, 사무실 지역에서는 3%가 채 안 된다.

암호화폐의 중요도가 증가하고 시세가 오랜 기간 안정성을 유지함에 따라 국제무역에 있어서 암호화폐가 패권을 쥐게 될 것이다. 대부분의 국가는 무역을 할 때 어느 한 곳에 속박되지 않은 중립적인 화폐로 하는 것을 좋아한다. 또한 세계 각국의 준비통화에서도 암호화폐의 비중이 높아진다. 이렇게 되면 세계 경제는 바야흐로 '달러 스탠다드'에서 '암호화폐 스탠다드'로 넘어갔다고 볼 수 있다.

성숙기에 가장 화두로 떠오르는 경제 주제는 세계화폐다. 많은 것이 글로벌화되고, 나라와 나라 간의 장벽이 지속적으로 낮아지면서 세계는 하나가 되어간다. 이로써 각국의 정부는 극도로 밀접하게 움직이고, 점차 세계정부와 같은 하나의 단합된 조직을 형성한다. 국가 간 무역과 금융거래가 날로 증가하면서 환전의 번잡함과 비효율성이 대두되고 세계화폐의 필요성이 제기될 것이다.

방코르를 주장한 케인즈가 가장 유명한 세계화폐 지지자였지만, 2009년에 당시 미국 재무장관이었던 티머시 가이트너도 세계화폐의 개념에 열려 있음을 밝혔다. 19개의 유럽 국가들은 하나의 화폐인 유로화를 사용하면서 국가 간 무역과 각국의 경제 운영이 단일화폐로도 문제없이 돌아감을 입증했다. 세계화폐는 유로화의 범주를 유럽에서 세계로 넓히는 개념일 뿐이다.

## 케인즈의 혜안, 암호화폐로 실현된다

비록 실행되지는 못했지만 세계화폐라는 개념을 통해 안정된 국제 통화체제를 생각한 것은 케인즈의 혜안이었다. 2008년 글로벌 금융위기를 맞아 세계 금융 시스템에 경종이 울리자 케인즈가 설계했던 세계화폐를 디지털 화폐로 실행하자고 주장하는 사람이 있다. 바로 전 그리스 재무장관이자 아테네대학 경제학 교수인 야니스 바루파키스다.

야니스 바루파키스 전 그리스 재무장관

1944년 케인즈가 내놨던 해법은 이렇다. "국제청산동맹이 각 가맹국의 국제무역 비중을 고려해 일정 한도의 방코르를 배정한다. 각 가맹국의 수입 초과가 누적되면 방코르가 부족해지는데, 이때는 벌금(이자)을 물고 방코르에 대한 자국의 화폐 가치를 내려야 한다. 그렇게 되면 해외자본이 유입돼 적자분을 채울 수 있다. 반대로 수출이 많아 방코르가 쌓일 경우에도 일정액 이상이 쌓이면 해당하는 금액에 대해 벌금을 물고 화폐 가치를 올려야 한다. 그렇게 되면 자본이 유출된다." 케인즈는 이 시스템으로 불균형 자본유출, 변동성, 부족한 총 수요, 불필요한 실업사태가 나타나는 현상을 줄이고 국제무역의 균형을 유지할 수 있다고 여겼다.

국제무역 불균형으로 인한 무역분쟁과 환율전쟁을 막으려 했던 케인즈의 취지를 살리려면 다양한 환율정책을 수용하고 각국 관료들의 자유 재량권을 일정 수준 제한하는 규칙을 마련해 '새로운 국제청산동맹'을 만들어야 한다. 바루파키스에 따르면 케인즈가 제안했던 세계화폐 방코르는 국제교역량에 따라 수급을 조정하는 알고리즘을 갖춘 디지털 화폐로 대체하고, 그 발행과 관리 책임을 IMF가 지도록 하면 된다.

이때 '세계 경제의 불균형을 막는다'는 취지를 살리기 위해 중요한 것은 두 가지다. 첫째, 무역불균형에 대한 과세다. 각 가맹국의 디지털 화폐 계정에 무역수지 적자와 흑자를 반영해, 수입 누적이나 수출 누적에 따라 국제청산동맹에 추가부담금을 내도록 하는 것이다. 둘째, 자본 유출입 비중에 따라 각국의 민간 금융기관 역시 국제청산동맹에 같은 비중으로 부담금을 내도록 하는 것이다. 무역불균형에 대한 부담금 부과는 무역흑자국 정부가 내수활성화에 더 힘을 쏟도록 하고, 무역적자국이 흑자국에 대해 수출을 늘리는 원동력이 될 수 있다. 외국환시장 참가자들은 무역수지 불균형에 대응하기 위해 더 빠르게 환율조정에 나설 것이며, 만성 무역수지 불균형의 주요 원인이 돼온 자본유출 문제도 어느 정도 해결될 것이다.

케인즈는 지나치게 시대를 앞서간 인물이었다. 그의 제안이 제대로 이뤄지려면 오늘날과 같은 '디지털 기술'과 '외환시장'이 필요했다. 1940년대에는 두 가지 모두 없었지만 지금은 모든 요건이 갖춰졌다. 세계 각국은 금융위기를 겪으며 국제청산 시스템에 대한 경험도 쌓았다.[24]

바루파키스에 따르면 달러가 기축통화의 짐을 내려놓을 때, 그 뒤를 잇는 건 세계화폐이자 디지털 화폐인 암호화폐가 될 것이다.

## 세계시민사회의 도래

전 세계 국가들이 통합하는 시나리오와 관련해서 세계정부를 강하게 비판하는 음모론자들이 있다. 그들은 이 계획을 '뉴월드오더', 곧 신

세계 질서라 부르며, 세계 유대금융자본가들이 세계를 통치하기 위한 계획이라 주장한다. 그러나 이와 같이 부정적으로만 봐서는 안 된다.

전 세계 사람들을 통치하는 세계정부와는 다른, 전 세계 사람들이 하나가 되는 세계시민에 대해 생각해보자. 세계시민이 함께하는 사회는 국가들 간의 적대적 관계를 없애며 하나의 공동체에서 서로 협력하며 함께 상생하는 사회다. 더 이상 전쟁이 없는 사회다.

이 세계시민사회를 가능케 할 결정적인 요인이 암호화폐가 될 수 있다. 자본주의 사회에서는 사회의 혈액 역할을 하는 것이 바로 화폐다. 세계 최대 금융재벌가를 세운 마이어 암셸 로스차일드는 "나에게 화폐 발행권을 준다면 법은 누가 만들어도 상관없다"라고 말했다. 사회를 움직이는 힘인 화폐를 통제하는 집권자가 존재하면, 언제나 해당 집권자 주위에는 권력의 남용과 이기적인 동기가 있기 마련이다. 하지만 암호화폐의 혁명은 중앙집권자가 없는 화폐를 가능하게 했다.

따라서 세계시민을 위한 하나의 '세계화폐'를 정한다면 중앙집권자가 없는 암호화폐가 되는 것이 타당하다. 세계시민들의 자치를 행하는 국제연합 기구가 생기더라도, 화폐만큼은 별도로 세계의 모든 시민이 공동으로 관리하는 독립성이 보장되어야 한다. 이처럼 암호화폐가 세계화폐로 자리 잡는 것이 화폐혁명의 가장 궁극적인 단계가 아닌가 싶다. 또한 이것이 사토시 나카모토가 비트코인을 만들면서 진정 그렸던 꿈이 아닐까.

노벨경제학상 수상자인 폴 크루그먼 같은 유명 경제학자조차도 비트코인은 사기라며, 《뉴욕타임스》 사설을 다음과 같은 말로 마무리했다.

"그런데 암호화폐와 관련된 또 다른 요인이 하나 있다. (…) 사악한 정부가 그들의 돈을 몽땅 훔쳐간다는 환상에 기초한 컬트 같은 게 있다. (…) 비트코인은 파국으로 끝날 것이고, 그 파국은 빠르면 빠를수록 더 좋다."

컬트는 신비주의 종교집단을 의미한다. 사악한 정부가 돈을 훔쳐간다는 것은 환상도 아니고 신비주의 집단의 이야기는 더더욱 아니다. 사실 이 이야기에 반박하고자 이렇게 기나긴 글을 썼다. '사악한 정부가 그들의 돈을 몽땅 훔쳐간다는 환상에 기초한 컬트 같은 게' 역사적으로 실재했고, 지금도 존재한다는 사실을 알리기 위해서다.

비트코인을 사기로 본 경제학자 폴 크루그먼

인류사에 있어서 화폐의 발명은 가장 중요한 사건 중 하나다. 화폐는 대부분 진보의 근원이었다. 이를 통해 교환과 분업과 협력이 가속화되어 문명이 발전했다. 화폐의 발명 이후 그 형태는 지속적으로 변화해 왔다. 지폐가 디지털화되어 가상화폐가 등장했고, 2009년에는 드디어 탈중앙화 암호화폐가 선보였다. 암호화폐가 만들어진 배경에는 기존 화폐가 해결하지 못하는 문제가 있었고, 암호화폐는 결국 필요에 의해 나온 것이다.

이 문제가 바로 인플레이션의 위험이다. 그래서 이 책은 전반에 걸쳐서 인플레이션의 위험을 다뤘다. 그리스와 로마제국을 포함해 끝나지 않을 것 같던 강대한 문명들을 망하게 한 것이 인플레이션이었다. 화폐를 무분별하게 발행하고, 화폐 가치를 절하시키면서 결국 초인플레이션을 초래했다. 마침내 화폐는 신뢰를 잃고 결국 그 문명은 붕괴되었다.

이 같은 실수를 반복하지 말아야 하지만, 불행히도 역사는 반복된다. 현대 사회에서 우리는 인지하는 것보다 높은 인플레이션의 위험을 안고 살아가고 있다. 지난 세기만 해도 독일, 그리스, 미국, 헝가리, 북한 등의 국가가 초인플레이션을 겪었다.

일반인들은 인플레이션의 위험은 물론 인플레이션 자체를 잘 감지하지 못한다. 인플레이션은 사실상 정부로 하여금 어느 누구의 찬성 투표도 없이, 케인즈의 말을 빌리면 "100만 명 중의 어느 한 사람도 감지할 수 없는 방법으로" 조세를 할 수 있다. 때문에 정부의 재정수입 원천으로서 인플레이션은 항상 매력적인 선택이었다.

그래서 밀턴 프리드먼은 《화폐 경제론》의 에필로그에서 이런 말로 마무리를 했다. "화폐는 너무 심각한 문제이기 때문에 중앙은행에만 맡길 수 없다. (…) '인플레이션은 언제 어디서나 화폐적 현상이다'라는 명제는 수백 년 동안 학자들과 실무자들이 알고 있었다. 그러나 이 명제에도 불구하고 정부당국은 화폐 가치의 변조 — 국민의 참여 없는 조세 — 에 의해 국민들을 수탈하고자 하는 유혹에 빠지는 것을 막지 못했다. 그러면서 정부당국은 자기네가 결코 그러한 짓을 하고 있지 않다며 완강히 부인하고, 결과적으로 초래되는 인플레이션은 온갖 다른 나쁜 요인의 탓으로 돌렸다. 이러한 명제가 무시되는 까닭은 개인의 상황파악과 사회적 상황파악 사이에 차이가 있기 때문이다. (…) 개인의 입장에서는 생산성 향상으로든 정부의 화폐 발행으로든 소득이 증가하는 것은 좋은 일이다. 그러나 사회 전체의 입장에서 생산성 향상은 축복이지만 통화증발은 저주가 될 수 있다."

21세기에 들어서서도 밀턴 프리드먼의 말은 여전히 유효하다. 경기침체 시 중앙은행의 무리한 금리인하와 신용창출은 경기의 단기적 회복을 위해 인플레이션의 리스크를 감수하는 꼴이다. 더 나아가 민간 중앙은행이 시행하는 국가의 통화정책은 금융세력들의 이익에 따라 휘둘리고 있다. 또 민간 중앙은행은 금융세력들의 이득을 위해 유동성을 무책임하게 늘림으로써 세계 경제를 잠재적 위험에 빠트리고, 이로 인해 각 나라마다 피곤한 환율전쟁을 치르고 있다. 게다가 미국은 그간 달러의 패권을 이용해 다른 나라들을 상대로 많은 횡포를 벌여왔다.

이런 상황을 참다못해 몇몇 자유주의자들이 컴퓨터와 인터넷을 이용해 화폐혁명을 일으키고자 만든 결과물이 암호화폐다. 암호화폐는 중앙집권을 타파하고, 임의로 발행량을 늘리는 인플레이션의 위험을 총 발행량 사전 설정을 통해 원천 차단했다. 하지만 미국의 화폐 역사에서 봤듯이, 다수 민간은행들의 화폐 발행으로 인한 화폐의 범람 역시 많은 문제를 노출했다. 암호화폐 또한 이 문제에서 자유롭지 않다.

중앙은행의 존재 자체가 잘못되었다고 말할 수는 없다. 이는 많은 대안 중 그나마 최선책이었다. 또한 중앙은행의 화폐 발행과 은행들의 부분지급준비제도는 경제 발전을 촉진하고, 특히 경제위기 시 침체된 경기를 활성화시키는 순기능이 있어 경제사에서 중요한 역할을 했다는 사실은 인정해야 한다. 따라서 많은 암호화폐 찬양론자들이 이야기하듯 무조건적으로 현대 금융통화제도를 비판만 해서는 안 된다.

그렇다면 문제는 무엇인가? 문제는 필요 이상으로 과도한 화폐 발행과 신용창출을 할 수밖에 없는 사회정치적 구조다. 금융세력은 적절한 수준의 화폐 발행과 신용창출로는 만족하지 않으며, 끝없는 부의 창출을 위해 지속적으로 통화량을 늘리려 한다. 오늘날 미국의 금권정치 구조에서는 정부가 금융세력에 휘둘릴 수밖에 없다.

이러한 상황에서 암호화폐의 탄생은 그 의미가 크다. 이제 정부 주도의 화폐에만 의존하지 않고 인플레이션의 위험이 없는 민간화폐도 함께 사용할 수 있게 되었다. 사람들에게 선택권을 주어 두 종류의 화폐가 서로 견제와 균형을 이루고, 서로의 장단점을 상호보완할 수 있는 구조가 마련되었다. 더 크게는, 기존 화폐로 인한 인플레이션이 발생할 경우 이에 대한 대안이 생긴 것이다.

화폐는 애초에 중앙집권의 통제 없이 생겨났다. 화폐 발행량, 유통량, 환율이 모두 시장의 '보이지 않는 손'에 의해 결정되었다. 이후 사회가 성장함에 따라 정부의 손으로 넘어갔다. 화폐가 경제의 힘에서 정치의 힘으로 넘어간 것이다.

이 체제에 도전해 혁명을 일으킨 게 암호화폐다. 기존 화폐를 조절하는 기득권자들의 이익을 위해 감행하던 인플레이션이 감소하고, 더 나아가 소득과 부의 불평등이 완화될 단초도 마련했다. 이 두 과제가 현대사회가 안고 있는 가장 심각한 문제임을 감안할 때 암호화폐의 의미를 파악할 수 있다.


## 암호화폐의 미래

향후 암호화폐의 미래를 감히 유추해보았다. 특히 암호화폐의 발전단계를 도입기, 성장기, 성숙기로 구분했다. 하지만 이것을 '핍박기, 투쟁기, 대세기'로 바꿔 부르면 이해가 더 빠를 수 있다.

도입기의 암호화폐는 지금보다 더 많은 핍박을 받을 것이다. 우선 사기성 여부에 대한 찬반 논란과 함께 의구심에 많이 시달릴 것이다. 현재도 부정의 시각과 긍정의 시각이 확연히 나뉘어 다투고 있다.

기득권 세력인 유대금융자본은 암호화폐를 그들의 입맛에 맞게 길들이기 위해 다양한 시도를 해볼 것이다. 우선 헤지펀드들이 선물시장을 이용해 암호화폐를 일정 테두리 안에 가두려 할 공산이 크다. 이어 춘추전국시대를 방불케 하는 이합집산 현상이 나타날 확률이 있다. 현재의 법정화폐와 암호화폐의 다툼에 국가발행 암호화폐들이 가세할 것이다.

그 뒤 브릭스Brics(브라질, 러시아, 인도, 중국, 남아프리카공화국) 같은 경제블록별 암호화폐가 중국 주도로 탄생할 가능성이 있다. 이미 브릭스는 무역거래에서 달러 의존도를 낮추기 위해 2013년에 브릭스 통화안정기금을 발족하고, 2016년 브릭스개발은행을 설립해 운영하고 있다. 미국 주도의 IMF과 세계은행에 대한 도전이 시작된 것이다.

브릭스 암호화폐가 순조롭게 순항을 시작하면 파급효과가 예상외로 클 수 있다. 이어 중남미연합과 아프리카연합 같은 지역 암호화폐, 이슬람 암호화폐 등이 탄생해 이 싸움에 가세할 공산이 크다. 결국 기존의 법정화폐와 탈중앙화 암호화폐, 중앙화 암호화폐들이 삼파전의 세력 다툼을 할 것이다. 이렇게 되면 달러의 기축통화로서의 입지가 많이 축소될 것이다.

이 틈에 탈중앙화 암호화폐가 어느 정도 세력을 키워 성장기로 진입하면, 이때부터 본격적인 전쟁이 시작될 것이다. 이 과정에서 미국

정부와 유대금융세력은 특단의 대책을 내놓을지 모른다. 이 과정에서 암호화폐도 여러 문제를 노출시킬 것이다. 실제로 비트코인 주도 세력은 이런 급박한 상황에 몰려야 그간 이해다툼에 밀려 해결하지 못했던 문제들을 신속하게 해결할 것이다.

그러다가 달러가 반달러 세력의 협공에 취약성을 보일 때, 혹은 인플레이션에 휩싸일 때, 혹은 달러가 제법 규모 있는 평가절하를 시도해야만 할 상황에 몰릴 때 결정적으로 많은 사람들이 암호화폐를 선호하게 되어 힘의 구도가 바뀔 수 있다.

실제 일부 경제학자들은 기존 통화가 실패할 경우에만 암호화폐가 화폐로 받아들여질 것이라고 생각한다. 본대학의 위르겐 폰 하겐은 "중앙은행이 발행한 통화가 아주 불안정해져야 암호화폐가 매력적이 될 것이다. 금융 시스템에서 암호화폐가 광범위하게 사용된다는 것은 불안정성의 원인이 아닌 결과일 것이다"라고 했다.

이 시기 이후를 암호화폐의 대세기로 볼 수 있다. 그런데 이러한 대세기가 언제 어떻게 올지는 아무도 모른다. 이는 시장이 결정할 것이다. 결국 달러에 달린 문제이기도 하다. 암호화폐는 스스로 힘을 배양해 득세하는 게 아니라 달러가 자충수를 둘 때 비로소 세력을 얻을 가능성이 크다.

그렇다면 우리는 달러가 자충수를 두고, 암호화폐가 세계화폐의 자리를 차지하기를 기다리고만 있어야 할까? 세계화폐의 자리를 차지하는 암호화폐가 꼭 미국이나 중국, 유럽에서 만들어진다는 보장은 없다. 우리나라에서 만든 암호화폐일 수도 있고, 또 다른 나라에서 만들어졌다고 해도 우리가 지지한 암호화폐일 수도 있다. 우리에게 필요한 것은 투기의 광풍에 휩쓸리지 않고, 미래를 위해 준비하는 자세다. 그럴 때만이 암호화폐가 불러올 화폐혁명을 누릴 수 있을 것이다.


## 미지의 시대가 열리다

2009년 암호화폐가 탄생한 이후 사람들은 혼란에 빠졌다. 암호화폐에 대해 누구나 이야기하지만 누구도 자신 있게 이야기하지 못한다. 이는 달러가 금의 속박으로부터 풀려나 신용화폐가 되었을 때도 현대 자본주의에서 벌어질 실상을 제대로 이해하는 사람들이 없었던 것과 같은 이유 때문이다.

달러 체제가 만들어낸 금융자본주의는 많은 문제점을 내포하고 있다. 특히 부채 시스템에 묶여 발행되는 달러의 영속성이 가능한 것인

지, 또 상위 1%가 소득과 부를 독점하고 국민의 90%가 중산층을 유지하지 못하고 붕괴되는 사회가 자본주의를 지속시킬 힘을 갖고 있는지도 의문이다.

케인즈는 생전에 이자율의 점진적 인하를 통해 불로소득생활자들의 안락사를 요구했다. 프랭클린 루스벨트는 대통령 취임 이튿날 모든 은행의 영업정지를 발표하고 감사에 착수해 부실을 도려내고 가망 없는 은행들을 퇴출시킴으로써 금융의 신뢰를 회복시켰다. 또 상위 10%가 전체소득의 절반을 가져가자 자본주의에 일대 수정을 가했다. 조세정의를 앞세우고 부자증세를 단행한 것이다. 이른바 '수정자본주의'였다. 이를 통해 상위 10%의 소득을 30% 초반대로 낮췄고, 이를 서민 복지확대에 사용해 소득불평등을 완화시켰다.

하지만 이번 2008년 글로벌 금융위기가 닥쳤을 때 미국정부는 금융 세력들의 반대로 이 중 어떤 것도 하지 못했다. 대신 무제한의 유동성 살포로 금융위기를 임시 땜빵하듯 유동성 장세로 처방했다. 그로 인해 금융자산 증가속도가 근로소득 증가속도를 두세 배 이상 앞지르면서 소득불평등과 부의 편중을 극도로 심화시켰다.

확실한 것은, 날이 갈수록 심화되는 상위 1%의 독식체제로는 자본주의가 버텨낼 수 없다는 사실이다. 이로 인해 국민의 90%가 하류화되는 물결 속에서 익사당하는 사회는 더더욱 그렇다. 선거가 금권에 휘둘리는 정의롭지 못한 사회는 영속이 불가능하다. 불로소득 증가속도가 근로소득 증가속도보다 몇 배나 빠른 사회는 영속이 불가능하다. 결론적으로 지금과 같은 금융자본주의는 영원하지 못하다는 것이다.

이런 와중에 암호화폐가 탄생했다. 달러 체제, 곧 금융자본주의에 도전하는 새로운 화폐가 등장한 것이다. 선택은 시장의 몫이다. 그런데 시장은 또 개인 몫들의 합이다. 역사의 행위자가 될 것인지 방관자가 될 것인지도 개인의 몫이다. 개인의 몫의 합이 우리 사회의 미래다. 결국 이 세상의 미래는 당신에게 달려 있다.

1. 《인플레이션》, 하노 백 등 지음, 강영옥 옮김, 다산북스

2. 〈인터넷 파놉티콘과 개인정보보호〉, 《보안뉴스》, 채승완, 2017.8.21

3. 〈사이퍼펑크와 블록체인의 기원〉, 공병훈, 2018.1.23, https://hobbitwizard. cafe24.com

4. 〈데이비드 차움〉, 《블록인프레스》, 2018.2.23

5. 〈세계 첫 암호화폐 만든 차움 "직접 민주주의가 암호화 지향점"〉, 《중앙일보》, 고란, 2018.4.4.

6. 〈담배의 전성시대〉, 배연국, 2004.11.7, http://blog.segye.com/bykoog

7. 《비정하고 매혹적인 쩐의 세계사》, 오무라 오지로 지음, 하연수 · 정선우 옮김, 21세기북스

8. 《화폐전쟁》, 쑹훙빙 지음, 차혜정 옮김, 박한진 감수, 랜덤하우스

9. 〈CDS 폭풍이 다가오고 있다〉, 《중앙선데이》, 2008.2.24

10. 《한경 와우넷》, 샤프슈터 박문환

11. 《The Diplomat》 2007.10; 《한경와우넷》 샤프슈터 박문환, 《중앙일보》 윤창현 교수

12. 〈세계는 블록체인 혁명중…한국은 소외〉, 《매일경제》, 2018.1.2

13. 2014년 VISA이 IBM과 함께 진행한 테스트 결과. https://usa.visa.com/dam/ VCOM/download/corporate/media/visa-fact-sheet-Jun2015.pdf

14. 〈가상통화는 지금 어디를 향하고 있나〉, 《벤처스퀘어》, 임재민, 2018.2.8

15. 〈Exclusive: Telegram is holding a secretive second pre-ICO sale〉, 《THE

VERGE》, Adrianne Jeffries, 2018.2.21

16. 〈개인정보도 사고 파는 시대 열린다〉, 《서울신문》, 지민구, 2018.2.22

17. 〈이스라엘, 국가 발행 암호화폐 고려 중〉, 《블로터》; 〈이스라엘, 자체 국가 암호화
폐 도입 검토〉, 《지다넷》, 김유경, 2017.12.28

18. 〈뜨거운 가상화폐…중앙은행이 직접 발행하면 어떤 결과가?〉, 《중앙일보》, 박현
영, 2017.9.19

19. 〈비트코인 열풍, 화폐 종말의 전조인가〉, 《한겨레》, 손현주, 2018.1.9

20. 〈중앙화 암호화폐가 대세? 미 연방코인이 온다〉, steemKR, subasuba

21. 〈How Big Is the World Black Market?〉, FREAKONOMICS Blog, 2012.6.25

22. 〈10 Takeaways: A Cryptocurrency Summary from G20〉, 《CCN》, Cássio
Gusson, 2018.4.1.

23. 〈딜로이트 "블록체인 프로젝트 6%만 생존"〉, 《매일경제》, 손재권, 2018.1.15

24. 〈무역 불균형 해소와 금융시장 안정 위해 '케인즈식 브레튼우즈 체제' 채택해야〉,
《이코노미조선》, 2016.5.29